Hubert Wißkirchen

Die heimlichen Erzieher

HUBERT WISSKIRCHEN

Die heimlichen Erzieher

Von der Macht
der Gleichaltrigen
und dem
überschätzten
Einfluss
der Eltern

Kösel

© 2002 by Kösel-Verlag GmbH & Co., München
Printed in Germany. Alle Rechte vorbehalten
Druck und Bindung: Kösel, Kempten
Umschlag: KOSCH Werbeagentur, München
Umschlagfoto: ZEFA / A. Inden
ISBN 3-466-30603-5

Gedruckt auf umweltfreundlich hergestelltem Werkdruckpapier
(säurefrei und chlorfrei gebleicht)

Inhalt

Die Gleichaltrigen: Wegbereiter eines neuen Erziehungsverständnisses 49

Einführung

Pädagogik und Psychologie haben das heutige Kind so verkompliziert, dass es in den Augen der Eltern und Erzieher von Geburt an zu einem hochgradig störanfälligen Wesen geworden ist. Ungeachtet dessen ist zu fragen, ob die Erziehung der Eltern überhaupt eine langfristige und prägende Wirkung auf die Persönlichkeitsentwicklung des Kindes hat. Die Antwort lautet: Sie ist bei weitem nicht so groß, wie das gemeinhin behauptet wird.

Diese Aussage löst in Ihnen womöglich Kopfschütteln, Ärger, aber auch Nachdenklichkeit aus, da sie die Grundfesten Ihres gesunden Menschenverstandes erschüttert. Seit vielen Jahrzehnten hat sich in den westlich orientierten Gesellschaften ein ganz bestimmtes Erziehungsbild vom Kind verfestigt. Es geht davon aus, dass der Mensch sich so entwickelt, wie seine Erziehung im Elternhaus beschaffen ist.

Hat das Kind so genannte gute, es fördernde Eltern, die ihm emotionale Wärme und echtes Eingehen gegenüber seinen Bedürfnissen schenken, ihm dabei verständnisvolle Grenzen vorgeben, es in seinen Begabungen unterstützen und obendrein für eine qualifizierte Schulbildung sorgen, dann ist es so gut wie selbstverständlich, dass aus ihm einmal ein »erfolgreicher Mensch« wird. Das spiegelt sich unter anderem darin wider, dass das Kind sein Leben eigenständig in die Hände nimmt und sich anderen Individuen und der Gesellschaft gegenüber sozial verträglich zeigt. Kurzum, es ist nur die elterliche Erziehung, die den Erfolg seiner Persönlichkeitsentwicklung bewirkt hat.

Ebenso verhält es sich im entgegengesetzten Fall. Hat das Kind so genannte schlechte, förderungsunwillige Eltern, die ihm wenig bis gar keine Wärme und echtes Eingehen gegenüber seinen Bedürfnissen schenken, ihm dabei keine oder zu viele Grenzen vorgeben, es in seinen Begabungen vernachlässigen und obendrein ihm eine qualifizierte Schulbildung verweigern, dann ist es so gut wie sicher, dass aus ihm ein ziemlich »erfolgloser Mensch« wird. Das spiegelt sich unter anderem darin wider, dass das Kind sein Leben nicht eigenständig in die Hände nimmt, Hemmungen entwickelt und sich anderen Individuen und der Gesellschaft gegenüber abhängig sowie sozial unverträglich zeigt. Kurzum, es ist nur die elterliche Erziehung, die hier zum Misslingen der Persönlichkeitsentwicklung führt.

Diese beiden Grundannahmen dienen zumeist als Erklärung dafür, wie und warum sich Kinder zu positiven oder negativen Persönlichkeiten entwickeln. Tendenziell bestätigt wird das durch die Ergebnisse einer Befragung von 130 Eltern, Alleinerziehenden und Erzieherinnen, die im Anhang des Buches (Seite 229 ff.) aufgeführt sind.

Und welche Meinung dazu herrscht in der Pädagogik und Psychologie vor? Beide Wissenschaften behaupten, es gäbe keine grundlegenden Zweifel daran, dass die Erziehung, die das Kind in der Familie erfährt, von geradezu schicksalhafter Bedeutung für sein psychisches, soziales sowie intellektuelles Wachstum sei. Seit langem werden solche und ähnliche, vermeintlich unverrückbare »Wahrheiten« im Rahmen von Theorien und Hypothesen an künftige in Erziehungsberufen stehende Menschen vermittelt. Diese wiederum geben ihr erworbenes pädagogisches und psychologisches Wissen in Gesprächen und Diskussionen mit Eltern oft als pauschale Wahrheiten an diese weiter. Außerdem sind es die Medien in Form von Buch, Zeitschrift, Rundfunk und Fernsehen, welche in ihrer Ratgeberfunktion die Eltern hierbei unterstützen.

So wird ein überwiegend in sich widersprüchliches und vor allem unrealistisches Erziehungsbild vom Kind verbreitet. Es soll die Eltern im Glauben bestärken, dass praktisch sie alleine dafür verantwortlich sind, was aus ihrem Kind auf Dauer wird. Folglich haben die Eltern und Erzieher sich nur den Vorstellungen und Rezepten der Erziehung anzuvertrauen – und bald darauf würden sich die gewünschten Wirkungen beim Nachwuchs wie von selbst einstellen.

Dem ist jedoch bei weitem nicht so. Vielmehr gleichen derartige Auffassungen eher »Märchen aus Tausendundeiner Nacht« als der tatsächlichen Erziehungswirklichkeit. Mit Letzterer beschäftigt sich dieses Buch. Es strebt den Nachweis an, dass die Erziehung weder berechtigt noch befähigt ist, sich weiterhin als Allein- oder Hauptzuständige bei der Persönlichkeitsentwicklung des Kindes zu betrachten. Stattdessen besteht ihre Rolle darin, nur *eine* von mehreren der Entwicklungskräfte zu sein, die das Kind in seinem Aufwachsen lenken. Anders ausgedrückt: Die Erziehung ist lediglich das »Salz in der Suppe Kind«. Daraus wird ersichtlich, dass sie zwar ein sehr gewichtiger Teil von ihr ist, jedoch nicht die Suppe selbst verkörpert.

Diese Feststellung führt zu den drei Grundirrtümern der heutigen Erziehung, die im ersten Hauptkapitel diskutiert werden. Ihm wird ein kurzer geschichtlicher Rückblick vorangestellt, der den Entwicklungsweg von der ehemals extrem kinderfeindlichen zur gegenwärtig extrem kinderfreundlichen Erziehung aufzeigt. Im Rahmen des ersten Grundirrtums der heutigen Erziehung wird am Beispiel der frühkindlichen Begabung und Intelligenz dokumentiert, dass sich jedes Kind angeblich so fördern und begaben lässt, wie seine Eltern und Erzieher sich das vorstellen. Damit verbunden hängt dem zweiten Grundirrtum die Vorstellung an, dass nur eine individuelle und möglichst alles bedenkende Dauerpädagogisierung das Kind aus seiner Hilflosigkeit und Unselbstständigkeit führt und es zum mündigen Menschen macht. Beim dritten Grundirrtum geht es darum, den Einfluss der Gene, die das Verhalten des Kindes mitbestimmen, möglichst unter den Tisch zu kehren, da ihnen etwas Fremdes und nicht Kontrollierbares anhaftet. Als »Störenfriede« der Erziehung soll ihnen deshalb so gut wie keine Aufmerksamkeit – und damit auch keine maßgebliche Wirkkraft – bei der Persönlichkeitsentwicklung des Kindes zukommen.

Das zweite Hauptkapitel steht unter der zentralen Frage, was zu tun ist, damit es den Eltern und Erziehern gelingt, sinngerecht mit der kindlichen Entwicklung umzugehen. Hierbei geht es vor allem um den Nachweis, dass die Kinder für ein gedeihliches Aufwachsen längst nicht in dem Umfang und in der Intensität die Eltern und Erzieher benötigen, wie das Pädagogen und Psychologen immer nachdrücklicher fordern. Stattdessen bedürfen und wünschen die Heranwachsenden neben den Eltern etwas für sie mindestens ebenso Wichtiges: *das Zusammensein mit ihren gleichaltrigen Altersgenossen.*

Auf diesem Weg erlernen die Kinder eine ganze Fülle von Verhaltensweisen, die für das eigene wie gemeinschaftliche Leben von prägender Bedeutung sind. Diese gehen oft weit über das hinaus, was ihnen die Erwachsenen durch ihre Erziehung vermitteln können. In der außerfamiliären Welt der Gleichaltrigengruppen – den *Peergroups* – lernen die Kinder von und mit Kindern, was es zum Beispiel heißt, sich mit ihnen zu streiten und sich hinterher wieder zu versöhnen, für die eigenen Vorstellungen und Rechte sowie die der Freunde zu werben, zu kämpfen, Kompromisse auszuhandeln oder Niederlagen einstecken zu müssen, sich solidarisch mit den Altersgenossen zu zeigen, zwischen Mein, Dein und Unser unterscheiden zu lernen, in die Führungs-, Mitläufer- oder Außenseiterrolle zu geraten oder zusammen mit den anderen sich über die spießige und verständnislose Erwachsenenwelt aufzuregen. Das alles veranschaulicht, wie bereits kleine Kinder selbstständig nach Werten, Normen und Regeln nicht nur Ausschau halten, sondern auch darauf drängen, sie untereinander einzufordern und zu praktizieren. Das heißt, Kinder sind Werte- und Normenwesen, die von sich aus nach bestimmten Regeln zusammenleben möchten.

Diese und weitere so genannte Kultur- und Sozialisationstechniken erlernen Kinder natürlich teilweise auch in der elterlichen Familie. Dort werden sie jedoch viel weniger verinnerlicht, weil die »Festung Familie« nicht der ursprüngliche Raum dafür ist, in dem die Kinder sich fit für das Leben machen. Denn je älter sie werden, desto mehr findet ihre Existenz in der äußeren, nicht familiären Welt statt. In dieser müssen und wollen die Kinder sich erproben, beweisen und bestehen. In der »wirklichen« Welt werden sie in erster Linie in ihrem Denken, Fühlen, Handeln und Können von den Mitmenschen, allen voran durch die Gleichaltrigen, daraufhin getestet und bewertet, ob und inwieweit ihre Verhaltensweisen mit denen der Spiel- und Schulkameraden übereinstimmen oder nicht. Folglich sind es die außerfamiliären Umwelteinflüsse der Sozialisation einschließlich jener der Gleichaltrigengruppen, die maßgeblich darüber bestimmen, wie sich das Kind mitsamt seinem »Baumaterial Gene« entwickelt. Damit wird klar, woher der »Wind der Persönlichkeitsentwicklung« dem Kind ins Gesicht bläst und es nachhaltig prägt. Keinesfalls sind es nur Mutter und Vater, an denen sich das Kind orientiert. Stattdessen findet es in den Peergroups einen Großteil der Vorbilder, mit denen es sich identifiziert oder nicht identifiziert. Hier erlangt es einen wesentlichen Teil seiner sozialen und moralischen Gesamtidentität. Und vor allem hier bekommt es durch die Altersgenossen vermittelt, ob sein Verhalten in der Gruppe »in« oder »out« ist.

Gerade heute, wo die Eltern und Alleinerziehenden mehr und mehr Erziehungsprobleme mit ihren Kindern haben und manchmal gar nicht mehr mit ihnen zurechtkommen, haben diese Erkenntnisse etwas sehr Beruhigendes an sich. Sie nehmen »den Eltern einiges von der Schuld (allerdings auch von den Verdiensten), die ihnen in bezug auf die Entwicklung ihrer Kinder zugesprochen« wird. (Dunn/Plomin 1996, S. 198) Vor allem vermitteln diese Einsichten, um wie viel weniger Kinder ihre Eltern in ihrer angeblich unersetzbaren Dauerrolle als Erziehungsverantwortliche brauchen, als das gemeinhin angenommen und gefordert wird. Kinder lassen sich naturgemäß in vielen Angelegenheiten lieber und leichter durch ihresgleichen »erziehen« beziehungsweise sozialisieren als durch ihre erwachsenen Schutzbefohlenen – und das nicht zuletzt auch nachhaltiger und wirksamer.

Das darf, um kein Missverständnis aufkommen zu lassen, keinesfalls heißen, Kinder bräuchten und möchten die Eltern und Erzieher nicht in Form ihrer Liebe, Zuneigung, Fürsorge und Verlässlichkeit. Im Gegenteil: Diese Grundeigenschaften des menschlichen Miteinanders haben Eltern den Kindern vorbildhaft zu vermitteln, zumal sie für jedes Individuum einen »psychologischen Airbag« – das Urvertrauen – darstellen. Es schützt das Kind davor, mit den immer wieder auftretenden Fehlern, Schwächen und Enttäuschungen des Lebens besser zurechtzukommen und an ihnen zu wachsen. Damit zusammenhängend müssen die Eltern und Erzieher dem Kind auch klare Grenzen und Regeln aufzeigen. Zugleich sollten sie aber auch wissen, dass es diese mit zunehmendem Alter oft besser und nachhaltiger dort erfährt und umzusetzen erlernt, wo sein eigentliches Lebens- und Erfahrungsfeld liegt: eben in den Peergroups der Kindertagesstätten, Schulen, Horte und sonstiger Freundeskreise. Denn selbst von klein auf sind die Heranwachsenden längst nicht nur »Papi-und-Mami-Wesen«, sondern ebenso sehr auch »Kinder-Kinder-Wesen«.

Wer deshalb den heute notwendigen Ruf nach einer klaren Werte- und Grenzenerziehung unterstützt, der darf sich keinen falschen Illusionen hingeben und glauben, nur die Welt der Erwachsenen wäre dazu in der Lage. Wer nämlich in der Vorbildkraft der Erwachsenen das eigentliche Erfolgsrezept jeder Erziehung erkennt, der hat noch nie nähere Gedanken darüber angestellt, wie verhältnismäßig gering ihr *dauerhafter* Einfluss auf die Kinder ist – und um wie viel prägender dagegen diejenigen Vorbildkräfte sind, welche die Kinder im Zusammensein mit Gleichaltrigen erwerben.

Das Hauptanliegen des Buches ist es, diese Hintergründe einer breiten Öffentlichkeit zuzuführen. Anhand der zentralen Aussage *Kinder – und weniger die Eltern – »erziehen« beziehungsweise sozialisieren Kinder* gilt es unter Zuhilfenahme zahlreicher Beispiele aus dem Erziehungsalltag den prägenden Peergroup-Kräften nachzugehen. Wer Kenntnis über diese persönlichkeitsprägenden Einflüsse erlangt, dem wird ein grundlegend anderes Erziehungs- und Entwicklungsverständnis vom Kind zuteil. Zugleich können die Erwachsenen daraus ersehen, wo, wann und wie sie etwas erzieherisch tun können und müssen – und in welchen Fällen nichts oder wenig möglich sein dürfte. Außerdem sollte dieses Wissen besonders den geschiedenen und getrennt lebenden Eltern sowie den Alleinerziehenden ihre oft quälenden Schuld- und Versagensängste vermindern, die sie ihren Kindern und sich selbst entgegenbringen. So sollte es ihnen gelingen, mit den erzieherischen Bemühungen realistischer und damit auch bescheidener, gelassener sowie humorvoller umzugehen. Sie helfen damit den Kindern bei ihrer Persönlichkeitsentwicklung um vieles mehr als mit der fortlaufenden Herumerzieherei an ihnen. Mit ihr erreichen sie den Wesenskern der Sprösslinge ohnehin nicht, weil dieser gerade solchen erzieherischen Eingriffen unzugänglich ist.

Kinder wehrten sich schon immer auf den verschiedensten Wegen, wenn Erwachsene sie zu Ersatzobjekten ihrer eigenen Unzulänglichkeiten und Ideale machen wollten und sie so in der Unselbstständigkeit hielten. Dagegen finden Kinder am besten dann zu ihrer Selbstständigkeit und Stärke, wenn ihnen die Eltern genug Freiräume geben, um sich darin zusammen mit ihren Altersgenossen von klein auf möglichst gut und spielerisch auf das Leben mit allen seinen Sonnen- und Schattenseiten einzulassen.

Kinder zu verstehen bedeutet, ihnen so zu begegnen, wie sie sind. Das setzt voraus, sie von ihrem Grundwesen her richtig sehen und verstehen zu lernen. Dann wird deutlich, dass ihr Leben auf drei miteinander verbundenen Säulen ruht: den Genen, der elterlichen Erziehung sowie den Gleichaltrigengruppen. Der griechische Philosoph Epikur bemerkt dazu: »Der Mensch wird nicht durch die Dinge als solche verwirrt, sondern dadurch, *wie* er lernt, sie zu sehen und mit ihnen umzugehen.« Das Buch will dazu einladen, sich von Epikurs Worten überzeugen zu lassen!

Die drei Grundirrtümer der heutigen Erziehung

Zuvor: Von der extrem kinderfeindlichen zur extrem kinderfreundlichen Erziehung

Wenn wir uns im ersten Hauptkapitel mit den drei Grund-irrtümern der heutigen Erziehung beschäftigen, sollten wir vorab nach ihren geschichtlichen Ursprüngen fragen. Diese reichen einige Jahrhunderte zurück. Dort zeigen sie sich uns im Vergleich zu heute im Gewand eines ganz anderen, ent-gegengesetzten Extrems. Am besten können wir dies mit dem Schlagwort der Kinderfeindlichkeit benennen.

Bei den weit zurückliegenden Erziehungsvorstellungen und -praktiken ging es zuallererst darum, den Nachwuchs so heranzuziehen, dass er den jeweils gültigen Werte- und Normvorstellungen seiner Gesellschaft strikt und nahtlos entsprach. Das glaubte man am besten durch ein extrem emotionskaltes und distanziertes Eltern-Kind-Verhältnis zu erreichen. Von einem aus heutiger Sicht völlig normal ange-sehenen emotional warmen, hinterfragenden sowie partner-schaftlichen Umgangsverhältnis zwischen Jung und Alt konnte keine Rede sein. Nicht zufällig finden wir in den Geschichtsbüchern der Erziehung reihenweise Beispiele von Kindern, deren Eltern sie zu »emotionalen Krüppeln« oder »seelenlosen Körpern« machten.

Damit einhergehend sei noch eine weitere Tatsache er-wähnt. Schon bei kleinsten Verfehlungen, die sich das Kind leistete, erachteten es seine Erzieher als selbstverständlich, darauf mit unnachgiebiger Strenge und Prügeln zu reagie-ren. Schlagworte wie »eiserne elterliche Autorität«, »Pflicht und Gehorsam«, »Unterdrückung der kindlichen Gefühle und Meinungen« oder »Unterwerfung gegenüber dem väter-lichen Willen« bildeten den Mittelpunkt einer geglückten Er-ziehung.

Wie es zum Beispiel in einem bereits damals existierenden »Erziehungsratgeber« aus dem 17. Jahrhundert heißt, ist das

Kind schon von Geburt an »eigensinnig und voller krankhafter Zustände« und hat »ein sündhaftes Herz«, (Plessen/ Zahn 1979, S. 77) das von bösen und triebhaften Regungen besetzt ist.

Die bisherigen Schilderungen geben einen kurzen Einblick in die damalige kinderfeindliche Erziehungspraxis. Für zahllose Kinder stellte sie die Realität schlechthin dar. Das gibt uns die Berechtigung, weite Teile der Kindheitsgeschichte als »Alptraum« (de Mause 1979, S. 7) zu begreifen.

Wie konnten die Kinder ihr trauriges Los, allem voran das seelische, ertragen, ohne dabei ihr »Menschsein« ganz zu verlieren? Spätestens aus heutiger Sicht stellt sich diese Frage, da wir zu wissen glauben, dass es zu den wichtigsten Eigenschaften des psychisch gesunden Aufwachsens gehört, dem Kind emotionale Wärme in Form von Liebe, Zuneigung und Vertrauen zu schenken. Diese Eigenschaften wurden jedoch den damaligen Kindern nicht beziehungsweise nur unzureichend seitens ihrer Eltern gewährt. Waren es »ganz andere« Kinder als die heutigen, indem sie seelisch widerstandsfähiger, das heißt weniger sensibel waren? Oder waren ihre Seelen sogar so etwas wie »unbesiegbar«, sofern sie unendlich viel Leid und Missachtung verkraften konnten?

Eine gewichtige Antwort auf diese Fragen liegt in der folgenden Überlegung: Vorwiegend nicht mit den Eltern, sondern mit den jungen Mitgliedern seines Sozialverbandes pflegte das Kind eine Fülle warmer zwischenmenschlicher Beziehungen. Durch die Sozialkontakte mit seinen Altersgenossen lernte es, was es heißt, ein anerkanntes, geliebtes oder vertrautes Individuum zu sein, das durch die Gruppe Mitgefühl und Solidarität erfährt und sein Selbstwertgefühl aufbauen kann. Vieles spricht dafür, dass das Kind in der Vergangenheit sein Angenommensein hauptsächlich in den *Gleichaltrigengruppen* erfuhr. Hier – und kaum bei den Eltern – fand es die Befriedigung seiner (über-)lebensnotwendigen psychischen wie sozialen Grundbedürfnisse. (Vgl. Harris 2000, S. 134 ff. und 148 ff.) Diese Feststellung wird im weiteren Verlauf des Buches von zentraler Bedeutung sein!

Fahren wir mit unseren geschichtlichen Betrachtungen über die Erziehung des Kindes fort. Im 18. Jahrhundert erlebte das geschilderte Bild vom Kind eine umfassende Wendung. Das beginnende Zeitalter der Aufklärung verabschiedete sich vom bislang gültigen Extrem der Kinderfeindlichkeit und stellte ihm ein anderes entgegen. Ab jetzt sahen die Vertreter der Aufklärung im Kind ein ausschließlich individuelles Wesen mit eigenen Bedürfnissen, Fähigkeiten und Rechten. Von Geburt an sollte ihm ein eigener Wille, eine selbstständige Persönlichkeitsstruktur angehören. Welch eine extreme Kehrtwendung, die das vorher noch dumpfe, unterwürfige und ichlose »Ding« Kind fortan mehr und mehr in den Mittelpunkt des menschlichen Lebens stellen sollte. Kinder*freundlichkeit* hieß das neue Leitbild vom Kind!

So forderte der »Vater der Aufklärung«, Immanuel Kant (1724–1804), das Kind in der Weise zu erziehen, dass es den Mut aufbringt, sich des eigenen Verstandes selbst zu bedienen. Der Verstand könne sich aber nur vernünftig entwickeln, wenn das Kind von klein auf lernt, auch nein zu sagen, und es damit den Ge- und Verboten seiner Eltern wie anderen Respektspersonen eigenständig widersprechen kann.

Neben Kant und anderen war es besonders Jean-Jacques Rousseau (1712–1778), der mit seinen Betrachtungen die bisher gültigen Erziehungsweisen auf den Kopf stellte. Unmissverständlich forderte er, das Kind als Kind zu betrachten und ihm Selbstständigkeit in dieser neuen Rolle zuzugestehen. In ihm habe man ein Individuum mit eigenständigen Gefühlen und Gedanken zu sehen, die es verbieten, das

Leben des Kindes durch die Herrschaftsansprüche und Zukunftspläne der Erzieher zu verbauen. In den Augen Rousseaus ist ein derartiges Bewusstsein vom Kind der einzig mögliche Schlüssel zu seiner Neuentdeckung. Das muss zu der Erkenntnis führen, dass nur der Erzieher ein Kind gut erziehen kann, der selbst schon über eine gute Erziehung verfügt.

Im Kind seiner Zeit sah Rousseau ein ganz und gar entfremdetes. Die falsche Erziehung habe es fertig gebracht, es aus dem ursprünglich friedlichen, glücklichen Naturzustand zu vertreiben, in dem einst alle Menschen lebten. Er unterstreicht dies besonders mit seiner Forderung »Zurück zur Natur« und meint damit, die Natur habe von Anfang an der eigentliche und erste Lehrmeister des Menschen zu sein. Da das Kind von Natur aus gut und heil ist, hafte ihm auch nichts Böses und Schlechtes an. Erst durch das Hineinwachsen in die verdorbene Gesellschaft erlernt es, dass und warum es die Begriffe »Schuld« und »böse« gibt. Vor allem aber ist das Kind nicht unter Druck zu setzen, denn die allererste und nutzbringendste Erziehungsregel lautet: nicht »Zeit gewinnen, sondern Zeit verlieren«. (Rousseau 1974, S. 72) Durch sein grundsätzliches Nichtstun macht der Erzieher alles richtig, was nötig ist, um das Kind von innen her naturhaft wachsen und sich entwickeln zu lassen. Trotzdem, und das sagte Rousseau ebenso deutlich, braucht das Kind eine gewisse erzieherische Lenkung und Führung in Form einer weisen Erzieherautorität. Sie wird im Bild des Gärtners deutlich. Er beschneidet die »Pflanze Kind« da und dort, aber nur dann, wenn er sicher ist, dass dies dem besseren Wachstum des Individuums zuträglich ist.

Das extrem kinderfreundliche Erziehungsbild dieser Zeit musste in der Gesellschaft zwangsläufig viele Provokationen und Widerstände auslösen. Und so fanden auch, gemessen an der Wirklichkeit, die Gedanken Rousseaus und seiner Anhänger rund 200 Jahre lang wenig praktisches Gehör. Ungeachtet dessen leiteten die kindzentrierten Forderungen der Aufklärung die eigentliche Kehrtwendung ein. Von der breiten Erziehungspraxis noch völlig unbeachtet, trugen sie dazu bei, vom »missachteten Wesen Kind« – Schritt für Schritt – zum »beachteten Wesen Kind« vorzudringen.

Zunehmende Unterstützung fand die Entwicklung zu Beginn des 20. Jahrhunderts besonders durch die *Reformpädagogik*. Eine ihrer Vertreterinnen, Ellen Key (1849–1926), ermahnte in ihrer Schrift *Das Jahrhundert des Kindes* die Erzieher: Wenn ihr nicht für die Individualität des Kindes kämpft und in ihm nicht ein gleichberechtigtes Wesen seht, dann begeht ihr »das größte Verbrechen« (Key 1905, S.110), das man Menschen antun kann.

Bevor es jedoch endgültig zur praktischen Umsetzung der Individualität und Gleichberechtigung des Kindes kam, sollte vor allem der Nationalsozialismus mit seiner persönlichkeitsfeindlichen Pädagogik diese Entwicklung (nicht nur in Deutschland) erst einmal stoppen beziehungsweise »einfrieren«. Erst nach seinem Zusammenbruch und der darauf folgenden Demokratieentwicklung begann der schon von der Aufklärung geforderte Durchbruch zur kinderfreundlichen Erziehungspraxis.

Im Sog der längst überfälligen gesellschaftspolitischen Erneuerungsbewegungen, die hierzulande besonders durch die 68er-Generation ausgelöst wurden, geriet das Schlagwort von der individualistischen (oft antiautoritären) Erziehung zum Selbstbefreiungsmythos des »neuen« Menschen samt seiner Gesellschaft. Fortan fand sich die Erziehungspraxis in einer ganz und gar anderen Rolle wieder: Von der einst extrem individualitätsfeindlichen Erziehung hatte sie sich zur jetzt extrem individualitätsfreundlichen gewandelt. Mit ihr versprach die Pädagogik, das »neue« Kind zu schaffen. Das sei aber nur dann möglich, wenn die Erzieher die Geschicke der kindlichen Entwicklung ganz in die Hände der neuen Pädagogik legen würden.

Auf dem Weg jedoch verselbstständigte und erhöhte diese sich selbst immer mehr. Das hatte zur Folge, dass sie sich bis zum heutigen Tag zum nahezu alleinigen Schicksalsträger macht, der darüber bestimmt, wie und wohin sich das Kind entwickelt. Aus dem Grund wird auch behauptet, dass der Erziehung nur dann eine prägende Rolle zukommt, wenn sie durch die *Erwachsenen* (die Eltern und die pädagogischen Fachkräfte) ausgeübt wird. Lediglich sie seien in der Lage, die Persönlichkeitsentwicklung des Kindes entscheidend zu lenken, weil es selbstverständlich zu sein scheint, dass Kinder nur durch Erwachsene erzogen werden könnten. Wer sonst, wenn nicht sie mit ihrer großen Lebenserfahrung und ihrem Wissen wäre dazu in der Lage? Je mehr die Erwachsenen dabei das Kind nach den heute gültigen Gesetzen der »Kindlichkeit des Kindes« (Giesecke 1993, S. 18) pädagogisieren, desto erfolgreicher könne es sich entwickeln und umso mehr würden sich die erzieherischen Methoden der Erwachsenen dabei als richtig erweisen.

Diese Annahmen, welche sich in Form der drei Grundirrtümer der heutigen Erziehung zeigen, stimmen nur wenig mit der wirklichen Beschaffenheit von der »Kindlichkeit des Kindes« überein. Ihnen nähern wir uns zunächst im Rahmen eines Beispiels an.

Ein Ehepaar erwartet ein Kind. Die Freude darüber ist groß, das Leben in Zukunft mit seinem Nachwuchs zu gestalten. Schon während der Schwangerschaft stellen die künftigen Eltern allerlei Gedanken darüber an, wie sie ihrem Sprössling am besten ein gesundes, zufriedenes und damit sinn- und erfolgreiches Leben ermöglichen können. Wie alle Eltern sind auch sie der festen Überzeugung, hierbei nur das »Beste« für ihr Kind zu wollen. In mancherlei Hinsicht kann hierbei unser Ehepaar auf einiges Populärwissen über die Kindererziehung zurückgreifen, das es vor allem aus Fachbüchern erworben hat. So lernte es, wie unabdingbar wichtig es sei, das Kind von der ersten Minute seines Lebens an unter der Berücksichtigung von drei Hauptpunkten richtig zu erziehen:

1. der Erkenntnis, dass jedes Kind so begabt werden kann, dass es »über sich selbst hinauswächst« und im Leben nahezu alles erreichen kann;
2. der Erkenntnis, dass nur durch eine individualistische Pädagogisierung seitens der Eltern und Erzieher das Kind zu einer optimalen Persönlichkeitsentwicklung findet;
3. der Erkenntnis, dass die Vererbung (Genetik) eine nahezu unbedeutende Rolle bei der Erziehung und Sozialisation des Kindes spielt.

Eben haben wir das Beispiel für eine Haltung vernommen, die sich so oder ähnlich in vielen Köpfen und Herzen heutiger Eltern und Erzieher immer wieder von neuem abspielt. Sie glauben, mit dieser Haltung könne das Kind auf den richtigen und auch von ihm begrüßten Weg zu seiner Persönlichkeitsentwicklung geführt werden. Warum aber missglücken trotzdem zusehends mehr dieser erzieherischen Vorstellungen und Praktiken? Anders gefragt: Warum glauben die erwachsenen Erzieher weiterhin, dass es speziell »ihre« gegenwärtigen Welt- und Entwicklungsbilder gegenüber dem Kind sind, die so etwas wie eine Erziehungsgarantie abgeben?

Am Beispiel unseres Ehepaares soll das näher veranschaulicht werden. Stellvertretend für viele Menschen führt es uns zunächst zum ersten Grundirrtum der heutigen Erziehung.

1. Jedes Kind lässt sich so fördern und begaben, wie seine Erzieher sich das vorstellen

Ein Kind kommt als »unbeschriebenes Blatt« zur Welt

Seit geraumer Zeit hat das Bild von der Machbarkeit des Menschen auch in der Pädagogik Einzug gehalten und dort einen festen Platz eingenommen. Am deutlichsten spiegelt es sich in der »Tabula-rasa-Auffassung« wider. Diese behauptet, das Kind komme als »unbeschriebenes Blatt« zur Welt. Wie der Name sagt, gehen, bezogen auf das Beispiel unserer Eltern, diese davon aus, ihr Kind würde mit keinen nennenswerten psychischen wie sozialen genetischen Vorprägungen beziehungsweise Eigentümlichkeiten geboren. Folglich stehe es den Erziehungs- und Lerneinflüssen seiner Eltern sowie anderer Erwachsener so gut wie *unvorbelastet* gegenüber. Wer von einer solchen Ansicht bestimmt wird, verbindet sie mit der logischen Konsequenz, auf das Kind vom ersten Tag an dementsprechend helfend und fördernd einwirken zu können. Aus dieser Sicht betrachtet, ist es mehr als verständlich, wenn die Eltern in ihrem Kind ein Wesen sehen, welches sie nur durch von außen bewirkte erzieherische Lernimpulse vom total hilflosen und »leeren« zum eigenständigen Individuum führen können.

Bildlich gesprochen sind sie die Schreibfeder, die das noch »unbeschriebene Blatt Kind« beschreibt. Nur durch die jeweils richtige Beschriftung des Blattes gelingt es, ihm eine klar lesbare und dauerhafte Prägung zu verleihen. Denn ein Blatt, auf dem kein oder ein falscher Text steht, erfüllt letztlich nicht die Funktion, für das es geschaffen wurde. Je mehr und vor allem je besser Geschriebenes dagegen auf dem Blatt steht, desto wertvoller und brauchbarer scheint sein Zweck zu sein.

Auf das Erzieher-Kind-Verhältnis übertragen heißt das konkret: Unsere Eltern sehen ihre Hauptaufgabe darin, ihr Kind durch möglichst viele quantitativ wie qualitativ günstige Lern- und Erziehungserfahrungen zu prägen, um auf diese Weise seine Persönlichkeitsentwicklung anhaltend zu fördern. Hierbei sei das Kind »durch die Umwelt beliebig gestalt- und erziehbar«. (Wißkirchen 1999b, S. 10)

Der Erziehungstraum von der unbegrenzten Formbarkeit des Kindes

Wie sehen die zuletzt dargestellten Musterbilder im Licht der konkreten Erziehungspraxis aus? Am Beispiel der frühkindlichen Intelligenz- und Begabungsförderung soll veranschaulicht werden, was unter dem Erziehungstraum der unbegrenzten Formbarkeit des Kindes praktisch zu verstehen ist. Zuvor wollen wir jedoch kurz einen *realistischen* Blick auf die höchst wichtige Bedeutung und Notwendigkeit der Intelligenzentwicklung des Kindes werfen.

Wir besitzen immer solidere Grundlagenkenntnisse darüber, dass und inwieweit das Ausmaß der kindlichen Begabungspotenziale in untrennbarem Zusammenhang mit seinen erzieherischen Lern- und Förderungsmaßnahmen steht. Das ist bei der Intelligenz, die einen Teilbereich der Begabung einnimmt, besonders stark der Fall. Damit sie sich möglichst harmonisch entwickeln kann, muss das Kind von früh an eine anregungsreiche Umwelt vorfinden, die in ihm Neugierde und Motivation auslöst. Sie ist Gewähr dafür, dass es seine individuell unterschiedlichen Intelligenzkräfte erfahren und ausformen kann. Parallel dazu sorgt bereits das Kleinkind von Geburt an unbewusst für die Entwicklung seiner Intelligenzpotenziale, sofern es mit Spielzeug experimentiert, zum Beispiel in Form von Rasseln, runden, dreieckigen oder rechteckigen Bausteinen sowie ähnlichen Materialien. So erfühlt und ertastet es mit seinen Händen, dem Mund und anderen Sinnen die unterschiedliche Beschaffenheit ihrer Formen, Farben und Zusammenhänge. Zugleich vernetzt es diese Eindrücke durch eine Fülle weiterer Synapsenbildungen im Großhirn. Besonders während der ersten Lebensjahre erweitern, verfeinern und differenzieren diese und andere Tätigkeiten das Intelligenzwachstum des Kindes und fördern in der Folgezeit sein logisch-abstraktes Denken und Handeln maßgeblich.

Verläuft die Intelligenzentwicklung des Kindes in den beschriebenen Bahnen und wird sie dabei durch eine dementsprechend positive elterliche emotionale Zuwendung möglichst ausgewogen gefördert, so ist sie Erfolg versprechend und kreativ verlaufen. In diesem Falle gelingt es den Eltern, ein *Gleichgewicht* zwischen den inneren Neigungs- sowie Interessensantrieben des Kindes und den äußeren Förderungsangeboten seitens der Umwelt herzustellen.

Ganz anders verhält es sich dagegen, wenn diese Aussage unter dem starren elterlichen Musterbild von der beliebigen Form- und Machbarkeit der kindlichen Intelligenz steht. Hier wird die Intelligenz als alleiniges Zugpferd dafür eingesetzt, aus dem Kind ein hochkarätiges Erfolgswesen konstruieren zu wollen. In allen technologisch hoch entwickelten Ländern der Erde bieten speziell dafür eingerichtete so genannte Baby- und Kleinkindschulen zusehends mehr »entwicklungsbewussten« Eltern »Intelligenzförderungsseminare« für ihren Nachwuchs an. Gegen viel Geld versprechen ihre Initiatoren, aus den Kindern »kleine Einsteins« zu machen. Die Frühförderungslernprogramme sind so aufgebaut, dass bereits Säuglinge durch gehirnvernetzende Übungseinheiten einen rapiden Intelligenzanstieg erfahren sollen. So werden ihnen zum Beispiel von den Trainern in Form ständiger, sekundenschneller Wiederholungen Bilder- und Zahlentafeln vor die Augen gehalten. Mit diesen und anderen Methoden wurde der ehemalige amerikanische Offizier Glenn Doman in kurzer Zeit zum bekannten und verehrten »Retter des hochintelligenten Kindes« gekürt. Ob dabei die dressurartigen Lernprogramme bei den Kleinkindern auch eine *innere* Resonanz und Akzeptanz auslösen oder ob diese ihre Intelligenzentwicklung nicht viel lieber durch altersgerechtere Aktivitäten zu erfahren wünschen, interessiert weder die Eltern noch die Intelligenztrainer. Sie stellen sich nicht die Frage, welche realistischen Gefahren den Intelligenzförderungsprogrammen zugrunde liegen und wie diese das *Gesamtverhalten* des Kindes im Rahmen seiner weiteren Persönlichkeitsentwicklung beeinflussen könnten.

Eltern, die aus ihrem Kind ein »Wunderwesen« machen wollen, stehen laufend in Gefahr, ihr Vorhaben nur unter den Gesetzen der rationalen Intelligenz zu sehen. Sie glauben, es genügt, wenn dem Sprössling ein möglichst hoher IQ angehört, weil er die angeblich beste Garantie zum Persönlichkeitserfolg darstellt. Jedoch gehören zu einer wohlverstandenen Persönlichkeitsentwicklung längst nicht nur die kühlen, berechnenden, rationalen »Werkzeuge« der Intelligenz, sondern ebenso die warmen, absichtslosen, emotionalen »Werkzeuge«. Letztere beruhen auf dem Vorhandensein der »emotionalen Intelligenz«. Nach dem amerikanischen Psychologen Daniel Goleman ist sie der Faktor, der den Menschen – im Zusammenspiel mit der rationalen Intelligenz – erst zur gelungenen Persönlichkeitsentwicklung befähigt. Folglich ist ein Individuum, das eine dementsprechende Persönlichkeit erwirbt, jemand, bei dem »Kopf und Herz« in einem ausgewogenen Verhältnis zueinander stehen.

Daniel Goleman gibt uns ein gutes Beispiel, was darunter exakt zu verstehen ist. Förderung im Sinne von Lernen, Wissen und Können »ist wichtig, es ist wichtig, den IQ zu haben und die technischen Begabungen und Kenntnisse, aber was letztlich im wirklichen Leben ... zählt, ist nicht der IQ, sondern die emotionale Intelligenz, die Initiative, das Selbstbewusstsein, die Fähigkeit, mit anderen zusammenzuarbeiten, und Empathie.« (Goleman, zit. nach Göldenboog 1999, S. II) Denn es liegt nicht im Wesen des Kindes, nur zur »IQ-Maschine« hochgetrimmt zu werden. Dagegen erwartet das Kind von seinen Förderern in erster Linie (zunächst) etwas ganz anderes: dass sie es in seinen Gefühlen beachten und unterstützen.

Neurobiologische Erkenntnisse über die Vernetzungen des Großhirns belegen diesen Wunsch des Kindes. So weist der amerikanische Wissenschaftler Stanley I. Greenspan nach, dass aufgrund eines mangelnden emotionalen Eingehens der Erwachsenen gegenüber dem Baby und Kleinkind deren Großhirn andere und weniger Verknüpfungen aufbaut. Im ersten Jahr vernetzt es »die rund 100 Milliarden Gehirnzellen« (*Stern*, Heft 10 vom 27.2.1997, S. 37) nicht in der Form und in dem Ausmaß, wie das bei Gehirnen von Kindern der Fall ist, die genügend emotionale Zuwendung seitens ihrer Eltern erfahren. Wie Greenspan belegt, sind es besonders die durch die Eltern erfahrenen Gefühle, welche die »Architektur seines Gehirns« (Greenspan 1999, S. 114) prägen.

Die ersten Gefühle entsprechen den Grundbausteinen, aus denen sich die »emotionale Intelligenz« entwickelt, und zugleich sind sie die Voraussetzung für den gesunden und anhaltenden Aufbau der »rationalen Intelligenz«. Das gefühlsbetonte Aufnehmen ist somit der erste Grund und zugleich die »emotionale Brücke« (ebd., S. 46) dafür, dass sich das logische Denken überhaupt sinngerecht – und damit auch kreativ – entwickeln kann. Außerdem sind die Gefühle dafür notwendig, damit das Kleinkind das *Urvertrauen* erwirbt. Aus seiner Existenz lässt sich die Formel ableiten: »Lebensvertrauen ist Urvertrauen; Urvertrauen ist Lebensvertrauen!« (Wißkirchen 1999b, S. 108) Neurobiologisch gesehen verbirgt sich hinter dem Urvertrauen nichts anderes als das »Emotions-Gedächtnis«, das, wie der amerikanische Arzt Harry Chugani belegte, sich besonders in der Zeit zwischen dem »sechsten und zwanzigsten Lebensmonat« (*Stern*, Heft 10 vom 27.2.1997, S. 39) ausprägt. Das »Emotions-Gedächtnis ist eine »neuronale Ordnungskraft der Gefühle«, die die kindlichen Wahrnehmungen in der Großhirnrinde vernetzt und zumeist lebenslang steuert.

Am Beispiel der extremen frühkindlichen Intelligenzförderung sollte dargestellt werden, wie entwicklungsschädlich ihre Auswirkungen zumeist verlaufen, wenn Menschen der Auffassung sind, sie könnten aus ihren Kindern all das machen, was ihnen vorschwebt. Um nicht missverstanden zu werden, es geht hierbei keineswegs um die Ablehnung der kindlichen Frühförderung als solcher, sondern um deren zunehmende Auswüchse.

2. Der Mythos von der individualistischen Dauerpädagogisierung des Kindes

»Gut« erzogene Kinder sind die Produkte »gut« erziehender Eltern

Erinnern wir uns noch einmal an das Beispiel der werdenden Eltern. Ihnen ging es darum, dem Kind ein optimales Aufwachsen zu ermöglichen. Folglich wollten sie, wie alle anderen verantwortungsbewussten Eltern auch, ihrem Kind eine dementsprechend gute und damit fürsorgliche wie kompetente Erziehung schenken. Sie baut auf der richtigen Erkenntnis auf, dass das Kind aufgrund seines physischen, psychischen wie sozialen Wesens recht hilflos und schwach zur Welt kommt. Vor allem bei seiner Geburt, aber auch noch längere Zeit danach ist es ein »Mängelwesen« (Gehlen 1961, S. 46), das sich seiner eigenen Person noch nicht bewusst ist und dessen unausgereifte Fähigkeiten ihm noch kein eigenes Überleben ermöglichen. Ohne die tatkräftige Hilfe seiner Bezugspersonen ist es weder entwicklungs- noch lernfähig.

Aus der Hilflosigkeit des Kindes ergibt sich die unabdingbare Notwendigkeit, liebende Menschen, wie es die Eltern sind, um sich zu haben, die für seine Persönlichkeitswerdung sorgen. Gerade darin liegt der Grund für ein vertrauensvolles Eltern-Kind-Bezugsverhältnis der »Individualerziehung« (Braun 1983, S. 21).

Seit geraumer Zeit ist jedoch immer mehr zu beobachten, wie die »Individualerziehung« von den Eltern dafür missbraucht wird, das Kind in seiner verantwortungsbewussten Eigenständigkeit zu behindern und zu manipulieren. Das ist dann der Fall, wenn das Kind auch ohne elterliche Hilfe zum Beispiel zum Schuheanziehen, Zähneputzen, Dreiradfahren, zu ersten Freundschaftsbanden oder zum Hausaufgabenmachen durchaus selbstständig(er) fähig wäre – es jedoch durch das ständige elterliche Eingreifen und Zu-Hilfe-Kommen daran gehindert wird. Anstatt dem Kind die Möglichkeit zu geben, selbstständiger zu werden, benutzen viele Eltern die »Individualerziehung« dazu, das Kind in der »süßen« Abhängigkeit oder im »goldenen Käfig« der Unfreiheit ihnen gegenüber zu halten. So verwundert es nicht, dass das heutige Verständnis von der »Individualerziehung« oft einem Sammelsurium lebensfremder und damit unnatürlicher »Kind-so-sollst-du-werden-Vorstellungen« gleicht. Sie verbieten es dem Kind, seine Entwicklungspotenziale eigenständig finden zu lassen.

Im Rahmen der nachstehenden Beispiele sollen diese Vorstellungen kurz näher umrissen werden.

- Das »Mängelwesen Kind« wird mit Liebe und grenzenloser Hingabe überschüttet. Die Bindung an die Eltern soll sanft erfolgen, damit die Psyche keinerlei Frustrationen erfährt. (Diese Haltung entspringt den tiefenpsychologischen Erziehungsratschlägen Alice Millers (Miller 1981) und anderen.)
- Dem Kind soll so gut wie jeder materielle Wunsch »von den Lippen abgelesen« werden, was zu übertriebener Nachsichtigkeit und Verhätschelung führt. (Diese Haltung gleicht der wohlstandsverwöhnenden Erziehung.)
- Der Sprössling soll gegen die stets »schlechten« Umwelteinflüsse von Anfang an abgeschottet werden, da sie ihn

in seiner Persönlichkeitsentwicklung gefährden. (Diese Haltung korrespondiert mit der »Kind-wir-sind-dein-äußerer-Schutzschild-vor-den-bösen-Mächten-der-Welt-Erziehung«.)

- Der Nachwuchs hat anspruchsvoll und machtbewusst – »ichstark« – aufzuwachsen nach dem Motto »Jeder ist sich selbst der Nächste und der Beste!«. (Diese Haltung erinnert an die Einstellung, dass nur der rücksichtlos Starke und Mächtige (materiellen) Erfolg im Leben haben kann.)
- Unser Kind soll möglichst widerstandsfrei (»soft«) erzogen werden. Dabei bildet das Einhalten von lästigen Grenzen und Verpflichtungen die Ausnahme. (Diese Haltung orientiert sich an der antiautoritären »Tu-was-du-willst-Praxis«.)

Die exemplarisch aufgeführten und in sich miteinander verwobenen erzieherischen Haltungen sind in den Augen vieler Eltern ideale Mittel zur Freiheits- und Individualitätsfindung des Kindes. Mit anderen Worten: Das Kind soll auf möglichst pflegeleichte, beschützende sowie widerstandslose und/oder auf möglichst egoistische sowie selbstherrliche Art und Weise das Erziehungsziel »selbstbestimmte Persönlichkeit« anstreben.

Wie die Praxis zeigt, steht die heutige Individualitätserziehung unter dem Vorbild der *kindfixierten* Ausrichtung. Unabhängig davon, wie sie im Einzelfall aussehen mag, sehen die Eltern im Kind ihr »Ein und Alles«, den »Nabel der Welt«. Folglich muss für den Sprössling alles Erdenkliche getan werden, damit er zu »seiner« Selbstbestimmung findet. Dabei wird zum Beispiel der Umstand unterschlagen, dass das Kind von Geburt an unfreiwillig in die *Dauerrolle* des Versorgt- und Isoliertwerdens – in die totale Abhängigkeit von seinen Eltern und Erziehern – gedrängt werden soll.

Die heutige Erziehungspraxis krankt an ihrem eigenen Selbstverständnis

Die Frage, warum die Erziehungsbemühungen die Kinder zusehends weniger erreichen, lässt sich nicht nur mit der missverstandenen »Individualerziehung« beantworten. Sie hängt außerdem mit der *emotionalen Pädagogisierung* des Eltern-Kind-Verhältnisses zusammen. Dieses zeigt sich im bereits zitierten Menschen- und Weltbild von der »Kindlichkeit des Kindes«.

In den letzten zwei Jahrzehnten hat sich in der breiten pädagogischen Öffentlichkeit die Ansicht verfestigt, im Erziehungsvorgang ein von Erwachsenen möglichst geplantes, differenziertes, vor allem aber emotional hoch sensibilisiertes Erzieher-Kind-Bezugsverhältnis zu sehen. Es ist von einer »Wir-werden-dich-optimal-betreuen-Haltung« bestimmt, die wenig dazu beiträgt, das Kind bei der Entdeckung und Entwicklung seiner Individualität und Selbstständigkeit sinngerecht zu unterstützen. Das zeigt sich unter anderem in der Meinung, Kinder nur noch wenig zumuten zu dürfen, weil sie sonst überfordert und ihrer Kindheit beraubt würden. Dabei herrscht der Glaube vor, die Kinder vor dem eigenverantwortlichen Umgang ihrer Belange und Verpflichtungen schützen zu müssen. Gemeint sind Erledigungen, die sie je nach Alter jederzeit leicht und selbst erbringen können, wie zum Beispiel das Schuheputzen, das Reinigen des Zimmers, das Helfen in der Küche, aber auch das Regeln von Konflikten im außerhäuslichen Bereich mit anderen Kindern oder Erwachsenen sowie das damit verbundene Erleben von Aggressionen, Niederlagen, Siegen, Leid, Versöhnen und Wiedergutmachen. Durch das Verweigern des Erwerbs derartig wichtiger Kompetenzen verhindern Eltern die von den Kindern gewünschte Verantwortungsübernahme und verachten damit deren Selbstwertgefühl. Darüber hinaus fällt es den Kindern schwer, sich altersgerecht von den Eltern abzunabeln, weil es nicht leicht ist, sich von deren Überbehütungspädagogik zu distanzieren. Stattdessen verharren sie in der Rolle des (Klein-)Kindes und damit in der sozialen wie emotionalen Unreife. Der »Hotel-Mama-Effekt« hat gesiegt!

Solche Entwicklungen führen obendrein dazu, dass sie den Kindern die dringend nötigen sozialen Erfahrungen mit ihrer »zweiten Welt« zumeist nur ungenügend ermöglichen. Die »zweite Welt« ist die ihrer Altersgenossen – die der *Nichterwachsenen*. Warum wird es Kindern heute so oft erschwert, diesen ganz naturhaft vorgegebenen Erfahrungsraum, den sie mit ihren Gleichaltrigen teilen, nicht mehr ausreichend zu erfahren?

Die ursächliche Antwort liegt auch hier in den oft befremdlichen überbehütenden Verantwortlichkeitseinstellungen der Erwachsenen. Sie sind das fatale, sicherlich eher unabsichtliche Ergebnis der populären Pädagogisierung und Mega-Individualisierung des heutigen Kindes. Gerade solchen Erziehern, die sich als besonders verantwortungsbewusst und kompetent bezeichnen, wird eingeredet, dass praktisch nur durch diese Form der erzieherischen Einflussnahme das Kind eine kreative Persönlichkeitsentwicklung erfahre. Diese Erzieher fragen sich, was wohl aus dem Kind werde, wenn man es durch einen weniger behütenden Erziehungsumgang »aus den Augen« verlieren würde, sodass es den vielen unkontrollierbaren, fremdartigen und diffusen Sozialkontakten mit anderen jungen Menschen und Dingen schutzlos ausgesetzt wäre. Durch sie liefe der Nachwuchs Gefahr, in »unerwünschte Kreise« anderer Kinder und erwachsener Menschen zu geraten, die die eigenen Erziehungsbemühungen untergraben würden.

Solche und ähnliche Behauptungen bedrohen, wie Hartmut von Hentig es nennt, das populäre Idealbild von einer möglichst bequemen und geborgenen »pädagogischen Kindheit«. (Hentig 1980, S. 34) Ihr Hauptmotiv besteht im Umsorgen, subtilen Anklammern und Manipulieren – im »Wohl-fühlen-Sollen« des Kindes durch die sich jederzeit ihm gegenüber verpflichtet fühlenden Eltern und Erwachsenen.

Die Schlagworte Dauerpädagogisierung und Mega-Individualisierung dienen als Erklärung dafür, die eigenen unrealistischen Visionen auf Kosten des Kindes auszuleben. Das Ergebnis ist dann zumeist alles andere als ein geglückter Erziehungsverlauf, sondern eher »täglich erlittene Erziehungsangst« (Kupffer 1990, S. 23). Sie wiederum dient als Begründung dafür, das Kind mit noch mehr Mega-Individualisierung, mit noch mehr pädagogischem »Verständnis« und Methodenvielfalt zu gängeln und zu verinseln.

3. Keine Macht den Genen!

»Du bist ein Teil von jener Kraft, die sich ihren
Ursprung aus den Genen verschafft!«

Im Brennpunkt der Betrachtungen standen bisher die auf das
Kind einströmenden lern- und erziehungsbedingten *Einflüsse
von außen*. Im Weiteren ist es von genauso großem Interesse,
die Frage nach der Existenz und Bedeutung jener Einflüsse
aufzuwerfen, die das Kind in seiner Persönlichkeitsentwicklung ebenfalls prägen: die *inneren* oder *genetischen* Einflüsse. Trotz der ständig wachsenden Erkenntnisse aus der
Genforschung wird ihnen nach wie vor nur wenig Beachtung
geschenkt. Vor allem zwei Gründe sind dafür verantwortlich. Einerseits stellen in den Augen vieler Eltern und Erzieher die Gene des Kindes etwas Unheimliches, Unveränder-
liches und damit Schicksalhaftes dar, mit dem man sich nicht
näher beschäftigen möchte. Damit verbunden gefährden sie
andererseits die Vorstellung von der beliebigen Formbarkeit
des Kindes durch die Umwelteinflüsse.

Bestimmt haben Sie Ihr eigenes Kind und/oder andere Ihnen vertraute Kinder von klein auf in den Verhaltensweisen
näher beobachtet. Es stellte sich hierbei die Frage, woher
Kinder die für sie typischen Eigenschaften haben. Womöglich gehören Sie zu den Menschen, die in diesen Eigenschaften längst nicht nur ein Ergebnis aus Lern- und Erziehungs-
prozessen sehen. Damit liegen Sie völlig richtig. Denn je
früher und markanter sich Kinder durch ihre Eigentümlichkeiten ausdrücken, desto wahrscheinlicher ist es, dass sie
diese nicht primär durch Lern- und Erziehungsvorgänge er-

warben. Das trifft umso mehr zu, wenn es Verhaltensmerkmale sind, die nicht auf die Erziehung der Eltern zurückgehen. Gemessen daran könnten Sie die folgenden typischen Reaktionen bei der Beobachtung Ihres Kindes festgestellt haben:

Aufgrund seines überaus starken Bewegungsdranges war Ihr Kind von klein auf in seinem Aktivismus so gut wie von niemandem zu bremsen. Es wollte ständig irgendetwas tun und dabei am liebsten »mit dem Kopf durch die Wand rennen«. Das ruhige Abwarten-Können fiel ihm mehr als schwer, ohne dass Sie oder andere Leute sagen konnten, Ihr Kind hätte sich in solchen Fällen lieblos oder gar aggressiv verhalten. Vielmehr hatte es, im sprichwörtlichen Sinne des Wortes, ständig »Ameisen in der Hose«. Kurzum, seine übergroße und Sie oft nervende Aktivität treibt es bis heute dazu, stets Neues und Aufregendes erleben zu müssen.

Oder Sie waren umgekehrt über die Beobachtung verwundert, dass Ihr Kind von Geburt an ein überaus ruhiges, stilles und nach innen gerichtetes Wesen an den Tag legte. Als Kleinkind fühlte es sich dann am wohlsten, wenn es stundenlang in Ihren Armen lag oder auf dem Schoß sitzen konnte, um von dort aus zufrieden und wohl gelaunt die Geschehnisse um es herum zu betrachten. Dabei konnten Sie feststellen, dass Ihr Kind alles das keineswegs interesselos oder gar apathisch wahrnahm. Im Gegenteil, es verhielt sich hierbei äußerst aufgeweckt und wissbegierig. Und auch im Kindergarten und in der Grundschule setzte es sein zurückgezogenes und beschauliches Verhalten fort. Nicht zuletzt deshalb erfreute es sich dort bei seinen Spielkameraden, Mitschülern und Lehrern großer Beliebtheit.

In beiden Fällen spricht die Wissenschaft vom »Aktivitätsniveau« (Hamer/Copeland 1998, S. 23) des Kindes.

Vielleicht registrierten Sie an Ihrem Kind, dass es schon immer dazu neigte, schnell »durchzudrehen« sowie nervös und aggressionsbeladen zu handeln, falls es aus dem gewohnten Lebensrhythmus kommt. Vielleicht reagierte es dann mit wütendem Weinen, Spucken, Kratzen oder Stampfen, wenn es sich mit neuen, ungewohnten Situationen konfrontiert sah. Sie signalisierten ihm zum Beispiel, dass es heute nicht mit seinem Freund spielen dürfe, weil es krank sei; oder dass die Fernsehstunde ausfiele, da der Familienbesuch von Oma und Opa anstehe; oder dass es die von den Eltern neu gekauften Schuhe anziehen müsse.

Aber womöglich verhielt sich Ihr Kind in den beschriebenen Situationen ganz anders, indem es mit Verständnis, Gelassenheit und Nachsicht reagierte und Ihnen damit signalisierte, dass man heute eben weder mit seinem Freund spielen noch fernsehen kann; dass es umgekehrt aber gar nicht erwarten kann, endlich die von den Eltern neu gekauften Schuhe anzuziehen.

In diesen beiden Fällen spricht die Wissenschaft jeweils von der »Reagibilität« (ebd., S. 23), also vom situationshaften Reagieren des Kindes.

Möglicherweise erlebten Sie, dass Ihr Kind seine Stimmungs- und Gefühlslage von einem Augenblick zum anderen völlig veränderte. Kaum dass es glücklich und selbstzufrieden in seinem Kinderzimmer spielte, schlug sein Tun in ein trauriges und melancholisches Verhalten um, das sich durch apathische Unlust und die daraus folgende schnelle Beendigung des Spiels zeigte. Verzweifelt und in sich zusammengeknickt saß Ihr Kind hinterher nur herum, ohne dass es zu irgendwelchen Aktivitäten hätte motiviert werden können.

Aber vielleicht hatten Sie ein in dieser Beziehung völlig anderes Kind. Es wechselte so gut wie niemals von einem Moment zum anderen seine Stimmungslagen und Gefühle, sondern verhielt sich fast immer ausgeglichen, kooperativ, freundlich und gelassen. Und selbst in Situationen, in denen andere Kinder ihm sein Spielzeug aus der Hand rissen und es zur Seite schubsten, wirkte sich das kaum auf sein Stimmungsverhalten aus. »Spätestens jetzt«, so sagten Sie sich, »muss mein Kind doch ›explodieren‹, um seinen Ärger herauszulassen!« Aber nichts dergleichen geschah.

In diesen Fällen spricht die Wissenschaft jeweils von der »Stimmungslage« (ebd., S. 23) des Kindes.

Temperament – Persönlichkeit – Charakter: unsere drei großen Lebensbegleiter

Alle Beispiele weisen auf eine gemeinsame Grundverhaltensweise hin. Sie zeigt sich in der Eigenschaft des *Temperaments,* das aufgrund *genetischer Bedingungen* jeweils unterschiedlich zum Ausdruck kommen kann. Seit Jahrzehnten beschäftigt sich die Temperamentsforschung ausführlich damit. Sie erkennt im Temperament des Menschen einen gewichtigen Teil seiner Gesamtpersönlichkeit.

Doch halten wir zunächst Ausschau danach, was unter dem von uns öfters schon verwendeten Begriff der *Persönlichkeit* zu verstehen ist. Abgesehen von den vielen unterschiedlichen Definitionen, die ihm angehören, besteht eine allgemein gültige Ansicht über das Wesen der Persönlichkeit. Demnach soll der Mensch im Laufe seiner Entwicklung die seinen biologischen »Anlagen« zugrunde liegenden Begabungs- und Entwicklungskräfte im Austausch mit der Umwelt »zu besonderer Entfaltung und Ausgeprägtheit« (Brockhaus 1972, S. 408) kommen lassen. Das soll möglichst »in Form individueller Eigenart und charakterlicher Orginalität« (ebd.) geschehen. Im Weiteren kommt die Persönlichkeit durch die »intellektuellen, geistigen, emotionalen, sozialen und körperlichen Eigenschaften« (Hamer/Copeland 1998, S. 14) zum Ausdruck.

Außerdem ist die Persönlichkeit immer untrennbar mit dem Charakter des Menschen verbunden. In ihm finden wir den lebenspraktischen Hüter oder Zensor der Persönlichkeit. Somit ist der Charakter »der menschlichste Aspekt der Persönlichkeit«. (Ebd., S. 26) Er ist dafür verantwortlich, welches generelle Denk- und Handlungsverhalten der Mensch im Alltag zeigt.

Überprüfen Sie anhand der nachstehenden Fragen, wie es um Ihr eigenes charakterliches Verhalten bestellt sein könnte:

- Sind Sie ein idealistischer Mensch, der für das Zustandekommen einer besseren Welt bereit ist, persönliche Opfer auf sich zu nehmen?
- Oder verhalten Sie sich anders, indem Sie behaupten, das alles sei idealistische Gefühlsduselei und es käme vielmehr darauf an, sich möglichst egoistisch im Leben durchzusetzen?

In diesen zwei Fragen kommen zwei ganz unterschiedliche Charakterhaltungen Ihrer jeweiligen Persönlichkeit zum Vorschein. Haben Sie diese erlernt oder ererbt? Teils, teils, lautet zunächst die pauschale Antwort darauf. Sicher ist nur, dass Sie mit einer der beiden konkreten Einstellungen *nicht* geboren wurden. Stattdessen haben Sie diese im Laufe Ihrer Erziehung von irgendjemand erworben. Vielleicht waren es die Eltern, Freunde oder Lehrer, die ein dahin gehend »gutes« oder »schlechtes« Vorbild abgaben. Womöglich kamen auch andere Lernereignisse in Frage, die Ihr charakterliches Verhalten beeinflussten. So zum Beispiel dann, wenn Sie als Kind etwas »gut« machten und dafür Lob erhielten; oder wenn Sie etwas »schlecht« erledigten und daraufhin Tadel erfuhren. In diesen Fällen speicherten Sie die jeweiligen Erfahrungen in Form von gefühlsmäßigen Erinnerungen in der Großhirnrinde. Diesem Bereich ist ebenfalls das zugeordnet, was man Charakter – und damit auch das Temperament Ihrer Persönlichkeit – nennt.

Die Freiheit des Charakters besteht darin, dass er das Persönlichkeitstemperament verändern kann. Doch Vorsicht! Dieser Veränderung sind ebenso klare Grenzen gesetzt. Sie bestehen darin, dass das Ausmaß unserer Charakterveränderung stets in Wechselwirkung mit den genetisch vorgegebenen Eigenschaften des Temperaments zu sehen ist. Das heißt, es wäre absurd zu glauben, den Charakter eines Kindes durch Erziehung und Lernen beliebig umgestalten zu können. Das widerspräche der Tatsache, dass das Kind bereits vom Zeitpunkt der biologischen Zeugung an die genetische Grundstruktur seines Persönlichkeitskerns in sich trägt, denn alle seine »Gedanken, Ängste, Hoffnungen, Reaktionen, Verhaltensweisen und Träume gehen auf diesen Persönlichkeitskern zurück«. (Hamer/Copeland 1998, S. 14, auch im Folgenden) Folglich sprechen unsere genetischen Persönlichkeitsanteile nicht nur ein ganz gewichtiges Wort mit bei der Frage, »wie wir sind, sondern auch, wie wir uns verhalten«; ob wir zum Beispiel »aggressiv oder schüchtern sind, aktiv oder passiv, zu wem wir uns hingezogen fühlen und wie wir uns diesen Menschen nähern«.

Auf die praktische Charaktererziehung übertragen heißt das grundsätzlich, dass sie sehr wohl dann wirksam und sinnvoll ist, wenn sie *innerhalb* der von den Genen abgesteckten Grenzen des Kindes aktiv wird. Verstößt sie gegenüber dieser Grundhaltung, indem sie dem Kind einen Charakter anerziehen will, der nicht seinem Persönlichkeitskern entspricht, so dürfte sie spätestens dann scheitern, wenn das Kind die Möglichkeiten vorfindet, sich dagegen aufzulehnen.

Wie die genetischen, neurowissenschaftlichen und molekularbiologischen Forschungen zeigen, existieren auf breiter Front Beweise für die genetische Abhängigkeit gegenüber vielen persönlichkeitsbedingten kindlichen Eigenschaften. Hier soll nur der hohe Erbfaktor der Intelligenz erwähnt werden, der »in der Nähe von 60 Prozent« (Zimmer 1989, S. 75) liegt. Wer die genetischen Kräfte der Intelligenz ignoriert und bei der Intelligenzentwicklung nur auf die Umweltkräfte setzt, der darf sich nicht wundern, wenn das Kind viel weniger an Intelligenzleistung erreicht, als man das von den Förderungsbemühungen her erwarten sollte.

Woher kommen schüchterne und kecke Kinder?

Nachdem einige Fakten über die Bedeutung der genetischen Anteile zur Sprache gekommen sind, sollte es nicht mehr abzustreiten sein, im neugeborenen Kind ein »vorgeprägtes Blatt mit vielen Beschriftungen« zu sehen. Eine der Beschriftungen trägt den Namen »Temperament«. Mit ihm wollen wir uns weiterbeschäftigen.

Blicken wir auf die oben genannten Beispiele zurück, so vermitteln sie, dass jedes Kind mit einem ihm eigenen Temperament zur Welt kommt. In seiner Quantität wie Qualität tritt es (sehr) unterschiedlich auf, was größtenteils genetisch begründet ist. Auf den Genen beruhen wiederum konkrete chemische Abläufe im Gehirn, und diese Reaktionen bestimmen, wie das Kind sich selbst und seine Umwelt wahrnimmt. Doch nicht nur diese Vorgänge werden von der »genetisch festgelegten Chemie des Gehirns« (Hamer/Copeland 1998, S. 25) gesteuert. Wahrscheinlich sind die neurobiologischen Gehirnreaktionen auch Grundlage dessen, welche *aktiven*

Erfahrungen sich das Kind suchen wird. Sehr viel spricht dafür, dass es zuallererst die gehirnneurologischen Prozesse sind, aufgrund derer sich das Kind in quantitativ wie qualitativ verschiedener Art und Weise bestimmte Umwelterfahrungen selbst aussucht. So ist es weniger die Umwelt, die das Kind prägt, sondern es sind eher seine besagten neurobiologischen Gehirnstrukturen. Diese drängen es förmlich dazu, sich jeweils diejenigen Umweltaspekte »herauszupicken«, zu denen es sich hingezogen fühlt.

Ebenfalls gilt es jedoch als gesichert, dass das Kind nicht mit einer schon fertigen, das heißt ausgereiften Palette von Temperamentseigenschaften geboren wird. Folglich unterliegt sein Temperament auch den Lern- und Umwelteinflüssen. Sie werden in erster Linie durch die »emotionale Erinnerung« (Hamer/Copeland 1998, S. 24) und Anregung ausgelöst.

Ein Baby kann also nichts willentlich dafür, dass es das eine oder andere Temperament mit auf die Welt bringt; genauso wenig, wie es nichts dafür kann, ob es mit einer weißen oder schwarzen Hautfarbe geboren wird. Das bedeutet, ein Temperament lässt sich alles andere als leicht verändern beziehungsweise »umerziehen«, weil es zur Beständigkeit neigt und im Grunde genommen lebenslang gleich bleibt.

Sind Sie oder Ihr Kind als Säugling schüchtern gewesen, so dürfte der Zustand auch in späteren Zeiten grundsätzlich angehalten haben. Trugen Sie oder Ihr Kind dagegen von klein auf die Abenteuerlust in sich, dann sollte das heute noch ähnlich der Fall sein, sofern das Neue sowie der Nervenkitzel weiterhin – wenngleich vielleicht in anderen äußeren Formen – einen starken Anreiz auf Sie selbst oder Ihr Kind ausüben.

Die Frage also, warum das eine Baby schüchtern (introvertiert), das andere dagegen keck (extrovertiert) ist, ist wie folgt zu beantworten. Die unterschiedlichen Verhaltensweisen beider Babys sind hauptsächlich Ausdruck ihrer andersartigen Genstrukturen und der damit verbundenen unterschiedlichen Kontakte zum limbischen Gehirnsystem. Während das Großhirn das bewusste Denken steuert und die Zentrale unseres Bewusstseins und der Persönlichkeit verkörpert, hat das limbische System eine andere Aufgabe. Es steuert und beinhaltet die auf unserer Stammesgeschichte beruhenden alten Teile des Groß- und Zwischenhirns. In ihm sitzen vor allem die Emotionen und Stimmungen in Form von »Furcht, Angst, Aggression und Vergnügungen«. (Hamer/Copeland 1998, S. 25) Damit ist das limbische Gehirnsystem auch für die Gefühle und Merkmale zuständig, die nicht ausschließlich dem Temperament angehören. Ein Beispiel dafür sind die »Bauchreaktionen« des Menschen: Wenn wir Entscheidungen »ganz aus dem Bauch heraus« treffen, dann ist es das limbische System des Gehirns, das auf den Plan tritt. In neuronaler Rücksprache mit den Genen gibt es uns den roten Faden des jeweiligen Verhaltens vor.

Aus so gut wie allen genetischen wie neurologischen Erkenntnissen geht demnach hervor, dass der Unterschied zwischen schüchternen und kecken Kindern nur sehr bedingt auf die Erziehungs- und Lerneinflüsse ihrer Umwelt zurückgeht. Das wird zusätzlich dadurch untermauert, dass man in der chemischen Substanz der Amygdala, die dem limbischen Gehirnsystem angehört, die eigentliche Ursache der Schüchternheit zu erkennen glaubt.

Zusammenfassend läuft das Wissen über die Temperamentseigenschaften des Kindes darauf hinaus, dass es selbstverständlich nicht nur die Gene sind, die es so oder so werden lassen. Das belegen auch die Untersuchungen an gehemmten Kindern, deren Eltern sie dazu bringen konnten, »für sich allein zu sorgen«. (Hamer/Copeland 1998, S. 102) Als Erwachsene fiel es ihnen dann leichter, ihre Schüchternheit abzulegen, ohne sich freilich von ihr befreien zu können. Dagegen konnten sich die schüchternen Kinder, die von ihren Eltern über die ganze Erziehungszeit hinweg verwöhnt und überbehütet wurden, auch als Erwachsene von ihrer Schüchternheit nicht lösen.

Trotzdem üben die Gene hier einen sehr großen Einfluss aus. Zahlreiche Untersuchungen an ein- und zweieiigen Zwillingen bestätigen das nachdrücklich. Bei 350 eineiigen Zwillingspaaren, die sieben Jahre alt waren, zeigte sich, dass etwa »50 Prozent des schüchternen, furchtsamen und gehemmten Verhaltens vererbt sind«. (Hamer/Copeland 1998, S. 83) Und als man sich in einer anderen Zwillingsuntersuchung die jeweils kecksten und schüchternsten Kinder heraussuchte, war das Ergebnis noch wesentlich höher. »70 bis 90 Prozent« (ebd.) ihres Verhaltens ließen sich auf genetische Einflüsse zurückführen.

Die Gleichaltrigen: Wegbereiter eines neuen Erziehungs- verständnisses

Im ersten Hauptkapitel war die Rede davon, dass die heutige Erziehung das Kind viel zu sehr auf die Ziele und Bedürfnisse der Erwachsenen festlegt. Sie erweckt dabei den Anspruch, »kindgerecht« im Sinne von kinderfreundlich zu sein. Dabei lässt die Erziehung jedoch das Kind nicht Kind sein. Darin liegt der Hauptgrund, warum es der Erziehungspraxis trotz ihrer vielen gut gemeinten Bemühungen zusehends weniger gelingt, dem Kind bei seiner Persönlichkeitsentwicklung die Aufmerksamkeit und Unterstützung zu geben, die angemessen und sinnvoll wären.

Wenn wir deshalb nach einem veränderten Erziehungsverständnis suchen, wird sich uns in wesentlichen Bereichen ein anderes Bild vom Kind erschließen. Es führt uns dazu, manche der bisher vertrauten Erziehungsgrundsätze »auf den Kopf« zu stellen. Im Rahmen der nachstehenden Fragen wird deutlich, welche grundlegenden Überlegungen und Schritte vonnöten sind, um zu einem gewandelten Verständnis vom Kind – und damit zu einer sinngerechteren Erziehungspraxis – zu gelangen.

- Wir sollten vom vertrauten Wort »Erziehung« Abschied nehmen, weil es in immer größeren Bereichen nicht mehr der Lebenswirklichkeit des Kindes entspricht. Inwieweit kommt es hierbei unseren erzieherischen Handlungen entgegen, wenn wir es durch den Begriff »*Sozialisation*« ablösen oder erweitern?
- Welche Konsequenzen ergeben sich aus der Feststellung, dass die Erziehung durch die Erwachsenen bei weitem *nicht* den *dauerhaften* Einfluss auf die Persönlichkeitsent-

wicklung des Kindes ausübt, den wir bisher als selbstverständlich annahmen? Ist die Erziehung am Ende sogar sinnlos?

- Was bedeutet der Umstand, dass das Kind – abgesehen von den ersten drei Lebensjahren – stattdessen durch die Gleichaltrigengruppen (Peergroups) eine zumeist wirksamere, vor allem *dauerhaftere* »Erziehung« beziehungsweise Sozialisation erfährt, als sie ihm die Eltern und Berufspädagogen vermitteln können? (Diese Frage gewinnt nicht zuletzt dadurch vermehrt Brisanz, dass »in den sechziger Jahren nur 16 Prozent« der Kinder und Jugendlichen »in Cliquen von Gleichaltrigen eingebunden« waren, es aber seit den »achtziger Jahren schon 60 Prozent« (Festenberg u.a. 2001, S. 118) sind.
- Wie verträgt sich diese Feststellung mit den *frühkindlichen* Theorien der Mutter/Eltern-Kind-Bindung? Danach wird das Kleinkind während der ersten Lebensjahre durch das Urvertrauen (oder das Urmisstrauen) lebenslang geprägt.
- Wie steht es um die generelle Bedeutung der *emotionalen Zuwendung* gegenüber dem Kind? Kommt ihr tatsächlich die überwältigende Kraft bei der Entwicklung des Kindes zu, wie in der breiten Erziehungsöffentlichkeit so selbstverständlich angenommen wird? Welche tatsächliche Rolle spielen hierbei zum Beispiel die Scheidung der Eltern, das vaterlose Aufwachsen des Kindes, die Berufstätigkeit der Mutter in den ersten Lebensjahren des Kindes oder der Umgang mit Erziehungsstrafen?
- Und nicht zuletzt: Welche Bedeutung spielen die ökonomischen und sozialen Faktoren bei der Persönlichkeitsentwicklung des Kindes? Inwieweit sind hierbei besonders die finanziellen Einkommensverhältnisse, die Wahl des Schultyps sowie die soziale Wohngegend der Eltern ausschlaggebend dafür, wie das Kind sich entfaltet?

Wer und was erzieht unsere Kinder wirklich?

Vielleicht stellten Sie sich öfter die Frage, durch wen und durch was Sie als Kind Ihre Verhaltensweisen erwarben oder wie diese zustande kamen. Es wäre nicht überraschend, wenn Sie dabei zur Überzeugung gelangt sind, dass es in der Hauptsache das »System Erziehung« war, das Sie so oder anders werden ließ. Selbst wenn Sie behaupten sollten, auch Ihre Gene hätten eine nicht unwesentliche Rolle gespielt, dürften Sie vermutlich Folgendes äußern: »Es ist richtig, dass meinen Charakter maßgeblich Erziehungsvorgänge in der Kindheit prägten. Ebenso stimmt es, dass viele Merkmale meines heutigen Denkens, Fühlens und Handelns immer noch darauf zurückzuführen sind.«

Die alles entscheidende Frage ist jedoch nicht die nach den prägenden Erziehungskräften im allgemeinen Sinn. Vielmehr lautet sie: *Durch wen und durch was haben Sie diese prägenden Kräfte konkret erworben?* Bei der Beantwortung dieser Frage dürften Sie wahrscheinlich eine ähnlich klare Meinung haben. Sie sagen zum Beispiel: »Wiederum waren es hauptsächlich die Eltern einschließlich der übrigen Familienangehörigen, die den Lebensweg meiner Kindheit mitsamt seiner Denk- und Werteeinstellungen bestimmten. Damit trugen sie auch ursächlich dazu bei, wie meine Persönlichkeitsentwicklung verlief.« Hier irren Sie sich allerdings grundlegend. Denn weder Ihre Eltern noch Sie in Ihrer heutigen Erziehungsrolle als Mutter oder Vater waren und sind die eigentlichen Hauptgestalter am Erfolg oder Misserfolg der Persönkeitsentwicklung eines Menschen.

Sie meinen, das Wohl und Wehe der Entwicklung Ihres Kindes wäre davon beeinflusst, wie Sie Ihr Kind aufziehen. Obwohl von dieser Auffassung fast das gesamte Bild der heutigen Erziehung bestimmt wird, ist sie trotzdem in ihrem Kern falsch, weil sie besonders den *außerfamiliären* Umwelteinflüssen eine viel zu geringe Bedeutung beimisst. Und deshalb hat ein Großteil der Pädagogen und Psychologen nicht nur Sie, sondern auch die breite Erziehungsöffentlichkeit in einem entscheidenden Punkt falsch informiert. Man hat Sie zum Dreh- und Angelpunkt dafür gemacht, was aus Ihrem Kind wird. Auf den Erziehungsalltag übertragen bedeutet das: Von allen möglichen erziehungs»kritischen« Seiten her wird Ihnen eingeredet, Sie hätten spätestens dann ein »schlechtes Gewissen« zu zeigen, wenn mit dem Kind etwas schief geht. Nicht Ihr Kind oder irgendein anderer Umstand wären daran ursächlich schuld, sondern Sie allein hätten sich einzugestehen, erzieherisch falsch gehandelt zu haben.

Überlegen Sie einmal, welche Anmaßung hinter einer solchen Behauptung steckt! Mit ihr wird unter anderem gesagt, dass Sie der allein verantwortliche Erziehungswächter über das Kind seien. Und zugleich will man damit zu verstehen geben, dass es außer Ihrer Erziehung so gut wie keine anderen *prägenden* (Umwelt-)Einflüsse gibt, die das Aufwachsen ihres Kindes lenken.

Die weiteren Betrachtungen werden Ihnen jedoch ganz andere Fakten und Überlegungen liefern. Diese können Ihnen viele der Sie belastenden Schuld- und Versagensängste nehmen beziehungsweise sie reduzieren. Daraus erschließt sich ein anderer Sinn- und Verständniszusammenhang dafür, wo, wann und warum in der Erziehung nichts, wenig oder viel zu unternehmen sein dürfte. Damit einhergehend wird deutlich, dass Sie in den Erziehungsbemühungen viel gelassener, realistischer, bescheidener und humorvoller auf das »Sosein« des Kindes reagieren können, als Sie das womöglich mit

Ihrer (fortlaufenden) »Herumerzieherei« bis heute immer noch tun. Mit ihr verändern Sie das Kind in seinem Persönlichkeitskern ohnehin nicht, weil dieser letztlich viel widerstandsfähiger ist als Ihre gesamten Erziehungsbemühungen.

Machen wir uns also auf die Suche nach soliden Belegen, die die zuletzt genannten Aussagen untermauern. Mit ihnen werden wir zugleich den bis heute gültigen Glauben an die Allmacht der Erziehung widerlegen. Beginnen wir mit dem Begriff »Erziehung«, dem Schlüsselphänomen für das Aufwachsen des Kindes.

Von der Erziehung zur Sozialisation

Warum ist der Begriff »Erziehung« für einen Großteil der Lebens- und Lernprozesse nicht mehr anwendbar, denen sich das heutige Kind ausgesetzt sieht?

Während die bisherige Erziehungspraxis davon ausgeht, das Individuum durch ein fortgesetzt gesteuertes Erwachsenen-Kind-Bezugsverhältnis erfolgreich prägen zu können, sieht das der Sozialisationsbegriff in einem entscheidenden Punkt anders. Er erkennt im Aufwachsen des Kindes einen Vorgang, bei dem *alle* direkt wie indirekt daran beteiligten Personen und Umwelteinflüsse breiten Einfluss ausüben. Der Sozialisationsbegriff vertritt die Überzeugung, dass es längst nicht nur die Erwachsenen in ihren Rollen als Eltern, Großeltern, (Kindergarten-)Erzieher, Psychologen, Lehrer oder Sozialpädagogen sind, die mehr oder weniger wirksam auf das Kind einwirken, um es in seinem Denken, Fühlen und Handeln zu formen. Stattdessen erfährt das Kind seine Erziehungs- und Lerneindrücke mindestens ebenso stark durch die Spielkameraden, Freunde, Schulgefährten sowie die Medien. Kurzum, die Sozialisation sieht in allen auf das Kind einströmenden Erfahrungen ein Geschehen, das von Geburt an sein Leben maßgeblich prägt und lenkt. Dabei lernt das Kind, wie das Leben und die Welt »sind« und was zu tun ist, um zu einem anerkannten Mitglied verschiedener sozialer Gruppen zu werden.

Die Idee der Sozialisation spricht sich gegen die pädagogische Vereinnahmung oder Isolierung des Kindes durch die Welt der Erwachsenen aus. Das darf nicht heißen, die Sozialisation verwehre sich dagegen, das Kind von seinen Eltern oder anderen ihm vertrauten Erwachsenen zu entfremden. Im Gegenteil: Ein Kind benötigt dringend die elterliche Familie oder eine ihr entsprechende verlässliche Gemeinschaft. Der natürliche Wunsch des Kindes ist es, innerlich wie äußerlich zu wissen, dass ihm aus der Familie keine Abschiebung oder Vernachlässigung droht, sofern es in ihr einen festen Platz einnimmt. Das Angenommensein in der Familie schafft im Kind das Vertrauen der Stärke und des Beschütztseins, das einen Teil seines Selbstbewusstseins ausmacht. Unbestritten braucht das Kind die Eltern in Form ihrer Liebe, Fürsorge, Zuneigung und Verlässlichkeit. Diese Eigenschaften bilden den Grundstock jedes menschlichen Miteinanders überhaupt. Durch ihr »Dasein« haben die Eltern dem Kind diese Eigenschaften vorzuleben, die den »psychologischen Airbag« des Menschen darstellen, der das Individuum davor schützt, mit den immer wieder auftretenden Fehlern und Enttäuschungen des Lebens besser fertig zu werden.

Dies ist nur ein Beispiel für die nach wie vor bestehende erzieherische Verantwortung, welche Eltern gegenüber dem Kind haben. Sie dient dem Kind unter anderem zu seiner psychischen wie sozialen Orientierung. Dass jedoch die erzieherische Verantwortung mit einer »Durchpädagogisierung« (Baacke 1999a, S. 388) in Form nicht loslassender Emotionalisierung und Individualisierung gegenüber dem Nachwuchs einherzugehen hat, ist eine reine »Erfindung der Erwachsenen« (Giesecke 1993, S. 88; auch im Folgenden) und nicht des Kindes selbst. In der Regel genügt ihm etwas »Vordergründigeres: Zugewandtheit, Angenommensein, Interesse«. Selbstverständlich geht es hierbei immer um Emotionalität und Individualisierung, aber nicht darum, das Kind damit zu überfrachten und zu »ersticken«.

Leider hat die heutige Erziehungspraxis eine »Dunstglocke der Psychologisierung« über die Familie und die sozialpädagogischen Institutionen gelegt. Das führt besonders bei denjenigen Erziehern zur Irritation im Umgang mit ihrer erzieherischen Verantwortung, die für das Kind stets das »Beste« wollen. Ihnen fällt es oft außerordentlich schwer, hier ein gelassenes Kopf-Bauch-Verhältnis zu finden. Das zeigt sich unter anderem darin, dass Eltern nicht mehr wissen, was richtig und falsch ist, wo ihre Aufgaben und Grenzen liegen beziehungsweise nicht liegen. Besonders die Über-Psychologisierung verunsichert die Erzieher mehr, als dass sie ihnen hilft. Es fehlt ihnen das natürliche Gespür dafür, wann, wo und wie sie ihre »erzieherischen Hände« vom Kind lieber weglassen sollten oder nicht.

Als Beispiel sei der Umgang mit Grenzen, Regeln und Werten aufgeführt. Einerseits müssen die Eltern wissen, dass ihr Kind diese in einer ihm klaren und altersgemäß nachvollziehbaren Art und Weise dringend benötigt. Es erwartet, dass die Eltern ihm diese in Form von Spielregeln vorbildhaft vermitteln. Andererseits müssen die Eltern zur Kenntnis nehmen, dass das Kind mit etwa drei Jahren dazu drängt, den Umgang mit Grenzen, Regeln und Werten auf einem ganz anderen Lebens- und Experimentierfeld zu erfahren: auf dem seiner Peergroups. Das heißt, mit zunehmendem Alter ist es für das Kind vonnöten, dass es beispielsweise die Konflikterfahrungen des Streitens, Ärgerns, Miteinander-Teilens oder der Über- und Unterordnung *zusätzlich* und *vermehrt* auf den *außerfamiliären* Lernfeldern der Sozialisation sammelt.

Erlernt das Kind dagegen die Verhaltensweisen nur oder überwiegend durch die Vorbilder zu Hause, weil die Eltern es gegenüber der »negativen« Außenwelt abzuschotten versuchen, dürfte Folgendes eintreten: Das Kind hat große Schwierigkeiten, sich auf die oft andersartigen Gesetze und Spielregeln einzulassen, die in den Peergroups vorherrschen. Dabei stellen die Peergroups das eigentliche Lernfeld für das weitere Leben dar: Hier erfährt das Kind die Kontakte und die Anerkennung durch die Gleichaltrigen, die es wünscht und benötigt.

Es entspricht weder der gesellschaftlichen Realität noch den individuellen Bedürfnissen des Kindes, weiterhin die Forderung zu erheben, das Kind hauptsächlich im »beschützenden« Kreis der Familie zu erziehen, um es dort möglichst widerstandsfähig vor den »negativen« Einflüssen der Umwelt zu schützen. Stattdessen wachsen – mit Ausnahme der ersten drei Lebensjahre – rund 85 Prozent aller Kinder hierzulande zusehends mehr in der Außenwelt auf. Stundenlang befinden sie sich im Kindergarten, in der Schule, im Hort oder in ähnlichen Betreuungseinrichtungen. In diesen Institutionen erlebt das Kind Eindrücke verschiedenster Art. Zumeist gehen sie weit über das hinaus, was es an Erfahrungen und Kenntnissen in der Familie sammelt. Das hat auch damit zu tun, dass an die Stelle der Eltern mehr und mehr andere Verantwortungsträger und Meinungsmacher treten. So sind es zum Beispiel die Erzieher in den Kindergärten und Horten, die Lehrer in den Schulen, die Freunde und Klassenkameraden und – nicht zuletzt – die Medien, mit denen das Kind tagtäglich in intensiven Kontakt kommt. Sie alle tragen zur Meinungsbildung und Verhaltensformung des Kindes maßgeblich bei.

Schon deshalb ist es verfehlt, weiterhin von der großen prägenden Kraft der elterlichen Erziehung zu sprechen. Die gesamtgesellschaftlichen Verhältnisse haben sich zwischenzeitlich derart gewandelt, dass sie längst massiv auf die Erziehung einwirken. Dort haben sie die beschützende »Idee der Kindlichkeit des Kindes (...) zusammenbrechen lassen«. (Giesecke 1993, S. 10) Stattdessen erfordern die gesellschaftlichen Prozesse von uns Erziehern etwas anderes. Sie rufen uns auf, das Kind nicht weiterhin zu verkindlichen und zu verniedlichen. Zwar besteht unsere Aufgabe nach wie vor darin, im Kind das Kind zu sehen, es dabei aber wie einen »ständig größer werdende(n) Erwachsene(n) zu behandeln«. (Ebd.) Das erfordert das Abschiednehmen von den herkömmlichen Erziehungsvorstellungen – und damit vom Begriff »Erziehung«!

An seine Stelle tritt die Sozialisation. Durch sie spiegeln sich die Vorgänge viel umfassender, offener und realistischer wider, denen das heutige Kind in seinem Aufwachsen begegnet. Die »Sozialisationswirkungen der Gleichaltrigengruppen (haben) eine kaum noch zu überschätzende Bedeutung« (Giesecke 1993, S. 11) erreicht. Sie zeigen uns, um wie viel weniger uns das Kind in der Dauerrolle sanfter und alles regeln wollender »Erziehungsdompteure« benötigt, als wir das gemeinhin immer noch annehmen und wünschen. Kinder, und das war schon immer so, lassen sich naturgemäß oft lieber, leichter und wirksamer durch ihresgleichen »erziehen« beziehungsweise sozialisieren als durch ihre Eltern.

Zu Besuch in der Lebenswelt von Kindern

Ab welchem Zeitpunkt und wodurch sozialisieren sich Kinder gegenseitig?

Welche jeweils unterschiedlichen, aber auch gemeinsamen Eigenschaften, Wünsche und Motive zeigen Kinder im Alter zwischen etwa zwei und zwölf Jahren im Zusammensein mit Gleichaltrigen? Und wie verhalten sie sich in der darauf folgenden Zeit der Pubertät als Jugendliche? Wie sozialisieren sie sich *gegenseitig*, ohne dass die Eltern oder andere Erwachsene hierbei ihrem Tun *aktiv* beistehen? Speziell Säuglingen und Kleinkindern bis etwa drei Jahren eilt nach wie vor der Ruf voraus, dass sie praktisch noch ganz und gar am »Rockzipfel« ihrer Mütter kleben würden und damit völlig abhängig von ihnen seien. Stimmt das wirklich so oder spiegelt sich in dieser Auffassung nicht eher der Mythos einer falschen »bürgerlichen Mütterlichkeit« wider?

Sieben Mädchen und Jungen im Alter von zwei Jahren werden von ihren Müttern in die neu gegründete Nachmittagsspielgruppe gebracht. Den Müttern ist es wichtig, ihnen dreimal in der Woche für jeweils zwei bis drei Stunden einen festen Kontakt mit anderen Kindern zu ermöglichen. Sie sind davon überzeugt, dass neben aller häuslichen Pflege und Erziehung, die ihre Kinder erhalten, sie obendrein andere Kinder benötigen, um ihrem Bedürfnis nach altersgerechter Kommunikation gerecht zu werden. Auf diese Weise soll der wichtige Aufbau der sozialen und persönlichen Verhaltensweisen ermöglicht werden. Gerade weil jedes dieser Kinder als Einzelkind aufwächst, sehen die Eltern darin eine besondere Notwendigkeit.

Da sich die Kinder vorher nicht kannten, stehen sie sich in der Gruppe zunächst fremd gegenüber. Besonders während der ersten beiden Treffen zeigt sich dieser Umstand sehr deutlich. Obwohl alle Mütter an der Nachmittagsspielgruppe regelmäßig teilnehmen und sie ihren Kindern dadurch Sicherheit vermitteln, kann von einer vertrauten Kontaktaufnahme untereinander noch nicht die Rede sein. Außer von einem mehr oder weniger sporadisch erfolgenden »Beschnuppern« und »Abtasten«, das immer wieder mit der »Flucht« zur Mutter einhergeht, gibt es zwischen den meisten Kindern wenig sozial verbindliche Kontakte. Mit Ausnahme von drei Kindern verhalten sich alle anderen noch sehr »mutterbezogen«.

Ab dem dritten Treffen wird das Verhalten fast aller Kinder zueinander etwas zugänglicher und »sozialer«. Das erweckt bei den Müttern die Hoffnung, ihr Nachwuchs wäre auf dem besten Weg, kompetenter miteinander zu spielen und zu kommunizieren, nach dem Motto »Je früher Kinder etwas voneinander lernen, desto besser ist das für ihre weitere Entwicklung!«. Die Mütter verabreden, in Zukunft nicht mehr bei jeder Nachmittagsspielgruppe der Kinder anwesend zu sein. In dieser Entscheidung sehen sie einen wichtigen Beitrag zur Selbstständigkeitserziehung ihrer Kinder. Deshalb genüge es, wenn immer nur eine Mutter abwechselnd auf alle Kinder aufpasse.

In Bezug auf dieses Beispiel drängen sich vor allem zwei Fragen auf:

• Wie sind die sozialen Verhaltensweisen und Bedürfnisse von etwa zweijährigen Kindern beschaffen, wenn sie miteinander in Kontakt treten? Welche wichtigen Lern-

erfahrungen sammeln sie dabei im Spiel mit Gleichaltrigen?

- Inwieweit ist es richtig, der Behauptung zuzustimmen,
Kleinkinder bedürften während der ersten drei Jahre einer
möglichst nahtlos umsorgenden, dauerhaften Mutter- beziehungsweise Eltern-Kind-Bindung?

Die erste Frage zielt besonders auf die *soziale Gruppen-
fähigkeit* von zweijährigen Kindern ab. Welche Erkenntnisse
gibt es darüber?

Zunächst ist festzustellen, dass die Forschung das Verhalten des Kleinkindes lange Zeit vernachlässigte. Man wollte
nicht wahrnehmen, dass bereits Neugeborene in vielerlei
Hinsicht als kompetente und kluge Wesen anzusehen sind.
Wenn es selbst schon für Säuglinge zutrifft, dass sie in keinem »dumpfen Dämmerzustand des Schlafens, Wachens und
Saugens« (Baacke 1999a, S. 37) aufwachsen, sondern ihrer
Umwelt aktiv und neugierig gegenübertreten, um wie viel
kompetenter und gewiefter dürften ihre Verhaltensweisen
dann Monate später aussehen?

Vieles spricht dafür, die bisherigen Vorstellungen über die
zeitlichen Abläufe der geistigen, psychischen wie sozialen
Menschwerdung nach vorne zu korrigieren, weil das Kleinkind diese Prozesse bereits auf zeitlich viel früheren Stufen
seiner Einwicklung einleitet, wahrnimmt und in Handlungen umzusetzen beginnt, als bisher geglaubt wurde. In
dem Zusammenhang bedürfen unter anderem die weltweit
bekannten Forschungsergebnisse des Pioniers der Entwick-
lungspsychologie, Jean Piaget, der einen und anderen kritischen Überprüfung. Vor allem entsprechen seine Vorstellungen in der Hinsicht nicht mehr den aktuellen Erkenntnissen,
nach denen das Kind erst ab etwa sieben Jahren zum logisch-
kritischen Denken fähig sei. Eine Reihe von Belegen spricht
dafür, dass das Kind schon im Alter zwischen ein und drei

Jahren dazu imstande ist, gewisse intellektuelle und damit logische Denkschritte auszuführen. So ist es zum Beispiel in der Lage, beim Spielen bestimmte Werkzeuge so geschickt zu benutzen und einzusetzen, dass man nicht umhinkann, von (vor-)intellektuellen »Werkzeughandlungen« (Baacke 1999a, S. 37) zu sprechen. Das legt den Schluss nahe, dass das Fühlen, Handeln und (ansatzweise) Denken – die Welt des Kleinkindes insgesamt – alles andere als nur »vordergründig und oberflächlich« (ebd.) beschaffen ist. Vielmehr spricht vieles dafür, dass die dem Kleinkind zugrunde liegenden Eigenschaften von weitaus tieferer Kompetenz und Wahrnehmungsfähigkeit sind, als das gemeinhin angenommen wird.

Das heißt jedoch noch lange nicht, dass es für das Kleinkind leicht wäre, die sozialen Kontakte mit gleichaltrigen Kindern ohne größere Schwierigkeiten zu gestalten. Des Öfteren sind Eltern verwundert darüber, wie ungeschickt, grob, teilnahmslos, egoistisch und launenhaft die Kinder miteinander umgehen und spielen. Sie erwecken dabei den Eindruck, mehr asozial als sozial zu handeln, sofern sie beim *Spielen* mit ihren Altersgenossen zumeist an ihre eigenen Bedürfnisse denken. Hierbei ist zu beobachten, dass das Kleinkind »entweder überwiegend allein oder, wenn andere Kinder im Raum sind, doch häufig parallel zu den anderen« (Baacke 1999a, S. 298; auch im Folgenden) spielt. Die gegenseitigen Kontakte laufen mehr »spontan, unregelmäßig« ab und gehen immer wieder einher mit dem »Streit um einen Spielgegenstand«. Das alles wird begleitet von den gegenseitig sich kontrollierenden Blicken der Kinder. Sie halten danach Ausschau, mit welchem Gegenstand das andere Kind spielt und wie geschickt es sich dabei verhält.

Bedeutet das aber, Kinder dieser Altersstufe wären von Natur aus nur egoistische und sozial unangepasste Wesen? In dieser Form ist die Frage sicherlich falsch gestellt. Aufgrund einer Reihe entwicklungsbedingter Umstände ist ein zweijähriges Kind längst noch nicht zu differenzierten sozialen Beziehungen und Handlungen fähig. Folglich kann ihm nicht unterstellt werden, es wäre von Geburt an ein primär auf Eigennutz und Machtwillen vorprogrammiertes Individuum, dem wir nur mit unserer Erziehung helfen können, zu einem gemeinschaftsfähigen »guten« Wesen zu werden. Stattdessen ist in erster Linie die noch unausgereifte körperliche, psychische wie geistige Entwicklung verantwortlich dafür, dass die Beziehungen des zweijährigen Kindes gegenüber den Gleichaltrigen oft fehlgesteuert und sozial unverträglich verlaufen.

Aufgrund seiner noch nicht ausgefeilten *Motorik* (Laufen, Stehen, Greifen) fällt es ihm selbst sowie im Spiel mit anderen Kindern immer wieder schwer, das zu erreichen, was es sich vornimmt. Das führt zu Reaktionen und Frustrationen, die von Kind zu Kind unterschiedlich sind. Das eine Kind beginnt in Form von Wut dem anderen sein Spielzeug aus der Hand zu reißen; das andere Kind versucht den Ärger damit zu zeigen, indem es zu weinen beginnt und verzweifelt zu seiner Mutter läuft; und wieder ein anderes Kind verhält sich so, dass es teilnahmslos herumsitzt und so tut, als würde es sein Misslingen nicht weiter stören.

Außer den motorischen Problemen sind es vor allem die *sprachlichen* Unzulänglichkeiten, die es dem Kleinkind schwer machen, mit Gleichaltrigen in einen kontinuierlichen und geregelten Austausch sozialer Prozesse zu gelangen. Es will dem anderen Kind etwas mit Worten erklären, findet jedoch nicht die richtigen Begriffe, um Erfolg zu haben. Und selbst da, wo zweijährige Kinder bereits über relativ ausgeprägte Sprachfähigkeiten verfügen, indem sie sich gegenseitig verständlich unterhalten können, erfolgt immer noch keine Kommunikation im eigentlichen Sinne. Sie kommt deshalb nicht zustande, weil jedes Kind noch zu sehr mit der eigenen Welt *seiner* Sinne, Gefühle und Gedanken beschäftigt ist. Es fehlt ihm noch die Distanz zu sich selbst und deshalb auch das sich Hineinversetzen-Können in andere Menschen.

Ein weiterer Grund der sozialen Kooperationsprobleme von zweijährigen Kindern besteht darin, nicht oder nur sehr bedingt *teilen* zu können. Das Kind besitzt noch keine Einsicht darüber, was die Begriffe »mein« und »dein« bedeuten. Zwar haben die Eltern durch ihr praktisches Vorbild das Kind dahin gehend beeinflusst, sich mit dem Prinzip des Teilens anzufreunden, es dauert jedoch noch eine ganze Weile, bis das Kind in der Lage ist, die Mein-dein-Erfahrungen auch auf andere Menschen und Situationen zu übertragen. Mit anderen Worten: Die Einsichtsfähigkeit des Kleinkindes gegenüber dem Teilen und Nichtteilen, dem Hergeben und Behalten ist weder im intellektuellen noch im sozial-moralischen Sinne ausreichend gegeben.

Ebenso verhält es sich mit *sozialen Regeln*. Der Umgang mit ihnen bereitet dem Kind zunächst große Schwierigkeiten. Es weiß nicht, was es heißt, Spielregeln einzuhalten, zu erfinden oder Kompromisse auszuhandeln. Aus Sicht der Erwachsenen ist das der eigentliche Grund für das häufige Auftreten von Konflikten zwischen den Kleinkindern. Nicht selten werden Kontakte spontan abgebrochen mit einem trotzigen »Ich mag nicht mehr« oder »Du bist böse!«. Diese – entwicklungsbedingt – egozentrische Haltung steuert das Kleinkind oft stärker als das Bedürfnis nach tragfähigen Sozialkontakten. Hier spielen auch die Erfahrungen eine Rolle, die es mit seinen Eltern sammelt. Ist das Kind gewohnt, ganz im Blickpunkt ihrer Liebe und Fürsorge zu stehen, so dürften seine Erwartungen ähnlich beschaffen sein, wenn es mit Gleichaltrigen zusammen ist. Das Kind geht davon aus, dass sie sich ihm gegenüber ebenso liebevoll zuwenden, wie es das von seinen Eltern her kennt.

Wie wir sahen, ist dieses Verhalten bei etwa zweijährigen Kleinkindern jedoch nicht zu erwarten. Diese Erfahrung mag beim Kleinkind zunächst ein emotionales Schockerlebnis auslösen. Aus ihm lernt es, dass man die positiven Eigenschaften, durch die sich die Eltern auszeichnen, nicht einfach vorbehaltlos auf seine Spielkameraden übertragen kann. Zugleich läutet die Tatsache einen ganz gewichtigen Bewusstseinsschritt ein. Dem Kind wird langsam klar, dass es Menschen mit ganz unterschiedlichen Verhaltensweisen gibt und dass man das auch akzeptieren sollte.

Kleinkinder zeigen im Rahmen ihres Sozialverhaltens aber auch andere Reaktionen. Nehmen wir ein Beispiel aus israelischen Kibbuzen. Der Kibbuz verkörpert eine Art Gemeinschaft, in der sich Menschen freiwillig zusammenschließen. In ihr wachsen die Kinder von Geburt an überwiegend gemeinsam auf. In gewisser Weise ist der Kibbuz mit der Kinderkrippe unserer Gesellschaft vergleichbar: In jede der beiden Institutionen wird das Kind von den Eltern am Morgen gebracht und am Nachmittag oder frühen Abend wieder abgeholt. Untersuchungen belegen, dass im Kibbuz aufgewachsene Kinder weniger soziale Verhaltensweisen der oben beschriebenen Art aufweisen. Von früh an zeigen sie sich rücksichtsvoller. Außerdem gelingt es ihnen besser, sich in das andere gleichaltrige Kind hineinzuversetzen und dessen Absichten sensibler zu »lesen«. Von klein auf erreichen sie eine kreativere Kommunikation zwischen den Altersgenossen. (Vgl. Zimmer 1989, S. 184 ff.)

So mag es nicht verwundern, dass es selbst Kleinstkindern schon ansatzweise gelingt, ihre Verhaltensweisen untereinander nachzuahmen. Das belegen die Beobachtungen von Carol Eckermann und anderen. Sie kamen zum Ergebnis, dass bei diesen Kindern eine fortgesetzte Zunahme der »Verwendung von Nachahmung als Mittel, miteinander zurechtzukommen«, (Harris 2000, S. 241) festzustellen war. Zugleich entwickelten die Kleinkinder erste Sympathien und Vor-Freundschaften untereinander, was daran zu erkennen war, dass sie zum Beispiel in Kinderkrippen tagtäglich mit den gleichen Freunden soziale (Spiel-)Kontakte pflegten.

Diese und weitere Untersuchungen, die »über gemeinsam aufgezogene Waisenkinder« (Baacke 1999a, S. 289) berichten, besagen Folgendes: Die Schwierigkeiten des Kleinkindes, Gruppenkontakte mit Gleichaltrigen einzugehen, gehen nicht nur auf dessen intellektuelle, soziale und emotionale Egozentrik zurück. Vielmehr werden sie von den jeweiligen *gesellschaftlich-kulturellen Gegebenheiten* verstärkt, unter denen das Kleinkind seine Sozialisation erfährt. Wenn, wie heute üblich, das Kind allein oder mit nur einem Geschwister aufwächst, fällt es ihm – besser gesagt, seinen Eltern – schwer, genügend Kontakte zu den Gleichaltrigen herzustellen. Der mangelnde Kontaktaustausch verursacht somit einen ersichtlichen Teil der Probleme, die das heutige Kleinkind im Umgang mit Gleichaltrigen hat.

Zugleich verstärkt dieser Umstand die Fixierung des Kindes auf die Eltern. Anstelle der Gleichaltrigen werden sie zu den »Ersatzspielpartnern« des Kindes. Hierdurch erfährt die altersungleiche Beziehung zwischen den Eltern und dem Kind eine Bedeutung, die für den jungen Menchen alles andere als sinn- und entwicklungsgerecht ist: Es besteht die (unbewusste) Gefahr, dass dem eigenen Kind der Zugang zu anderen Kindern erschwert wird und damit auch die Selbstständigkeitsbemühungen des Kleinkindes gegenüber den Eltern beeinträchtigt werden.

Wenn sich Eltern darüber klar werden, werden sie erkennen, dass es wesentlich in ihren Händen liegt, bereits dem Kleinkind die nötigen Sozialkontakte mit Gleichaltrigen wieder verstärkt zu ermöglichen. Und so ist es nur folgerichtig, wenn – auf unser Beispiel bezogen – sich Mütter in der Absicht zusammenfinden, für ihre Kinder eine Nachmittagsspielgruppe zu gründen. Sie ist die praktische Antwort auf die gesellschaftlich-kulturellen Lebensverhältnisse der heutigen Familie, in der Kleinkinder zusehends weniger mit gleichaltrigen Kindern das Erlernen sozialer und persönlicher Kontakte experimentieren können. Durch eine Spiel- und Begegnungsgruppe kommen beim Kleinkind Prozesse in Gang, die für seine psychosoziale Entwicklung unerlässlich sind. In vielerlei Hinsicht erschließen sie ihm die neue, zukünftige Lebenswelt.

Wie schon festgestellt, hat das Kleinkind in der Regel zunächst eine Reihe von Problemen, sich unbekannten Menschen sowie fremden Dingen gegenüber anzuvertrauen und mit ihnen in Beziehung zu treten. Umgekehrt ergibt sich daraus die Lern- und Entwicklungschance schlechthin. Sie signalisiert, dass man sich durch das Zugehen auf andere aus dem eigenen Schneckenhaus der Isolation und Egozentrik befreien kann. Hierbei wird das Kleinkind auch durch seinen Neugierde- und Wissensdrang tatkräftig unterstützt, der es in das neue, abenteuerliche Erlebenwollen führt. Auf dem Weg findet es in der darauf folgenden Zeit mehr und mehr zum eigenen Selbst- und Weltbild. Es zeigt sich in einem differenzierteren emotionalen, sozialen sowie intellektuellen Umgang mit anderen (gleichaltrigen) Kindern sowie Erwachsenen.

Bevor wir die Entwicklung der sozialen Beziehungen gleichaltriger Kinder zwischen dem dritten und sechsten Lebensjahr weiterverfolgen, geht es noch um eine andere höchst gewichtige Frage. Sie lautet: Welche Bedeutung kommt der Bindungsfähigkeit oder dem Urvertrauen zwischen der Mutter/den Eltern und dem Säugling/Kleinkind zu?

Wird aus dem »sicher gebundenen« Kind ein »besseres« Kind?

»Lebensvertrauen ist Urvertrauen; Urvertrauen schafft Lebensvertrauen!« (Wißkirchen 1999b, S. 108) Was meint diese Aussage konkret?

Versetzen wir uns dazu in eine Situation zurück, an die wir uns zwar nicht mehr erinnern können, von der wir jedoch gleichermaßen alle bei der Geburt betroffen waren. Wir kamen alle mit den gleichen Grundbedürfnissen zur Welt. Neben dem materiellen Verlangen nach Essen, Trinken und der körperlichen Pflege bedurften wir ebenso der emotionalen Zuwendung in Form von Liebe und Vertrauen. Zumeist waren es unsere Eltern, allen voran die Mütter, die diese Bedürfnisse erfüllten. Sie halfen uns dabei, die Grundlagen des *Urvertrauens* zu erwerben. Es war dafür verantwortlich, in welcher Art und Weise – und vor allem in welchen seelischen Bahnen – unser Leben weiterverlief.

In den letzten Jahrzehnten wurde das Urvertrauen des Kindes zum Schlüsselbegriff der entwicklungspsychologischen wie pädagogischen Theorien. Es gibt auch kaum einen entwicklungspsychologischen oder pädagogischen Ratgeber, der nicht auf die fundamentale Bedeutung des kindlichen Urvertrauens verweist. Was hat es mit dem Phänomen des Urvertrauens aber konkret auf sich?

In gewisser Weise können wir das Urvertrauen mit einem exklusiven Wohneigentum vergleichen. Besitzt das Individuum ein solches, verfügt es über ein gewichtiges Privileg. Nach außen steht es für persönliche wie soziale Sicherheit, Selbstständigkeit, finanzielles Wohlergehen samt dem damit verbundenen Ansehen, das andere Menschen diesem Individuum entgegenbringen. Außerdem verfügt der Mensch mit diesem Wohneigentum über so etwas wie äußere Macht, Souveränität und Status.

Auch das Urvertrauen versinnbildlicht ein Symbol für den Wohlstand des Individuums. Allerdings handelt es sich beim Urvertrauen nicht um den äußeren materiellen, sondern um den immateriellen, den *inneren* und damit *seelischen* Wohlstand des Kindes. Er vermittelt ihm Eigenschaften wie Sicherheit, Selbstständigkeit und soziale Kompetenz. Vor allem ist es hierbei das Selbstbewusstsein in Form von Ich-Stärke, Lebensoptimismus, Vertrauen und Gelassenheit, welches das weitere Leben des Kindes leiten soll.

Im Gegensatz zur materiellen Wohlstandssicherheit sorgt das Urvertrauen für eine andere, unvergleichbar wichtigere Grundsicherheit. Es schafft die seelisch-geistigen Voraussetzungen, damit das Kleinkind mit sich selbst wie mit seiner Umwelt im Einklang steht. So gesehen entspricht das Urvertrauen der Exklusivität eines »inneren Wohneigentums«. Es ist die erste (und alles entscheidende?) Bedingung dafür, wie sich das Leben des Kleinkindes weiterentwickelt.

Neuere Untersuchungen unterstützen die nicht zu verleugnende Schlüsselfunktion der frühkindlichen Urvertrauensbildung. Namentlich sind hier die Bindungstheorie-Studien des deutschen Ehepaares Karin und Klaus Großmann zu nennen. In ihren Untersuchungen konnten sie feststellen, dass bei Kleinkindern, die als *»sicher gebunden«* gelten, von Geburt an ein inniges, liebevolles und zugleich gelassenes mütterliches Gesamtverhalten gegenüber ihrem Kind vorherrscht. Es ist von einer »intuitiven Kommunikation« geprägt, sofern es der Mutter vornehmlich »aus dem Bauch heraus« gelingt, den jeweils richtigen Bezug gegenüber dem Kind zu finden. Dieser ermöglicht es ihr, sich überwiegend an den Bedürfnissen ihres Kindes zu orientieren. Hierbei entwickelt die Mutter weder eine blinde »Affenliebe« noch einen lauwarmen, primär durch rationale Kopfhandlungen bestimmten Umgang mit dem Kind. Vielmehr gelingt es ihr, ihm sowohl liebevolle Nähe als auch fürsorgliche Distanz zu schenken. Die Sensibilität von Müttern zeigt sich damit darin, sich vom Verhalten ihres Kindes leiten zu lassen. Das heißt, sie erspüren richtig und situationsangemessen, wann das Kind sie braucht und wann sie sich ihm gegenüber zurückhalten sollen.

Der amerikanische Psychologe M.D.S. Ainsworth erstellte in den nachstehenden Punkten Eigenschaften von Müttern, die einem sicheren Bindungsverhalten des Kindes dienen (vgl. Baacke 1999a, S. 257):

- Bei der materiellen Versorgung (Essen, Trinken, Wickeln usw.) des Kindes verhalten sie sich geduldig und flexibel.
- Beim Spielen und Knuddeln mit dem Kind geben sie sich zärtlich-sinnlich.
- Sie pflegen häufige und qualitativ ausgeprägte Körperkontakte mit dem Kind.
- Sie reagieren mit Empathie, Echtheit und zugleich Gelassenheit auf das Weinen oder Quengeln des Kindes, indem sie sein Verhalten nicht abwerten.
- Sie verfügen über ein hohes Interpretations- und Einfühlungsvermögen gegenüber dem Kind, indem sie es primär so sehen, wie es ist, und nicht so, wie es ihrer Vorstellung nach zu sein hätte.
- Sie sind in der Lage, ihre Erziehung »vom Kinde aus« (Maria Montessori) zu gestalten und somit seinen individuellen Entwicklungsprozessen Vorrang einzuräumen.
- Hierbei gelingt es ihnen, die nötige emotionale wie soziale Distanz gegenüber dem Kind zu wahren, indem sie ein ausgewogenes Bezugsverhältnis von Nähe und Distanz schaffen.

Nach Ainsworth führten die Eigenschaften der mütterlichen Sensibilität zumeist zu kreativen Reaktionen beim Kleinkind. Zum Beispiel weinte es seltener, konnte eine ausgeglichene, freundliche und gelassene Balance herstellen zwischen den Beziehungen zur Mutter und seinen eigenen (Spiel-)Bedürfnissen, wandte sich bei Leid und Ärger an sie und löste sich auch wieder von ihr, wenn es genug Trost gefunden hatte. Im Weiteren gelang es dem Kind, sich auf das Geben und Nehmen sowie auf die Verbote der Mutter einzulassen und dabei weniger Enttäuschung, Angst, Wut oder Aggressivität zu äußern. Und nicht zuletzt gelang dem sicher gebundenen Kind schon im Alter zwischen zwei und drei Jahren die schrittweise »Lockerung« (Baacke 1999a, S. 259) von der Anbindung zur Mutter. Das wiederum hatte zur Folge, dass es sich oft besser auf die Beziehungen mit gleichaltrigen Kindern und anderen Individuen einlassen konnte und sich dadurch ein Stück weit in seiner Selbstständigkeit erlebte.

In dem Zusammenhang sei nochmals auf die Bedeutung der mütterlichen Sensibilität verwiesen. Sie ist keinesfalls mit einem überbehütenden und in Besitz nehmenden Tun zu verwechseln, mit dem sie das Kind an sich fesseln will. Vielmehr drückt sich die mütterliche Feinfühligkeit dadurch aus, sich in *angemessener* Art und Weise auf die Verhaltensweisen und Bedürfnisse des Säuglings und Kleinkindes einzulassen sowie ihm Anregungen zu geben, die weder von überfordernder noch unterfordernder Natur sind.

Mütter dagegen, deren Kinder im Alter von einem Jahr als *»unsicher gebunden«* eingestuft wurden, zeigten eine grundsätzlich andere Umgangsweise gegenüber ihrem Nachwuchs. Ihr seelisches wie körperliches Verhalten in Bezug auf das Kind verriet Angespanntheit, Unausgeglichenheit, Ungeduld und Unsicherheit. Sie hatten Schwierigkeiten, sich quantitativ wie qualitativ auf es einzulassen, und verhielten sich in den Reaktionen ihm gegenüber sprunghaft, hektisch, lieblos und uneinsichtig. Kaum, dass sie dem Kind zum Beispiel einen Wunsch gewährten, verboten sie ihm diesen im nächsten

Moment schon wieder. Weinte das Kind oder wollte es sich an die Mutter anlehnen, wies diese es oft ungeduldig, verärgert oder wütend zurück.

Solche und ähnliche Einstellungen veranlassten das Kind zu folgenden Reaktionen: Es begann die frustrierenden Situationen zu »lösen«, indem es sich entweder noch »besitzergreifender« beziehungsweise trotziger und aufsässiger der Mutter gegenüber zeigte oder nach außen hin signalisierte, als würde ihm ihr jeweiliges Verhalten überhaupt nichts ausmachen. Mit anderen Worten: Das Kind erweckte fortan den Eindruck der Selbstständigkeit gegenüber der Mutter, indem es so tat, als würde es sie »weder vermissen noch bemerken«. (Großmann 1991, S. 24) Vieles spricht jedoch dafür, dass das scheinbar unabhängige Verhalten des Kindes in Wirklichkeit etwas ganz anderes bedeutete. Mit ihm wollte es sich in seinen gefühlsmäßigen Bedürfnissen davor schützen, abermals von der Mutter abgewiesen oder übergangen zu werden. Wie die Untersuchungen von Karin und Klaus Großmann unterstreichen, ging das Verhalten dieser durch die Mütter abgewiesenen Kinder so weit, dass sie sogar bei massiver psychischer wie sozialer Belastung nicht mehr bereit waren, »Signale der Hilfsbedürftigkeit an die Mutter zu richten«. (Ebd., S. 26)

Im Vergleich zu den sicher gebundenen Kinder zeigen sich die Verhaltensweisen von unsicher gebundenen Kindern zum Beispiel wie folgt: Sie sind »feindseliger und haben mehr Schwierigkeiten in Peer-(Gleichaltrigen-)Beziehungen als sicher gebundene Kinder«. (Peter Zimmermann und Klaus Großmann in Zimmer 1994, S. 171) Dabei signalisiert ein »inneres Arbeitsmodell« dem Kind, dass es in früher Kindheit von seiner(n) Bindungsperson(en) zurückgewiesen wurde, indem sie ihm das Verlangen nach Bindung und Zuwendung nur ungenügend gewährte(n). Das heißt, das Kind lernte nur bedingt, seine (emotionalen) Bedürfnisse zum rechten Zeitpunkt und am rechten Ort so auszudrücken, dass sie von den anderen angenommen und verstanden werden konnten.

In nicht geglückten Bindungsvorgängen sieht die Frühkindheitsforschung den Hauptgrund dafür, dass Kinder psychisch gespalten und zerrissen aufwachsen und dadurch auch große Probleme im sozialen Umgang sowohl mit Gleichaltrigen als auch anderen Menschen zeigen. Ihre Beziehungen ihnen gegenüber sind oft von Missverständnissen und falschen Interpretationen geprägt. Zum einen haben solche Kinder Schwierigkeiten, sich nicht angemessen verhalten zu können, zum anderen unterstellen sie, dass immer die anderen dafür verantwortlich sind, wenn bei ihnen selbst etwas schief läuft. Konflikte und Enttäuschungen sind somit also geradezu vorprogrammiert.

Alle vorliegenden Fakten erwecken den Eindruck, dass der Schlüssel für eine gesunde oder gestörte Persönlichkeitsentwicklung im Prozess des Bindungsverhaltens zu finden ist. Aber Vorsicht, wir sollten uns davon nicht vorbehaltlos leiten lassen! Es weisen zwar sämtliche Studien über die Mutter-Kind-Beziehung darauf hin, wie sehr das Kleinkind dieser bedarf, sofern sie ihm »erfüllende Sicherheit« (Baacke 1999a, S. 255) im Zeichen von Urvertrauen schenkt. Obendrein schließt das mit ein, dass die Qualität der Mutter-Kind-Bindung auch für den Fortgang des kindlichen Selbst- und Lebensvertrauens ersichtlich an Bedeutung gewinnt. Es muss trotzdem hinterfragt werden, ob das Mutter-Kind-Bindungsverhalten wirklich von derart prägender und damit schicksalhafter Bedeutung für den weiteren Verlauf der kindlichen Persönlichkeitsentwicklung ist.

Das Dogma der frühkindlichen Bindung und seine Missverständnisse

In oft überzogener Art und Weise drängen die Erkenntnisse der frühkindlichen Bindungstheorien viele Eltern und Erzieher zu der Behauptung, es käme nur darauf an, dem Kind während der ersten zwei Lebensjahre ein Höchstmaß an emotionaler Bindungsfähigkeit zu schenken, und schon hätte man die Garantie dafür, dass aus ihm ein lebenslang sinnerfüllter und somit individuell wie sozial kompetenter Mensch werde.

Solche und ähnliche Auffassungen werden regelmäßig sowohl von populären Fachbüchern als auch von renommierten Zeitschriften und Tageszeitungen verbreitet. Die Eltern werden darin davor gewarnt, ihr Kind in den ersten Jahren in die Hände »fremder Leute« zu geben, weil das wahrscheinlich zu nicht mehr wieder gutzumachenden Fehlentwicklungen führen würde. So ermahnt das *Time-Magazin* vom 3.2.1997 die Mütter, während der ersten Jahre möglichst ganz zu Hause zu bleiben, damit sie mit ihren Kindern spielen, schmusen und sie anderweitig umsorgen können. So würden sie es verhindern, »die zukünftige seelische Unversehrtheit ihrer Kinder aufs Spiel« (zit. nach Kagan 2000, S. 11) zu setzen. Natürlich sind diese Warnungen insofern nicht falsch, als das Kleinkind der Umsorgung durch die Mutter beziehungsweise die Eltern bedarf. Differenzierter betrachtet sind solche Aussagen dagegen viel zu allgemein, als dass sie Rat suchenden Eltern wirklich hilfreich sein könnten.

An dieser Stelle sei ein Wort zum »Kindheits-Determinismus« (Kagan 2000, S. 12) erlaubt. Dieser ist davon bestimmt, dass jedes Kind von den Schlüsselerfahrungen, die es während der ersten ein bis zwei Lebensjahre erwirbt, ein Leben lang beherrscht werde. Er geht davon aus, dass jede (bedeutende) Ursache, welche auf das Kleinkind einwirkt (zum Beispiel die Vernachlässigung durch seine Mutter), eine voraussagbare Verhaltenswirkung im Sinne diverser lebenslanger Bindungsstörungen bei ihm erzeugen würde. Folglich gehört dem Kindheits-Determinismus die Vorstellung an, dass aus dem einmal sicher oder unsicher gebundenen Kind im späteren Leben nahezu *automatisch* ein sicher oder unsicher gebundener Mensch bleiben wird – und zwar unabhängig davon, ob das Kind in seiner weiteren Sozialisation überwiegend schlechte oder gute Erfahrungen gesammelt hat.

Kann man Rat suchenden Eltern die Entwicklung ihres Kindes verantwortungsbewusst nur auf diese Weise erklären? Die Antwort darauf fällt aus vielerlei Gründen negativ aus. Seit langer Zeit existieren nämlich ebenso Untersuchungen, die das Faktum des Urvertrauens – und damit die Frage nach dem sicheren und unsicheren Bindungsverhalten des Kindes – weitaus differenzierter beantworten. Sie kommen zu ganz anderen Erkenntnissen, sofern sie die Bindungsverhaltensweisen von Kindern von erweiterten Blickpunkten aus erforschten.

Berücksichtigten die Untersuchungen zum Beispiel einen Teil der *genetisch* bedingten Eigentümlichkeiten wie das individuelle *Temperament* des Kindes, zeigte sich, dass das Verhalten dieser Kinder, egal, ob sie sicher oder unsicher gebunden waren, weniger vom emotionalen Verhalten der Mutter abhing, sondern vom Temperament der Kinder selbst. In dem Zusammenhang wurde festgestellt, dass auch Kinder, die »eine sensible, verlässliche Mutter« (Kagan 2000, S. 141) als Bezugsperson hatten, alleine »von ihrem Temperament her zu großer Furchtsamkeit« (ebd.) neigten, wenn fremde Ereignisse und Situationen auf sie warteten.

Aber auch bei anderen Untersuchungen, die die genetischen Anteile der Kinder nicht berücksichtigten, konnten solide Belege erbracht werden, die dem Kindheits-Determinismus widersprechen:

Von mehr als 1 000 Kindern, die in einer Studie überprüft wurden, verhielten sich rund zwei Drittel in einer fremden Umgebung so, als hätten sie eine sichere Bindung erworben. Wider Erwarten war es dabei unerheblich, ob sie die Zeit davor überwiegend zu Hause aufgewachsen waren, tagtäglich eine Kinderkrippe besucht hatten oder von Verwandten oder Tagesmüttern betreut worden waren. Das heißt, die Reaktionen der Kinder standen in keinem ersichtlichen Zusammenhang zwischen der mütterlichen Fürsorglichkeit und ihrem eigenen sicheren Bindungsverhalten. (Vgl. Kagan 2000, S. 142)

Ein anderes Beispiel: Eine Gruppe einjähriger Kinder wurde ebenfalls in einer fremden Umgebung auf ihr sicheres oder unsicheres Bindungsverhalten hin getestet. Später, im Alter von 18 Jahren, befragte man sie, wie sie ihre Kindheit einschätzten. Auch hier kam es zu einem Ergebnis, das die Vorhersagen des Kindheits-Determinismus widerlegt: Die als bindungssicher eingeschätzten einjährigen Kinder hatten mit 18 Jahren keine merklich »ausgebildete(n) Erinnerungen an eine heitere, liebevoll umhegte und von Verlässlichkeit geprägte Kindheit«. (Kagan 2000, S. 147) In der Regel fühlten sie sich im Vergleich zu den als unsicher gebunden eingestuften Kindern weder besser noch schlechter. Ließen sich dagegen die Eltern der als sicher gebundenen Kinder während ihrer Pubertät scheiden, so trat »bei 16 Prozent der Kinder« (ebd.) der Umstand ein, von Ungewissheiten erfasst zu werden, die in ihnen Ängste auslösten. Dies legt den Schluss nahe, dass es eher die negativen Erfahrungen in der Pubertät waren, die die Kinder in ihrem (Gesamt-)Verhalten merklich veränderten, und nicht der Umstand, ob sie während der ersten zwei Jahre mehr sicher oder unsicher gebunden aufwuchsen.

In die gleiche Richtung weisen schließlich hunderte weltweit an Waisen- und Adoptivkindern erstellte Studien. Zum Beispiel unterschieden sich amerikanische Kinder, die während ihres Heimaufenthaltes keine festen Bindungspersonen vorfanden und erst mit zwei Jahren adoptiert wurden, in ihren Verhaltensweisen zumeist nicht von jenen Kindern, die in »normalen« Familien aufwuchsen. Das zeigte sich, »als man beide Gruppen im Alter zwischen acht und siebzehn Jahren« (Kagan 2000, S. 152) miteinander verglich. Zu ähnlichen Erkenntnissen gelangen Untersuchungen an rumänischen Waisenkindern: Nach einem Jahr wurden sie von englischen Eltern adoptiert, bei denen sie fürsorglich aufwachsen konnten. Obwohl diese Kinder »ausgezehrt und psychisch zurückgeblieben« (ebd.) bei ihren neuen Eltern ankamen, entwickelten sich die meisten von ihnen im Laufe von wenigen Jahren so gut, dass sie der Durchschnittsintelligenz englischer Kinder nahe kamen.

Kaum jemand wird bestreiten wollen, den frühkindlichen Erfahrungen nach wie vor große Bedeutung beizumessen. Jedoch sind sie längst nicht so fundamental, um daraus eine unveränderbare Schicksalsentwicklung des Kindes abzuleiten. Folglich grenzt es an Fahrlässigkeit, Eltern einzureden, dass die meisten frühkindlichen Eindrücke während der ersten zwei Jahre im späteren Leben weder verändert noch ausgelöscht werden könnten.

Weitaus solider und hilfreicher ist es, die Eltern mit der folgenden Vorstellung vertraut zu machen. Nach ihr ist das *Gesamtverhalten* des Kindes die Summe seiner genetisch *vor*geprägten Eigentümlichkeiten *und* der jeweiligen Erziehungs- *und* Sozialisationseinflüsse, die in untrennbarer Wechselwirkung zueinander stehen. So gesehen ist das Gesamtverhalten des Kindes das Ergebnis eines relativ beweglichen und anpassungsfähigen Steuer-Wechsel-Wirkungssystems, vergleichbar mit einem Gummiband: Einerseits lässt es sich zum Beispiel durch das Vorhandensein von negativen Erziehungs- und Sozialisationseinflüssen zeitlich bedingt extrem anspannen. Andererseits bewegt es sich beim Nachlassen der Extremspannung überwiegend in seinen ursprünglichen Zustand zurück.

In diesem Zusammenhang sind die Eltern ebenso darüber zu informieren, dass die Persönlichkeitsentwicklung des Kindes – das »Gummiband Kind« – eher von der qualitativen Beschaffenheit seiner gesamten Kindheit abhängt und weniger von einzelnen zeitlichen Entwicklungsereignissen wie der sicheren oder unsicheren Mutter-Kind-Bindung. Es ist unsinnig, aus teil-wissenschaftlichen Behauptungen gesamtwissenschaftliche zu konstruieren und damit den Eltern etwa zu verkünden, dass jede Belastung beziehungsweise jede Leid- und Frustrationserfahrung die Entwicklungschancen des Kindes zum Guten und Positiven hin vereitle. Ebenso verbietet es sich, den Absolutheitsanspruch zu erheben, jeder Mensch, der von klein auf sanft und liebevoll aufwächst, begegne später anderen Individuen in der gleichen Art und Weise.

Solche und ähnliche Scheinwahrheiten beruhen auf einer grenzenlosen Überschätzung dessen, was Erziehung wirklich zu leisten vermag. Stattdessen haben wir uns darüber bewusst zu sein, dass unsere Erziehungsbemühungen letztlich nichts anderes als »Eingriffe ins Unbekannte« (Wolfgang Brezinka in Dollase 1992, S. 177) sind, hinter deren Ausgang ein (großes) Fragezeichen steht. Sowohl die genetischen Erkenntnisse als vor allem auch die psychologischen Untersuchungen an Adoptiv-, Zwillings- und Waisenkindern, welche die Frage nach den Bedingungen einer günstig beziehungsweise ungünstig verlaufenden Kindheit zu beantworten versuchen, sind eindrucksvolle Belege hierfür. Sie zeigen, wie es trotz negativer frühkindlicher Startchancen immer wieder möglich ist, dass heranwachsende Menschen zu durchaus selbstbewussten und sozial verantwortlichen Persönlichkeiten werden können.

Der alles durchdringende »große Gedanke« der Evolution hat die Individuen dabei biologisch vermutlich so vorprogrammiert, dass sie der Hoffnung und dem »Guten« letztlich doch den Lebensvorrang vor dem Skeptischen und »Bösen« geben. Auf unserem Weg signalisiert er uns, »Freundschaften zu schließen, sich zu verlieben, mit Furcht fertig zu werden und immer wieder zu versuchen, sich ... ersehnten Zielen anzunähern trotz aller frühen Erfahrung, die diesen Dingen entgegenstehen mag«. (Kagan 2000, S. 154) Diese Bestrebungen lassen sich trotz aller negativen Erziehungseinflüsse letztlich nur schwer verhindern.

Kinderkrippen sind keine Orte für künftig verhaltensgestörte Kinder

Die bisherigen Ausführungen hängen unmittelbar mit der Frage zusammen, ob Eltern von einem schlechten Gewissen geplagt werden müssen, wenn sie ihr Kleinkind in die Obhut einer Kinderkrippe geben. Nach wie vor herrscht speziell in Deutschland die Meinung vor, nach der die Unterbringung des Nachwuchses in einer Kinderkrippe für dessen seelische wie soziale Entwicklung mehr oder weniger negativ sei. Es heißt, die Kinder würden dadurch von der Mutter entfremdet und folglich bindungsunsicher aufwachsen.

Zunächst ist es unbestritten, in der Existenz der Kinderkrippe nicht das Ideal einer »neuen« Kindererziehung zu sehen. Umgekehrt berechtigen die im letzten Abschnitt dargestellten Fakten aber keinesfalls dazu, der Kinderkrippe ein derart negatives und damit schädliches Image zu verleihen, wie das immer noch oft genug der Fall ist.

Ein weiterer Aspekt kommt hinzu: Die meisten Eltern, allen voran die allein erziehenden Elternteile, sind aus vorwiegend wirtschaftlichen Gründen geradezu gezwungen, ihr Kind tagsüber in einer Kinderkrippe unterzubringen. Spricht man mit den Betroffenen selbst, sagen sie zumeist, dass sie ihr Kind weniger aus freiwilligen Gründen, sondern mehr aus einer persönlichen Notlage heraus in die Hände »fremder Leute« geben. Das heißt, nur wenige der Eltern geben an, ihr Kind aus Desinteresse oder Bequemlichkeit in der Kinderkrippe »abzugeben«.

Diese Äußerungen widersprechen dem Vorurteil, das seitens der Öffentlichkeit diesen Eltern entgegengebracht wird. Zumeist unterstellt man ihnen, auf Kosten des Kindes und der Allgemeinheit ihren Nachwuchs »abzuschieben« und so indirekt die Zunahme künftiger verhaltensgestörter Menschen zu fördern. Mit solchen und ähnlichen Anschuldigungen drückt man den Eltern von Krippenkindern obendrein den Stempel von »Rabeneltern« beziehungsweise lieblosen und egoistischen Müttern und Vätern auf. Abgesehen davon, dass es sich hierbei um zumeist emotionale und geschichtlich bedingte Unterstellungen gegenüber dieser Personengruppe handelt, halten die Vorwürfe kaum einer sachlichen Überprüfung stand. In der noch recht jungen Krippenforschung deutet mittlerweile so gut wie alles darauf hin, dass, durchschnittlich gesehen, aus den Krippenkindern weder »bessere« noch »schlechtere« Menschen werden als aus Kindern, die während der ersten zwei bis drei Lebensjahre ganz unter der mütterlichen beziehungsweise elterlichen Obhut aufwachsen.

Anhand von vier frühkindlichen Entwicklungsbereichen soll das kurz näher aufgezeigt werden.

Die immer wieder geäußerte Annahme, nach der Krippenkinder häufiger erkranken würden als »normale« Kinder, widerlegen zahlreiche internationale Studien grundsätzlich. So kommen zum Beispiel die von Jarmann und Kohlenberg durchgeführten Untersuchungen zum Ergebnis, dass es keine nennenswerten Unterschiede »in der Häufigkeit und Art von Krankheiten und Verletzungen« (Beller 1995, S. 104) bei Krippenkindern gab, wenn man diese mit denen verglich, die vollständig in der Familie aufwuchsen. Zwar waren die Krippenkinder hinsichtlich der kurzzeitigen Erkrankungen etwas anfälliger als die Kinder der Vergleichsgruppe, doch hatte diese Tatsache keinerlei Langzeiteinfluss auf ihren Gesundheitszustand insgesamt.

Im Rahmen der kognitiven Entwicklung (Wahrnehmen, Denken und Erkennen) fielen die Testergebnisse durchwegs positiv aus. Das weist darauf hin, dass sich auch auf diesem Gebiet Krippenkinder nicht wesentlich von den anderen, zu Hause aufwachsenden Kindern unterscheiden. Im Gegenteil, sie waren ihnen in einigen Eigenschaften entwicklungsmäßig sogar voraus. Das zeigte sich in einer besseren »Auge-Hand-Koordination, im kreativeren und explorativeren Gebrauch von Materialien, in ihrer Gedächtnisspanne, in der räumlichen und begrifflichen Perspektive, im komplexen Spiel, im Neugierdeverhalten, in ihrer Ausdauer bei der Bewältigung von Aufgaben und in ihrer Sprachentwicklung«. (Beller 1995, S. 105) Freilich dürfen auch diese Erkenntnisse nicht verabsolutiert werden. Vielmehr müssen sie im Sinne von »Wahrscheinlichkeitsaussagen« (ebd.) verstanden werden, da sie unter anderem mit dem personellen wie räumlichen Qualitätsstand der Kinderkrippe sowie dem seelischen und sozialen Niveau der Familie des Kindes in Zusammenhang stehen. Ungeachtet dessen erlauben die Ergebnisse den berechtigten Schluss, dass durch die Krippenbetreuung keinerlei generelle Gefahren für die kognitive Entwicklung des Kindes drohen.

Und wie ist es um die soziale und seelische Entwicklung bestellt? Hier weisen die meisten Untersuchungen nach, dass bereits zweijährige Krippenkinder »selbständiger, selbstbehauptender und dennoch hilfreicher und kooperativer sind und mehr über soziale Regeln wissen« (ebd.) als jene Kinder, die zu Hause aufwachsen. Das ist folgendermaßen erklärbar: Krippenkinder werden früher sozial »reif«, sofern sie durch die anhaltenden Gruppenerfahrungen mit Gleichaltrigen zu ausgeprägteren sozialen Fertigkeiten gelangen. Sie erlernen zwangsläufig schneller und unmittelbarer, wie wichtig es ist, nicht nur auf die eigenen Bedürfnisse – die »Ich-Tugenden« – zu achten und sie zu verteidigen, sondern ebenfalls die sozialen Verhaltensweisen – die »Du-und-Wir-Tugenden« – zu leben.

Unterstützung erhalten diese Feststellungen durch die Biologin am Psychologischen Institut der Universität München, Mechthild Schäfer. Sie fand heraus, dass sich Säuglinge im Alter zwischen sechs und neun Monaten gegenseitig ansehen, anlallen und anlächeln und somit in zwischenmenschliche Sozialkontakte treten. Sie »sind neugierig aufeinander, es begeistert sie viel mehr, ein anderes Kind zu sehen als einen Erwachsenen«. (Mechthild Schäfer, zit. nach Nimitz-Köster 1998, S. 122) Mit Ende des ersten Lebensjahres erreicht dieses soziale »Miteinander« der Kleinstkinder den ersten Höhepunkt, indem es zunehmend aufmerksamere und intensivere Formen annimmt. Zusammen mit den Psychologen ihres Forschungsteams sieht Mechthild Schäfer in solchen Kommunikationshandlungen den »erste(n) bedeutungsvolle(n) Austausch, der den Grundstein für die Entwicklung späterer Peer-Gemeinsamkeiten legt«. (Ebd.)

Bei der Frage schließlich, ob Krippenkinder ein unsicheres Bindungsverhalten an den Tag legen als Kinder, die nur zu Hause betreut werden, zeigten sich keine ersichtlichen Verhaltensabweichungen zwischen beiden Vergleichsgruppen. Es konnten weder generelle Gefühlsunsicherheiten noch vermehrte Anpassungsschwierigkeiten festgestellt werden, die es gerechtfertigt erscheinen lassen würden, Krippenkinder als verstärkt unsicher gebunden zu bezeichnen. Alle entsprechenden Untersuchungen weisen darauf hin, dass es bei der Frage nach der unsicheren Bindung von Kindern unbedeutend ist, ob sie hauptsächlich in der Krippe oder zu Hause aufwachsen. Deshalb ist der ausschlaggebende Punkt dieser Frage nicht in der Quantität, sondern in der *Qualität* der Mutter/Eltern-Kind-Bindung zu sehen. Und die Qualität zeigt sich in erster Linie darin, welche Einstellung die Mutter zur eigenen Mutterrolle beziehungsweise zur Tagesbetreuung hat und welche zurückliegenden emotionalen Erfahrungen sie mit ihrem Kind im Säuglingsalter gemacht hat.

Davon abgesehen ist es natürlich weiterhin von nicht zu unterschätzender Bedeutung, ob die Mutter einer beruflichen Halbtags- oder Ganztagstätigkeit nachgeht, Alleinerziehende ist und darüber hinaus noch alle Hausfrauenpflichten zu übernehmen hat. Ist das der Fall, dürfte das im Regelfall nicht nur wegen der Zeitquantität, sondern besonders wegen der Zeitqualität konkrete Auswirkungen auf einen dementsprechend unsicheren Kind-Mutter-Bindungsbezug haben, der sich dann auch auf das Verhalten des Kindes in der Krippe auswirken könnte.

Wenn wir die dargestellten Ergebnisse der heutigen Krippenforschung zusammenfassen, zeigt sich, dass es aus ihrer Sicht keine stichhaltigen Gründe dafür gibt, die frühkindliche Außer-Haus-Erziehung weiterhin in einem derart negativen und vorurteilsbehafteten Licht zu sehen. Denn eine grundlegende Feststellung sei an dieser Stelle nochmals erwähnt: Die Entwicklung von Krippenkindern verläuft kaum anders als die »von denen, die zu Hause aufwachsen und den gleichen sozialen und ethnischen Hintergrund haben«. (Kagan 2000, S. 158)

Im Blick auf die Krippenerziehung darf das freilich nicht in dem Sinne missverstanden werden, als wäre dort alles in bester Ordnung. Im Gegenteil: Eine Menge an ihr ist noch zu verbessern. So ist es nur folgerichtig, wenn sich die mit ihr befassten Personen und Institutionen seit Jahren Gedanken darüber machen, wie sie noch wesentlich kind- und elterngerechter gestaltet werden kann. Mit anderen Worten: Bei der weiteren Verbesserung der Krippenerziehung geht es darum, die Effizienz und damit vor allem die Qualität des Beziehungsdreiecks Krippe – Kind – Eltern ersichtlich zu steigern. Dies ist umso wichtiger, als neben der nach wie vor unersetzlichen Betreuung durch die Eltern Kinderkrippen in vielen Punkten das ermöglichen, was zusehends mehr (Einzel-)Kinder von klein auf heute nicht mehr ausreichend erfahren: den natürlichen, spontanen Umgang mit ihresgleichen.

Die Drei- bis Fünfjährigen

Nachdem das Kleinkind während der ersten drei Jahre die Spielkontakte mit seinen Altersgenossen mehr nebeneinander als miteinander gestaltet und es dabei zu eher spontanen, kurzfristigen als verbindlichen sozialen Beziehungen kommt, ändert sich das in der Folgezeit deutlich.

Ab drei Jahren nimmt das Leben des Kindes einen ganz anderen Verlauf. Für mehrere Stunden am Tag verlässt es seine Familie, um sich in die fremde Welt des Kindergartens zu begeben. Dabei verhält es sich nicht selten so, dass die Eltern vor der Lebensveränderung ihres Kindes mehr Lampenfieber haben als das Kind selbst. Ob zu Recht oder zu Unrecht, sie fragen sich, ob ihr Kind den Gang in den neuen

Lebensabschnitt auch seelisch wie sozial gut verkraften wird, ob ihr Nachwuchs mit all dem Fremden, das auf ihn im Kindergarten wartet, möglichst angstfrei zurechtkommt und er der Mutter oder den Eltern nicht nachweint, wenn sie ihn erstmals dort »unbehütet« alleine zurücklassen. Dabei kann es in der so genannten Kindergarten-Eingewöhnungszeit zu den folgenden, ganz unterschiedlichen Szenen kommen:

Dominik, ein zu Hause recht lebhaftes und beziehungsfreudiges Einzelkind, zeigt sich anfangs den anderen Kindern gegenüber sehr reserviert und scheu. Er ist wenig bereit, mit ihnen zu spielen, steht orientierungslos herum und weicht ihnen aus. Immer wieder klammert er sich an seine Mutter, die während der ersten Woche zur Sicherheit stundenweise auf einem Stühlchen im Hintergrund sitzt. Das ist besonders dann der Fall, wenn sich Dominik einige der kräftigen und »wilden« Kinder, die vermeintlichen »Anführer« der Kindergartengruppe, nähern, um ihn aufzufordern, mitzuspielen. Doch nach zwei Wochen der Eingewöhnungszeit wird Dominiks Verhalten zunehmend gelöster und er nähert sich dem an, was er seinem Grundwesen nach ist: ein lebensfrohes, auf andere Kinder und Erwachsene offen zugehendes Kind. Ohne weitere Probleme gelingt es ihm fortan, sich in die Kindergartengruppe zu integrieren und dort die Rollen des Ideenlieferanten, Spaßmachers und Mutigen zu übernehmen.

Anders ist das Verhalten von Vivian. Auch sie ist ein zu Hause äußerst aufgewecktes und wissbegieriges Einzelkind, das von seinen Eltern bereits im Alter von eineinhalb Jahren für einige Stunden in der Woche in eine feste Spielgruppe gegeben wurde. Für Vivian bedeutet es keine größere Umstellung, sich von Beginn an mit der neuen Situation im Kindergarten anzufreunden. Und so schlägt sie auch das Angebot der Mutter aus, in der Anfangszeit im Kindergarten auf sie aufzupassen. Vom ersten Tag an freut sich Vivian auf die neuen Kinder und auf das, was sie alles mit ihnen zusammen spielen und erleben wird. Im Windschatten der Erzieherinnen lebt sie sich selbstständig in der Gruppe ein, ohne hierzu die Unterstützung ihrer Mutter zu benötigen. Schnell wird sie zum »Sonnenschein« der ganzen Gruppe und zu einem Kind, dem in der Folgezeit die Kameraden Führungsaufgaben zuzuweisen beginnen.

Ähnlich wie bei Vivian verläuft die Kindergarteneingewöhnung von Fabian. Obwohl er als mittleres Kind von drei Geschwistern sich zu Hause eher zurückhaltend und »schwierig« zeigt, marschiert er, ohne einen Blick auf seine Mutter zurückzuwerfen, sofort auf die anderen Kinder zu. Es hat den Anschein, als wäre Fabian im Kindergarten schon lange zu Hause. Bereits nach wenigen Tagen beginnt er die Rolle des Unkomplizierten und Anpassungsfähigen in der Gruppe anzustreben. Dabei fällt besonders auf, wie gut Fabian sowohl mit den stillen und zurückgezogenen als auch mit den »wilden« und kecken Kindern gleich gut zurechtkommt. Die Erzieherinnen sehen in Fabian ein Kind, das dazu geeignet scheint, die künftige Position des »Konfliktvermittlers« sowohl zwischen ihnen und den anderen Kindern als auch zwischen den Kindern untereinander einzunehmen. Was bei Fabian besonders auffällt, ist sein soziales Spielverhalten. Es zeichnet sich durch immer wieder neue und orginelle Qualitäten aus und zielt darauf ab, möglichst viele Kinder am Gemeinschaftsleben teilhaben zu lassen.

Ein ganz anderes Verhalten zeigt dagegen Katharina, als für sie die Kindergartenzeit beginnt. Nach den Aussagen ihrer Eltern und ihrem um viele Jahre älteren Bruder ist sie von Geburt an ein störriges, leicht reizbares und unzufrieden wirkendes Kind gewesen. Trotz der, wie die Eltern sagen, »unendlichen Geduld und Liebe«, die sie seither Katharina geben, hat sich ihr Verhalten bis heute kaum verändert. In ähnlicher Art und Weise zeigt sie sich jetzt auch im Kindergarten. Vom ersten Tag an weicht sie keine Minute von der Seite ihrer Mutter. Sie ignoriert die Spiel- und Kommunikationsangebote der Erzieherinnen sowie der Kinder, starrt dabei mit finsterem Blick auf den Boden und tut so, als würde sie alles, was um sie herum geschieht, überhaupt nicht interessieren. Sobald sich die Mutter nur kurz von ihr entfernen will, fängt sie an zu brüllen, zu stampfen und zu boxen. Weder den Erzieherinnen noch Fabian in seiner Rolle als spontaner »Vermittler« gelingt es in der darauf folgenden Zeit, Katharinas isoliertes und feindseliges Verhalten zu ändern. Erst nachdem Katharina mit der Tatsache konfrontiert wird, dass die Mutter nicht mehr jeden Tag mit ihr in der Kindergartengruppe bleiben kann, verändert sich dies schrittweise. Sie gibt sich fortan offener den anderen gegenüber, sofern sie sich dem Gruppengeschehen zuwendet, teilt mehr von sich mit, strebt freundschaftsähnliche Kontakte an und vermindert so, nach und nach, ihre Außenseiterrolle. Dessen ungeachtet bleibt Katharina die weitere Kindergartenzeit über alles andere als ein sozial integriertes Kind, das aber trotzdem in seinem Gesamtverhalten von den meisten der Gruppenmitglieder akzeptiert wird.

Die vier Beispiele veranschaulichen, welche jeweils unterschiedlichen Verhaltenseigentümlichkeiten dreijährige Kinder zeigen können, wenn sie in die neue Welt des Kindergartens hineinwachsen. Unbeschadet dieser individuellen Merkmale existiert ein gemeinsames Musterbild, von dem die Dreijährigen fortan maßgeblich geleitet werden. Es wird vom zunehmend bewusster ausgeprägten Willen des Kindes bestimmt, seinem Leben durch das Zusammensein mit den Gleichaltrigen eine radikal neue Erfahrungsebene zu geben. Die Kindergartenzeit ist für das Kind ab drei Jahren deshalb von so überragender Bedeutung, weil es durch die Gruppenerfahrungen mit gleichaltrigen wie älteren Spielkameraden mehr und mehr lernt, sich selbst und die Welt der anderen kennen zu lernen. Dadurch erfährt das Kind die jeweils »richtigen« und »falschen« Denk- und Verhaltensweisen. Sie werden zur Richtschnur für das gegenwärtige wie zukünftige Miteinander in der Gemeinschaft.

Der Kulturanthropologe Irenäus Eibl-Eibesfeldt bemerkt, dass ab der Zeit von drei Lebensjahren die Erziehung des Kindes durch die Eltern nachhaltig von den Gruppensozialisationserfahrungen zurückgedrängt wird. Durch sie erlebt das Kind, was es unter anderem heißt, »mit aggressivem Verhalten« (Eibl-Eibesfeldt 1973, S. 132) umzugehen, welche persönlichen Konsequenzen es hat, wenn man das »harmonische Zusammenspiel« (ebd.) der Kinder stört, oder welchen Führungseinfluss die älteren Kindergartenkinder auf die jüngeren ausüben, indem sie ihnen Grenzen aufzeigen und damit zugleich Orientierungen schaffen. So erfährt das Kind unmittelbar und lebenspraktisch, was bei einem selbst und bei anderen erlaubt und verboten ist und welche Regeln einzuhalten sind.

Unbestritten schöpft das Kind daneben weiterhin aus den Erfahrungen und Verhaltensweisen, die es von den Eltern und anderen erwachsenen Bezugspersonen gelernt hat. Jedoch werden diese dem Kind anerzogenen Normen und Werte von den Sozialisationserfahrungen mit den (gleichaltrigen) Spiel- und Kommunikationspartnern zusehends erweitert, überlagert, relativiert und des Öfteren auch »auf den Kopf gestellt«. Ja, es hat den Anschein, als würde das bei den meisten Kindern noch bis vor kurzem anständige und brave Benehmen den Eltern gegenüber plötzlich nicht mehr existieren. Von den »guten Manieren«, die die Eltern ihrem Kind bislang erfolgreich anerzogen haben, scheint nur noch wenig übrig geblieben zu sein, seitdem es den Kindergarten besucht. Für nicht wenige Eltern ist es ein Schock, wenn ihr Kind zu Hause nicht mehr so »funktioniert«, wie sie es bisher von ihm gewohnt waren; wenn es auf einmal ordinäre Kraftausdrücke gebraucht, freche Antworten gibt oder zu aggressiven und provokanten Handlungen neigt.

Mit diesen und ähnlichen Verhaltensweisen signalisiert das Kind die beginnende Abnabelung von den Eltern zugunsten seiner zunehmenden Selbstständigkeit. Gerade in diesem Punkt ist den Eltern zu vermitteln, dass das »schlechte« Benehmen des Kindes durchwegs ganz natürliche und entwicklungspsychologisch notwendige Gründe hat. Sie wurzeln im wachsenden Bewusstsein des Kindes, sich mit den Gesetzen, Regeln und Erfahrungen der neuen Welt der Kindergartenkinder anzufreunden. Die hier gesammelten Erfahrungen sind für das Kind in vielen Bereichen weitaus interessanter und nachahmenswerter als die, welche es in der »alten« Welt seiner Eltern und der Familie vorfindet. Die neue Welt des Kindergartens stellt für das Kind eine »Subkultur Gleichaltriger« (Baacke 1999a, S. 289) dar. Durch sie erfährt das Kind erstmals in seinem Leben (sofern es nicht vorher regelmäßig eine Kinderkrippe besuchte), was es heißt, im Rahmen einer *festen* Gruppenstruktur sich mit zumeist gleichaltrigen Individuen arrangieren zu müssen und dabei ohne die Hilfe der Eltern auf sich allein gestellt zu sein.

Dieser Sozialisationsprozess geht unter anderem mit dem Erlernen neuer Rollen- und Statusbeziehungen einher. Es leuchtet ein, dass die daraus hervorgehenden Lernerfahrungen aus einem ganz anderen Holz geschnitzt sind als die, welche das Kind bisher von den Eltern her kannte. Sich in der neuen Rollen- und Statuswelt des Kindergartens zurechtzufinden heißt im besonderen Maße, sich anderen Kindern gegenüber behaupten zu müssen. Einerseits soll und muss man sein gerade erst entdecktes Ich erweitern und verteidigen, andererseits hat man es den Du- und Wir-Ansprüchen der anderen Kinder anzupassen. Obwohl das Kind jetzt einer Gruppe von Gleichen angehört, geht es dennoch viel um das gegenseitige Aushandeln und manchmal auch Auskämpfen von Freundschaftsbeziehungen, Führungsansprüchen, Konkurrenz, Beliebtsein, Duldung oder Zurückweisung.

Dieses wettbewerbsähnliche Ringen und Ausloten um die jeweils zu vergebenden sozialen Positionen zeigt nochmals deutlich, dass die Kinder untereinander eine gänzlich andere Situation vorfinden, als sie bei den Eltern zu Hause gegeben ist. Ohne den direkten Schutz und die Hilfe der Eltern müssen sie in der Gruppe Entscheidungen darüber treffen, welche Rolle sie anstreben oder ablehnen sollen und wie hoch der jeweilige Preis ist, zum Beispiel den Rang eines Gruppenführers anzustreben. Hierbei erleben die Kinder, dass andere Gruppenmitglieder ganz unterschiedliche Vorstellungen und »Taktiken« mitbringen, um ihre Ziele durchzusetzen.

Je nach Verlauf dieser Prozesse erwirbt das Kind ein ganz bestimmtes, ihm eigenes Gruppenansehen, das unmittelbare Konsequenzen für sein Selbstwertgefühl hat. Somit ist es auch für die weitere Persönlichkeitsentwicklung des Kindes von ausschlaggebender Bedeutung, ob und wie es sich in der Kindergartengruppe beispielsweise den Rang des Anführers, des Mitläufers oder des Außenseiters erwirbt. Ein von allen akzeptierter Anführer zu werden setzt die Bereitschaft und das Können des Kindes voraus, sich sowohl den Gruppenansprüchen unterzuordnen als auch die Zustimmung des Großteils der Gruppenmitglieder für die eigenen Wünsche und Ziele zu erlangen. Hierfür benötigt das Kind eine breite Palette individueller wie sozialer Fertigkeiten. Sie enthalten Eigenschaften wie Sensibilität, Sympathie, Hilfsbereitschaft, Wissen, Klarheit, Abgrenzungsfähigkeit sowie Überzeugungs- und Durchsetzungskraft.

Anhand zahlreicher Untersuchungen in Kindergärten fand die Wissenschaftlerin Barbara Hold-Cavell heraus, dass ein Kind, welches von anderen zum Anführer gewählt wird und diesen Rang über längere Zeit hinweg behalten will, über folgende persönliche wie soziale Kompetenzen verfügen muss: Seine Aggressivität und Machtansprüche dürfen in den Augen der anderen Kinder nicht »im Zentrum der Aufmerksamkeit« (Eibl-Eibesfeldt 1991b, S. 161) stehen. Allerdings muss das Kind ebenso bereit sein, den ihm zugewiesenen Führungsrang aktiv auszuüben und »zu verteidigen«. (Ebd.) Die wichtigste Eigenschaft ist jedoch, dass das Führungskind über sozial positive Verhaltensweisen verfügt. Sie bestehen in Kompetenzen des Ideenreichtums und der Geschicklichkeit bei der Gestaltung von Spielen, in der Fähigkeit, untereinander zu teilen, sich bei Streitereien als Schlichter zu zeigen, Spielkameraden zu trösten und einen gewissen Gerechtigkeitssinn zu entwickeln. Nur im Rahmen dieser Eigenschaften ist es im Normalfall möglich, dass die Führungsposition des Kindes dauerhaft von den anderen Kindern akzeptiert und begrüßt wird.

Gerade durch das Erlernen der jeweiligen Platzfindung in der Gruppe erfährt das Kind erstmals auch vieles über die Fertigkeiten, durch die sich ein soziales Individuum auszeichnet. Dazu gehört, dass man Selbstbehauptung, Widerstandskraft und ebenso Anpassungsfähigkeit wie Unterordnung zulassen kann, Teamfähigkeit und Wettbewerbsfreude entwickelt sowie über das Spiel sich den Umgang mit differenzierten Rollen aneignet. »Nur die Gleichaltrigengruppe bietet dem Kind geeignete Modelle und Gelegenheiten« (Baacke 1999a, S. 291) zum Erlernen der genannten Fertigkeiten. Ohne weiteres lässt sich deshalb sagen, dass die Gleichaltrigengruppe das Trainingsfeld schlechthin ist, auf dem das Kind einen Großteil seiner Sozialisationserfahrungen erwirbt und verinnerlicht. Dabei kommt dem *Spiel* eine herausragende Rolle zu.

Kinder spielen, um das Leben zu erlernen

Das Spiel gehört zu den wichtigsten Sozialisationserfahrungen für das Kind. Es ist die »Straße des Lernens«, auf der das Kind seine körperliche, psychische, soziale und nicht zuletzt geistige Entwicklung erfährt. Nach wie vor wird in unserer nüchternen, rational denkenden und handelnden (Leistungs-)Gesellschaft das Spiel als etwas Beiläufiges betrachtet, das als nicht unmittelbar produktiv – und damit oft als Zeitverschwendung – angesehen wird. Das ist schon deshalb eine irrige Vorstellung, als zum Beispiel der erwachsenen *schöpferischen* Tätigkeit des wissenschaftlichen Denkens und Forschens stets Konzentration, Fantasie, Intuition und damit auch spielerische Aspekte angehören. Genau das sind aber die Eigenschaften, die dem kindlichen Spiel zugrunde liegen.

Das Spiel ist seinem Wesen nach schöpferisch und beansprucht das ganze Kind mit all seinen Fähigkeiten und Wünschen. Das kleine Kind spielt noch ganz »aus sich selbst heraus«, was nichts anderes heißt, als dass es ihm Sinn und Vergnügen bereitet, mit Neugierde und Experimentierlust das »Neue« zu schaffen.

Wenn wir das Kind beim Spielen beobachten, wird uns bewusst, wie es dabei seine Sinne und den Körper gebraucht, wie es die räumliche Umgebung erkundet, die Spielmaterialien testet, neue Verwendungsmöglichkeiten für bestimmte Gegenstände herausfindet und sie (in unseren erwachsenen Augen oft unlogisch) zusammenbaut und kombiniert. Kurzum, wie es seine Fantasie hoch konzentriert für das Gelingen des Spiels einsetzt. Das alles ist für das Kind weniger Erholung als vielmehr harte, konzentrierte Arbeit. Jedoch verrichtet es diese gern, weil es dabei erfährt, dass es gerade die Anstrengung und die damit verbundene Selbstüberwindung sind, die es in seinem Neugierde- und Forscherdrang neuen Erkenntnissen und Fertigkeiten zuführt.

So gesehen ist der Aussage zuzustimmen, nach der ein glückliches Kind zumeist ein spielendes Kind ist. Wie die heutige Glücksforschung nachdrücklich belegt, ist das Kind oder der Erwachsene dann glücklich, wenn es/er ganz mit dem eins ist, was es/er gerade (spielerisch) tut; wenn es/er sich also auf eine Sache voll und ganz konzentriert, in sie »hineinversinkt«, indem es/er dabei schöpferisch tätig ist und »außer Raum und Zeit« steht. Das Kind kann erst dann wirklich frei und kreativ spielen, wenn es sich selbst und anderen Menschen vertraut. Ist das der Fall, so wird es auch gerne mit anderen Kindern spielen und dabei lernen wollen, wie sie sich verhalten und wie es ihnen gegenüber Beziehungen herstellen kann.

Im gemeinsamen Spiel tauscht das Kind seine Gedanken und Kenntnisse mit Gleichaltrigen aus und erweitert so den eigenen Lern- und Erfahrungshorizont. Besonders durch die kooperativen *Rollenspiele* mit Gleichaltrigen eignet es sich neue Fertigkeiten an, übt sie ein und versucht andere Kinder in deren Vorstellungen und Handlungen zu begreifen. Schon deshalb zählen diese Rollenspiele, die um das vierte Lebensjahr des Kindes immer ausgeprägter werden, mit zu den wichtigsten Sozialisationserfahrungen. Sie eröffnen dem Kind die Möglichkeit, sich mit den verschiedensten Lebenssituationen seiner »kleinen« Welt zu beschäftigen. Denn wenn es eine bestimmte Rolle übernimmt, dann versucht es auch mehr über sie zu erfahren. Nicht umsonst stehen die Mutter-Vater-Kind-Rollenspiele so hoch im Kurs: Kochen, Tischdecken, Einkaufen, Reparieren von Hausgegenständen, Telefonieren, das kleine Geschwisterchen versorgen, unfolgsame Kinder ermahnen, Doktor, Feuerwehrmann, Astronaut, Polizist und Flugkapitän spielen. All das sind Beispiele für Tätigkeiten, die äußerst beliebt sind und bei denen das

Kind von Rolle zu Rolle »hüpfen« kann. Dabei sammelt es unter anderem die Erfahrung, ob man sich in der einen oder anderen Rolle besser und schlechter fühlt – und dass es von den Spielgefährten als »blöde« und »weibisch« angesehen wird, wenn sich beispielsweise ein Junge in der Mädchenrolle der Prinzessin wohl fühlen würde.

Durch das Rollen- beziehungsweise Miteinanderspielen erlangt das Kind obendrein einen differenzierteren Wortschatz, sofern es seine Beziehungen gegenüber den anderen Kindern zunehmend sprachlich regelt. Mit dem sprachlichen Ausdrucksverhalten wird den anderen Kameraden signalisiert, wie man selbst gerade »drauf« ist und was man sich von ihnen erwünscht.

Natürlich zielen die Aktivitäten der drei- bis fünfjährigen Kinder nicht nur auf das gemeinsame Miteinander ab, sondern sind ebenso vom individuellen Wunsch nach Distanz, Ruhe und Alleinsein bestimmt. Hierbei erwarten sie von der Erzieherin im Kindergarten wie von den Eltern zu Hause, dass diese ihre jeweiligen Bedürfnisse wahrnehmen, unterstützen, begleiten und ihnen auch die Grenzen des Handelns aufzeigen. Die Kinder wünschen sich, dass die Erwachsenen ihnen sowohl beim »Hilf-mir-es-selbst-zu-tun!« (Maria Montessori) Hilfestellung geben als auch, dass sie immer wieder die beschützenden Hände über sie ausbreiten. In solchen Situationen kann es zum Beispiel darum gehen, dem Kind den Sinn, den Wert und die Regeln eines Spiels zu erklären, das Kind in die Arme zu nehmen und ihm Trost zu spenden, wenn es zum wiederholten Mal von seinen Kameraden vom Spiel ausgeschlossen wird, oder es in seinem Wunsch nach mehr persönlichen Freiräumen in der Kindergartengruppe zu unterstützen.

Im Weiteren dient das Spiel dem Kind als Möglichkeit, seine Ängste und Unsicherheiten abzubauen und zu überwinden. Das ist etwa dann der Fall, wenn das Kind Angst vor dem Verlassenwerden, der Bestrafung oder dem Besuch beim Arzt zeigt. Beobachten wir dabei ein spielendes Kind, zeigt sich, wie oft es in die Rolle einer Person schlüpft, die beispielsweise den Koffer packt, von zu Hause auszieht und das Kind alleine lässt, oder die es schimpft und es zur Strafe in sein Zimmer einsperrt. Wenn (gleichaltrige) Kinder im Spiel solche und andere Rollen annehmen und wieder tauschen, überwinden sie oft leichter ihre dahin gehend negativen Gefühle. Sie können ein stärkeres Selbstvertrauen entwickeln, indem sie erleben, dass es dem einen und anderen Kind in der Rollenspielsituation ähnlich ergeht, wie das bei ihnen selbst der Fall war und ist. Kinder, die beim »Doktor-Kind-Spiel« bereits praktische Erfahrungen mit dem »Arzt« sammelten, können ihren Kameraden beim Abbau ihrer Ängste helfen, wenn sie ihre Erlebnisse zusammen mit ihnen in vertauschten Rollen durchspielen.

Unabhängigkeit, Vorstellungskraft, Fantasie, Initiative, Anpassung und ein waches Neugierdeverhalten sind notwendig, damit das Kind seine kreativen Anteile entdecken und umsetzen kann. Diese Kräfte kommen beim Kindergartenkind vor allem durch die aufgezeigten Sozialisationserfahrungen zustande, die es im Spiel mit Gleichaltrigen erwirbt. Auf diese Weise gelangt die innere Gefühlswelt des Kindes am natürlichsten mit der äußeren Welt der Realität in Berührung. Daraus folgt, dass sich die Persönlichkeit des Kindes in hohem Maße durch das Spiel entwickelt. Das ist primär dann der Fall, wenn sich durch das gemeinsame Spiel Situationen ergeben, die das Kind zum sozialen Handeln herausfordern. Solche Situationen treten vorwiegend auf beim

• Teilen, Abgeben, Tauschen, Verzichten,
• Kooperieren oder Rivalisieren sowie Kämpfen,
• Sich-Durchsetzen und Sich-Zurückhalten,

- Rücksichtnehmen und Sich-Hineinversetzen in die Bedürfnisse anderer,
- Sich-Auseinandersetzen mit anderen, Sich-Streiten und Sich-Wiedervertragen.

Viele der dargestellten sozialen wie individuellen Wahrnehmungs- und Selbstständigkeitsprozesse würden wesentlich entwicklungsgetreuer verlaufen, wenn ihnen keine überbehütenden oder sonst wie hemmenden (elterlichen) Erziehungseinflüsse entgegenstünden. Sie tragen hauptsächlich dazu bei, Kinder zum Abziehbild einer von den Erwachsenen falsch verstandenen Verkindlichung zu machen. Wie bereits an früherer Stelle dargelegt, blockiert die anhaltende »Durchpädagogisierung« des Kindes mit ihrer vorwiegend gefühlsextremen, von »Fürsorglichkeit und Schuldgefühlen« (Baacke 1999a, S. 34) bestimmten Erziehungspraxis seine Selbstständigkeitsentwicklung.

Wer Kindern von klein auf ihre Beziehungen zur »Gleichaltrigenkultur« (ebd., S. 303) verbaut, darf sich nicht wundern, wenn sie sich gerade auf diesem Gebiet zunehmend »kindloser« und erziehungsschwieriger zeigen. Erfährt das Kind die durch die »Gleichaltrigenkultur« bewirkten Gruppensozialisationsprozesse nicht ausreichend, hat das für seine weitere Persönlichkeitsentwicklung im Regelfall nachhaltigere Folgen als gemeinhin angenommen. Im Mangel sozialer Gruppenerfahrungen liegen die viel wahrscheinlichere »Erziehungssünde« und der damit verbundene Erziehungsmisserfolg als im Fehlen einer durchorganisierten und alles bedenkenden, nur individualistisch auf das Kind fixierten »Psychopädagogik«.

Die »mittlere« Kindheit der Sechs- bis Zwölfjährigen

Das soziale Zusammenleben des Kindes mit seinen Altersgenossen erfährt während der »mittleren Kindheit« zwischen sechs und zwölf Jahren eine weitere Differenzierung und Bewusstwerdung. Das Kind verfeinert die im letzten Abschnitt erwähnten Grundeigenschaften seines individuellen wie sozialen Verhaltens weiter und verbindet sie mit den entwicklungspsychologisch wie gesellschaftlich neu hinzukommenden Lernprozessen. Die »mittlere Kindheit« ist eine Phase, in der für das Kind der eigentliche Sprung aus der Familien- in die Kinderwelt erfolgt. Das zeigt sich vor allem darin, dass der erzieherische Einfluss der Eltern gegenüber dem Kind weiter abnimmt und zugleich die Bedeutung der Macht von außerfamiliären Einflussträgern rapide ansteigt.

Neben den Gleichaltrigengruppen und den Medien ist es die Schule, welche die Erfahrungswelt des Kindes fortan maßgeblich erweitert. Mit dem Schuleintritt enden die bislang vom Kindergarten her gewohnten »lockeren« und zumeist emotionalen Beziehungen gegenüber den Erzieherinnen und Spielkameraden des Kindes. Im Gegensatz dazu spielt die Schule für das Kind eine ganz andere, ihm noch fremde Rolle. In ihr »regieren« weder die vormals vertrauten Erzieherinnen, noch ist man mit den gleichen Kindern innerhalb einer Gruppe, wie man das noch vom Kindergarten her kannte. Stattdessen steht jetzt die Lehrerin oder der Lehrer vor einem, der vorgibt, »wo's langgeht«. Diese vollkommen neue Situation wird für das Kind noch dadurch erschwert, dass es sich in einer nach festen Regeln und Normen gebildeten Klassen- beziehungsweise Gruppengemeinschaft befindet, in der sich die meisten untereinander vorher nicht kannten. Abgesehen von einigen Freunden aus der Kindergartenzeit, die jetzt in der gleichen Klasse sitzen wie man selbst, sind einem die anderen Kinder noch fremd und unvertraut. Schon daraus wird ersichtlich, wie sehr der Schuleintritt für das Kind einen Meilenstein darstellt, der es erstmals mit dem »Ernst des Lebens« konfrontiert.

Und dennoch freut sich (zunächst) fast jedes Kind darauf, endlich zur Schule gehen zu dürfen. Das ist vor allem deshalb der Fall, weil es sich fortan nicht mehr in der Rolle des kleinen und naiven, sondern in der des großen und klugen Kindes befindet. Zugleich verspürt es in der Rolle des Schülers einen weiteren Schritt in Richtung Unabhängigkeit gegenüber den Eltern. Zum Beispiel darf es von nun an ohne die Begleitung eines Elternteils mit dem Bus zur Schule fahren, um dort eine Menge an neuem Wissen und Können zu erwerben. Mit den zu erlernenden Kulturtechniken des Lesens, Schreibens und Rechnens soll den Eltern gezeigt werden, was man schon alles weiß und kann beziehungsweise wie gescheit und widerspruchsfähig man ihnen gegenüber auftreten kann.

Im Gegensatz zum Kindergarten wird der Ort Schule nicht mehr von Emotionalität und Spontanität bestimmt, sondern von der Sachlichkeit und Ernsthaftigkeit des rationalen Lernens. Dies verlangt vom Kind, dass es sich neue und erweiterte Formen der sozialen Kommunikation aneignen muss. Anstatt der bislang überwiegend privaten emotionalen Beziehungen, die es zu den Erzieherinnen im Kindergarten pflegte, wird fortan von ihm erwartet, diese aufzugeben beziehungsweise zurückzustellen zugunsten eines offiziell geregelten Lehrer-Schüler-Verhältnisses, das unter anderem von schulrechtlichen Verordnungen und Leistungsansprüchen bestimmt ist. Sie beschränken die emotionale Beliebigkeit sowohl des Kindes gegenüber dem Lehrer wie auch umgekehrt auf ein Mindestmaß.

Das heißt, das Kind sieht sich in einen disziplinarischen Rahmen schulischer Erwartungen und Pflichten gestellt. Dieser verlangt von ihm Konzentration, Lerneifer, Wissbegierde, längeres Stillsitzen, Einfügen in den sozialen Klassenverband in Form von zuhören, sich melden, aufstehen, nicht schwätzen, den anderen nichts ins Wort fallen, sich notenmäßig bewerten und sich dabei mit den Mitschülern vergleichen zu lassen, sich mit der formalen Autorität des Lehrers zu arrangieren, die Hausaufgaben ordentlich zu erledigen und vieles andere mehr. Kurzum, es geht darum, sich an den von der Schule festgesetzten Erwartungshaltungen auszurichten und sie möglichst gut zu erfüllen. Hierbei hat sich das Kind so zu verhalten, dass es weder vom Lehrer noch von den Mitschülern als Duckmäuser und Mauerblümchen oder als Querulant und Besserwisser gesehen wird. Für viele Kinder bedeutet das einen Balanceakt, bei dem es um das Suchen und Finden des jeweils richtigen Verhaltens geht.

Neben den neuen Herausforderungen, die die Schule an das Kind stellt, erschließt sich ihm ein weiterer, mindestens ebenso wichtiger Erfahrungshorizont, den es in diesem Ausmaß bislang so noch nicht erlebt hat. Hierbei geht es um die Anbahnung neuer und verlässlicher *Kinderfreundschaften*. Sie werden für die Sechs- bis Zwölfjährigen immer wichtiger, weil sie daraus einen großen Teil ihrer eigenen Identität schöpfen.

Während das Kind im Kindergarten noch überwiegend »Nebeneinanderher-Freundschaften« einging, die mehr auf Spontanität und Sympathie beruhten, sucht es jetzt nach etwas anderem. Entwicklungspsychologisch betrachtet befindet sich das Kind in einer Phase, in der ihm sein stärker gewordenes Ich signalisiert, in einer Freundschaft nicht nur etwas primär Vordergründiges, Unverbindliches, Egozentrisches und Austauschbares zu sehen. Vielmehr soll sie von stärkerer gegenseitiger Verlässlichkeit, Bindungsbereitschaft, »Tiefe«, von Empathie gekennzeichnet sein und vor allem auch gegenseitigen Streit und Zank aushalten. Zwar ist es nach wie vor der primäre Wunsch des Kindes, mit den Kameraden weniger zu streiten. In Wirklichkeit verhält es sich jedoch anders. Denn beim Streit geht es unter anderem nicht nur um das eigene, sondern auch fremde Austestenwollen der Grenzen und Stärken von Menschen, zu denen man in einer persönlichen Beziehung steht.

In diesem Sinn sind die Worte eines Achtjährigen auf die Frage hin zu verstehen, ob er mehr mit Freunden oder Nicht-Freunden streite: »Logo, richtig und lange streiten tu ich doch nur mit Freunden, denn die sind es mir wirklich jederzeit wert. Mit den anderen lohnt sich so etwas gar nicht, die sind mir doch viel zu egal. Die rede ich nur blöde an und verschwinde dann.« Diese Aussage entspricht der typischen Haltung von Kindern dieser Altersgruppe. Durch sie kommt zum Ausdruck, dass in der Freundschaft ein hoher Wert gesehen wird und dabei der Streit als Mittel der Auseinandersetzung für notwendig und selbstverständlich angesehen wird. Er ist quasi das »Salz in der Suppe« und drückt das Bedürfnis nach Nähe beziehungsweise das Interesse füreinander aus. Ziel ist es, die Freundschaft zusammenzuhalten und zu festigen, anstatt sie zu gefährden oder zu beenden.

Aus Sicht der Erwachsenen mag das freilich ganz anders aussehen, wenn sie miterleben, wie heftig und anhaltend sich Sechs- bis Zwölfjährige oft untereinander streiten und dabei teilweise sich auch körperlich attackieren. In ihren Augen erscheinen die Streit- und Drohgebärden der Kinder als feindlich gesinnte Angriffe, die mit Freundschaft nichts zu tun haben. In Wirklichkeit verbirgt sich dahinter ein ähnlich starker, wenngleich ganz anderer Ausdruck von Zuneigung und Bindungsfähigkeit wie im Umstand freundschaftlicher Harmonie und Friedfertigkeit. Das folgende Beispiel soll den Sachverhalt nochmals näher beleuchten:

Eine siebenköpfige »Horde« miteinander befreundeter sieben- bis neunjähriger Kinder trifft sich zum Fußballspielen.

Als Spielfeld dient eine Hinterhoffläche aus Gras und Sand. Der Bolzplatz hat weder Aus- noch Strafraumlinien und verfügt auch über kein Tor mit Netz. Deshalb dient den Kindern die Hausmauer als Tor, das aus zwei Plastikflaschen, die die Pfosten darstellen, »gebaut« wird. Als Torlatte fungiert eine an der Mauer befestigte Schnur, sodass die Kinder nur ungefähr erahnen können, ob ein hoch geschossener Ball im oder über dem Tor landet. Einen Schiedsrichter gibt es nicht, der über die Spielregeln wacht.

Die Kinder beginnen die Vorbereitungen, indem sie zwei Mannschaften mit jeweils drei Spielern bilden sowie einen Torwart wählen. Nach dem Anstoß erfolgt schnell der erste Schuss aufs Tor, den der Torwart hält. Kurz darauf fällt das erste Tor, dem allerdings seitens der jetzt 1:0 führenden Mannschaft ein Foul vorausgegangen ist. Die führende Mannschaft bricht in Jubelgeschrei aus und fällt sich um den Hals. Ihre Spieler verhalten sich dabei wie Fußballprofis, wenn diese ein Tor geschossen haben.

Beim nächsten Angriff der zurückliegenden Mannschaft kommt es jedoch zur folgenden Situation: Einer der Jungen zieht einen strammen Schuss aufs Tor ab, den der Torwart gerade noch mit den Händen über die als Torlatte dienende Schnur abzuwehren versucht und somit das Ausgleichstor zu verhindern scheint. Während der Torschütze bereits jubelnd abdreht und »Toor! Toor!« schreit, sehen das die Spieler der gegnerischen Mannschaft sowie der Torwart ganz anders. Nach ihrer Meinung wurde der Ball vom Torwart noch über die »Querlatte« gelenkt.

Die strittige Situation löst einen heftigen Streit aus, der mit gegenseitigen körperlichen Attacken und verbalen Beschuldigungen wie »Spielbescheißer«, »Lügner« und »Blinder« einhergeht. Nach mehreren Minuten Spielunterbrechung ist es jedoch so weit, dass sich die Kinder irgendwie doch noch auf einen Kompromiss zu verständigen scheinen.

Er entspricht weder den offiziellen Fußballregeln noch sonstigen erwachsenen Vernunftvorstellungen, sondern sieht wie folgt aus: Zum einen einigen sich die Kinder darauf, dass der Schuss doch ein Tor war; zum anderen wird der Mannschaft das Tor zum 1:0, dem ein Foul vorangegangen war, nachträglich aberkannt. Dafür bekommt sie jetzt einen »Elfmeter«, der ihr die Chance gibt, auf »ehrlichem« und »sportlichem« Weg ein Tor zu erzielen.

Wer nun glaubt, der gefundene Kompromiss hätte auch in der Praxis Bestand, der irrt allerdings. Als es um die Festlegung des »Elfmeterpunktes« geht (man streitet sich darüber, ob es fünf oder sieben Meter sein sollen!) und ob man den Torwart wechseln dürfe, entflammt der Streit erneut – stärker als zuvor. Er endet damit, dass zwei Jungen von der »Klugscheißerei« der anderen derart genervt sind, dass sie wutentbrannt beschließen, nach Hause zu gehen. Ihr Verhalten führt dazu, dass daraufhin auch die verbleibenden Fußballer das Spiel abbrechen und mit teils heftigen Kraftausdrücken auseinander gehen.

Wir können davon ausgehen, dass sich die sieben Freunde bereits am nächsten Tag oder kurz danach erneut zum Fußballspielen zusammenfinden, sich wahrscheinlich dann über besser funktionierende Spielregeln einigen und sich im Wettbewerbseifer gegenseitig weiter messen, um zu sehen, wer zum Beispiel der Schnellere, Schussgewaltigere, Dribbelstärkere unter ihnen ist. Aber längst nicht nur das wird sie zur Wiederaufnahme des (Fußball-)Spiels veranlassen. Vielmehr kommt noch ein ebenso gewichtiger Grund hinzu: Die Kinder wollen auf die gegenseitigen freundschaftlichen Beziehungen in der Gleichaltrigengruppe nicht verzichten, weil sie ihnen Halt, Zugehörigkeit, Identifikation und damit individuelles wie soziales Wachstum vermitteln.

In dem Zusammenhang ist es auch nicht richtig, wenn die Erwachsenen meinen, sich ständig als Streitschlichter in die

Konflikte der Heranwachsenden einmischen zu müssen, um so die »Streithähne« zu »beruhigen«. Und noch abwegiger ist die Auffassung, nur die Eltern selbst könnten ein praktisches Vorbild dafür sein, dem Kind den angemessenen Umgang mit dem Streiten zu vermitteln. Diese Vorstellungen berücksichtigen nicht den grundsätzlichen Unterschied, der zwischen dem Kind-Eltern- und dem Kind-Kind-Streit besteht.

Der Streit des Kindes mit der Mutter oder dem Vater beruht letztlich auf dem, was die *Erwachsenen* (im »Auftrag der Gesellschaft«) von ihm fordern oder erwünschen. In den Augen der Eltern geht es zumeist darum, dass ihr Sohn oder ihre Tochter in die Rolle des braven und einsichtigen Kindes zurückkehrt, indem es ihre Ansichten teilt oder wenigstens akzeptiert. Zumeist ist das auch der Fall, sodass sich das Kind den elterlichen Ge- und Verboten gegenüber anpasst und »Einsicht« zeigt, ohne dabei realistisch erfahren zu können, was wirklich Hintergrund der Auseinandersetzung ist. Das Kind wird dadurch um die Chance gebracht, die Ursachen, Auswirkungen sowie Zusammenhänge, die zum Streit führten, selbst zu erfassen und zu *durchleben*. Vielmehr sind es seine Eltern, die vieles davon »im Interesse des Kindes« zu regeln, zu filtern sowie auszublenden glauben und ihm dabei einen Teil der Selbstverantwortung nehmen.

Wesentlich anders sieht es aus, wenn das Kind mit Gleichaltrigen streitet und Konflikte austrägt. Jetzt befindet es sich unter Ranggleichen, die nicht wie die Eltern mit ihrer Autorität und Lebenserfahrung die Geschicke und das »Wohl des Kindes« lenken wollen. Stattdessen geht es hier um einen direkten, offenen und gleichberechtigten »Schlagabtausch« der Ziele und Bedürfnisse, die Kinder untereinander haben. Dabei müssen sie »wirklich einen anderen für ihre Pläne gewinnen, sich anpassen oder einen Kompromiß aushandeln«.

(Krappmann 1993, S. 136) Gelingt das, so ist das ein Ausdruck ihrer *eigenen* Leistung. Misslingt dagegen das Unternehmen, so haben sie umgekehrt die daraus folgenden »bitteren Konsequenzen« (ebd.) eigenverantwortlich zu tragen. Zum Beispiel ist dann das Spiel miteinander gescheitert, und Beschimpfungen, knallende Türen oder Tränen können das Ergebnis sein. Nichtsdestotrotz tragen die Streitereien unter den Kindern, auch wenn sie noch so massiv und von Misserfolgen begleitet sein mögen, letzten Endes »mehr zur Aggressionskontrolle bei als die Mahnungen der Eltern« (Krappmann 1991a, S. 195), weil die Kinder die Folgen ihres fehlerhaften Tuns *am eigenen Leib* zu spüren bekommen.

Das Am-eigenen-Leib-Verspüren entspricht dem Wunsch, die Sozialisationsprozesse der (gleichaltrigen) Kinderwelt zu erfahren und zu durchleben. Dass sich dabei die Erwachsenen in vielen Bereichen »außen vor« befinden, kommt dem Interesse der Kinder entgegen, »ganz unter sich« zu sein. Umgekehrt erklärt sich daraus das oft mangelnde Verständnis der Erwachsenen für die Themen, worüber sich ihr Nachwuchs unterhält oder streitet: Sie erscheinen ihnen oft lebensfremd und nebensächlich. So schütteln Eltern den Kopf darüber, wenn ihnen zu Ohren kommt, dass man stundenlang darüber diskutieren kann, warum beispielsweise die neunjährige Kerstin ihre Haare extrem kurz trägt, sie grell lila färbte und von den anderen Mädchen das Kompliment erhält, damit »traumgeil« auszusehen; wie es möglich ist, dass Sandras Freundin immer noch nicht die neueste Hosenmode trägt und sie deswegen Gefahr läuft, als »alte Tussi« ausgelacht zu werden; dass Dominiks neue Rollerskates das coolere Outfit haben als die von Patrick, und das, obwohl sie weniger gekostet haben; oder ob Christians »Stahlross« mehr einem Mountain-Bike als einem Rennrad gleicht.

Im Gegensatz zu Erwachsenen ist es für Kinder von untergeordneter Bedeutung, ob ihre Gespräche in einem sachlichlogischen Zusammenhang stehen. Viel entscheidender ist es, dass sie im vertrauten Kreis die eigenen Ansichten und Vorstellungen gemeinsam austauschen und mutig vertreten können. Mit anderen Worten: Trotz aller freundschaftlichen Beziehungen müssen die Kinder lernen, angreifbar zu sein, sich zu rechtfertigen, ihren Standpunkt zu vertreten und Einwände sowohl zuzulassen als auch zu widerlegen. Dabei haben sie in Kauf zu nehmen, als »endlose Laberer« und »Dummschwätzer« provoziert oder mit einer Bemerkung wie »Das kauft dir doch sowieso keiner ab, was du da quasselst!« in die Schranken verwiesen zu werden.

Diese und ähnliche Vorgänge sind Beispiele dafür, wie Kinder untereinander gemeinsame Regeln suchen. Sie sind die Basis dafür, ihr Miteinander-Tun unter verbindliche Werte und Normen zu stellen. In den Augen der Gruppenmitglieder erfährt das Kind ein positives Ansehen, wenn es hierbei

- ein freundliches und solidarisches Verhalten zeigt,
- sich spontan und unkompliziert benimmt,
- sich, ohne laufend dominant und »klugscheißerisch« sein zu wollen, in das Gruppengeschehen integriert,
- Einfühlungsvermögen und Verständnis für Meinungen aufbringt, die nicht mit den eigenen im Einklang stehen müssen,
- sich mit neuen, ungewohnten Situationen arrangieren kann und dabei die Orientierung an den gemeinsamen Gruppenwerten nicht außer Acht lässt.

Wer sich dagegen nicht solidarisch zeigt, muss damit rechnen, schnell zum Außenseiter und Spielverderber abgestempelt zu werden. Das Kind erfährt durch die anderen somit Ablehnung beziehungsweise Nicht-Akzeptanz. Das ist besonders dann der Fall, wenn das Kind

- sich überwiegend unsicher, zögerlich und »mimosenhaft« verhält,
- sich in erster Linie selbstherrlich und angeberisch zeigt, indem es ständig im Mittelpunkt stehen will,
- sich den Gruppenwerten gegenüber unvertraut und fremd benimmt und damit zum Ausdruck bringt, Probleme mit den sozialen Umgangsregeln zu haben.

Den dargestellten (Gruppen-)Sozialisationsprozessen liegt das Phänomen des *Aushandelns* untereinander zugrunde. Das Aushandeln gehört zu den wichtigsten (Streit-)Eigenschaften der »mittleren Kindheit«. Dabei lernen die Heranwachsenden *modellhaft*, wie sie sich in Konfliktsituationen verhalten müssen, um ihre jeweiligen Absichten und Ziele möglichst »sozial verträglich« zu erreichen – egal, ob es sich dabei um das Aushandeln von Fußballspielregeln, um den Tauschhandel von Comikfiguren gegen Süßigkeiten, von Spielzeugautos gegen CDs oder um die Frage dreht, was für ein »toller Typ« man in den Augen der Freunde ist, wenn man die eine oder andere »große Tat« vollbringt. Zumeist geht es um das Prinzip »Gebe ich dir – so gibst du mir!«. Auf diese Weise lernen die Gleichaltrigen am unmittelbarsten, was es heißt, sich immer wieder in Form von Kompromissen auf eine Sache zu einigen.

Besonders das Bemühen um Gleichheit und Gerechtigkeit spielt hierbei eine herausragende Rolle. Mit Argusaugen wird darüber gewacht, dass sich möglichst kein Kind diesen Vorstellungen widersetzt, indem es sich aufgrund seiner speziellen Begabungen, Kräfte oder Privilegien über die anderen erhebt. Es gilt, sich nicht auf Kosten anderer Vorteile zu verschaffen. Ist das dennoch von Zeit zu Zeit der Fall, so wird erwartet, dass man zum Beispiel die Tüte Bonbons, die man von jemandem geschenkt bekommt, mit den Gruppenmitgliedern teilt oder ihnen zumindest ein paar Stücke davon abgibt. Bei der Gelegenheit kommt es des Öfteren auch zum Austausch von Vertraulichkeiten und Geheimnissen, die nicht selten zum Anlass für echte und verschworene Freundschaften werden.

Gleichaltrigen, die auf diese Art und Weise miteinander in Beziehung treten, gelingt es wesentlich besser, ihre Bedürfnisse sowie Fähigkeiten zu aktivieren und kreativ zu erweitern. Gerade weil sie aneinander interessiert sind und sich gegenseitig ernst nehmen, lernen sie besonders, wie man am sinnvollsten aushandelt und argumentiert, die Regeln und Normen untereinander beachtet und diese Dinge auf andere Lebenssituationen übertragen kann.

Das Einüben des Aushandelns zwischen den Kindern ist etwas so Wichtiges, dass sich Eltern, Lehrer und Erzieher besser davor zurückhalten sollten, in das Geschehen mit ihren Überlegungen und Tipps einzugreifen. Es ist immer wieder erstaunlich, wie verantwortungsbewusst und selbstständig es den Heranwachsenden gelingt, ohne Hilfe der Erwachsenen hier zu kompetenten Entscheidungen zu gelangen.

Wie zahlreiche wissenschaftliche Untersuchungen belegen, gelingt es Kindern ab etwa acht Jahren ohne die erzieherische und moralisierende Anwesenheit ihrer Eltern und Lehrer zumeist besser, untereinander soziale wie ethische Probleme zu diskutieren und zu dementsprechenden Werturteilen zu gelangen. Das heißt, sie schaffen es, »sich wirksamer und dauerhafter zu tragfähigen Begründungen für gerechtfertigtes Verhalten (zu) stimulieren, als es noch so wohlbegründete Darlegungen von Erwachsenen mit gereiftem ... Urteil erreichen«. (Krappmann 1991a, S. 193) Das gilt ebenfalls für das Aggressionsverhalten auf Schulhöfen. Immer dann war dieses besonders massiv und provokativ, wenn ein Lehrer in einem möglichst nahen Abstand die Kinder beaufsichtigte und ihnen dadurch das Gefühl vermittelte, dass primär nicht sie selbst für das Einhalten von Grenzen beziehungsweise der Aggressionskontrolle verantwortlich waren.

Nochmals soll hervorgehoben werden, dass es nicht darum geht, den Erwachsenen ihren erzieherischen Einfluss gegenüber den Kindern absprechen zu wollen. Unbestritten ist dieser nach wie vor vonnöten, zumal er eine wichtige Vorbildwirkung auf das Kind ausübt. Das ist zum Beispiel dann der Fall, wenn die Eltern dem Kind verständliche Begründungen und Beispiele dafür anbieten, wie man sich in der einen oder anderen Situation praktisch verhalten sollte. Parallel dazu haben sie sich um Beziehungsräume zu kümmern, in denen die Kinder ihre Sozialkontakte untereinander aufbauen und pflegen können. Das bedeutet zugleich, dass den Erwachsenen klar sein muss, wie sehr Kinder der sozialen Interaktionen untereinander bedürfen und die Eltern oder Lehrer hierbei längst nicht den persönlichkeitsprägenden Einfluss ausüben, den ihnen die Erziehung nach wie vor zuweist.

Denn was Wahrheit und Gerechtigkeit, Freundinnen und Freunde oder Mädchen und Jungen »wirklich« sind und was man alles dafür tun muss, um den damit verbundenen Rollenvorstellungen zu entsprechen, das können die Erwachsenen nur sehr bedingt vorgeben und ihren Kindern vermitteln. Vielmehr entscheiden letztlich sie selbst darüber, was zum Beispiel unter einem »richtigen« Mädchen oder einem »richtigen« Jungen zu verstehen ist, was es mit der Gerechtigkeit auf sich hat und wie das Wort »Freundschaft« zu verstehen ist. Und so hilft es wenig, wenn sich die Erziehenden auch noch so bemühen, Mädchen und Jungen in Kontakt miteinander zu bringen. Denn gerade in den ersten vier Jahren der Grundschule lautet das »Gesetz« der Gleichaltrigen, dass sich »Mädchen mit Mädchen und Jungen mit Jungen« (Krappmann 1993, S. 140) zusammentun.

Bei der von den Kindern selbst gewählten geschlechtsspezifischen Trennung hat es den Anschein, als würde die Welt der Gleichaltrigen von den Jungen beherrscht, da sie sich vorwiegend nach außen hin in Szene setzen. Das wird unter anderem dadurch deutlich, dass sich Jungen stimmgewaltiger Gehör verschaffen und ihre Aktivitäten mehr in den (öffentlichen) Mittelpunkt stellen, als das die Mädchen tun. Umgekehrt bedeutet das aber nicht, Mädchen hätten insgesamt weniger gegenseitige Kontakte untereinander. Jedoch sind diese im Vergleich zu denen der Jungen nicht so sehr nach außen, sondern mehr nach innen hin gerichtet.

Dennoch wäre es falsch, von einem generellen Desinteresse oder gar einem feindschaftlichen Verhältnis zwischen Jungen und Mädchen zu sprechen. Trotz aller äußeren Distanz bestehen eine innere, heimliche Neugierde am und eine Zuwendung zum anderen Geschlecht, indem sich beide Geschlechter gegenseitig »aus den Augenwinkeln heraus« beobachten, übereinander plaudern und gerne »zufällig« sich ergebende Situationen wahrnehmen, um miteinander in Kontakt zu kommen. Die gegenseitigen Annäherungsversuche gehen oft einher mit den folgenden Eigentümlichkeiten:

Mehr die Jungen als die Mädchen riskieren verspottet zu werden, wenn sie aus freien Stücken mit Gleichaltrigen des anderen Geschlechts – und das womöglich noch als »Pärchen« – spielen, herumspazieren oder auch nur miteinander plaudern und tuscheln. Die Jungen stecken dabei die Grenzen deutlicher ab, als es die Mädchen tun, verstoßen gegen sie jedoch auch mehr als die Mädchen. Da das gegengeschlechtliche »Anbandeln« oder Annähern auf direktem Wege tabu ist, erfolgt es – in der Regel von den Jungen praktiziert – indirekt in Form von Ärgern, Necken und (aggressivem) Anmachen. Wenn sich hierbei die Mädchen solidarisch zeigen und sich zusammenschließen, gelingt es ihnen normalerweise, sich der Provokationen durch die Jungen zu erwehren.

Die vorpubertären Annäherungsversuche kommen oft durch Jagd- und Fangspiele zum Ausdruck. Sie sind besonders bei Kindern während der Grundschulzeit beliebt. Dabei werden abwechselnd die Mädchen von den Jungen und umgekehrt gejagt, wobei sie sich immer wieder – natürlich »nur wegen dem Fangen!« – begrapschen oder sonst wie körperlich berühren. Das wiederum führt untereinander zu der Frage, was bei den Fangspielen alles erlaubt und unerlaubt sei, das heißt, inwieweit die Berührungen und Betatschungen zu akzeptieren sind oder nicht. Die Art und Weise, mit der die Sechs- bis Zwölfjährigen diese Dinge problematisieren und regeln, weist darauf hin, »dass neben der Kindergruppe des gleichen Geschlechts auch die Beziehungen zwischen den Geschlechtern« (Krappmann 1993, S. 140) – und damit die erotisch-sexuellen Beziehungsaspekte – zunehmend an Aktualität gewinnen.

Pubertät heißt, dass die Eltern schwierig werden

In der Entwicklung des Kindes existiert ein Zeitabschnitt, der, lange schon, bevor er beginnt, bei vielen Eltern und Erziehern Ängste und Sorgen auslöst. Die Rede ist von der Pubertät.

Etwa ab dem zwölften Lebensjahr hinterlässt die Pubertät zusehends ihre Spuren. Sie bewirken im Fühlen, Denken, Handeln und in der körperlichen Gestalt des Kindes eine innere wie äußere Wandlung. Die Phase der Pubertät ist von mehreren Umbruchs- und Ereignisfeldern geprägt. Durch sie erfährt das Kind (es gilt ab dem 14. Lebensjahr offiziell als Jugendlicher) schrittweise, dass es nicht mehr die Person ist, die es einmal war. Ähnlich ergeht es den Eltern. Oftmals scheinen sie ihr Kind nicht mehr wiederzuerkennen, wenn es sich in seinen Gefühlen, Ansichten und Interessen »total anders« zeigt als bisher. Zwei Beispiele sollen das näher veranschaulichen.

Neuerdings gibt es immer wieder Ärger und Streit zwischen Vanessa und deren Eltern. Diesmal provoziert die 14-Jährige ihre Eltern damit, dass sie ihre Schuhe auszieht und während des Abendessens ihre Fußspitzen auf die Tischkante legt. Die Eltern fordern sie auf, das zu unterlassen und sich wieder anständig hinzusetzen. »Wieso? Das machen wir in unserer Clique immer so!«, antwortet die Tochter im schnippischen Ton. »Es gehört sich ganz einfach nicht, sich so flegelhaft zu benehmen!«, erwidert die Mutter und fügt hinzu: »Dafür haben wir dich nicht erzogen, dass du seit kurzem ein derart unanständiges Verhalten an den Tag legst!« Mit einer arroganten und Überlegenheit ausstrahlenden Mimik kontert Vanessa: »Dann müsst ihr eben aus dem Wohnzimmer verschwinden, wenn euch meine Zehen am Tisch anöden!« »Nein, meine Liebe, da täuscht du dich aber gewaltig! Wenn es jemand von uns ist, der das Wohnzimmer auf der Stelle verlässt, dann bist du es!«, faucht der Vater zurück. »Und wieso soll ich das sein?« »Weil sich im Wohnzimmer nur jemand aufhalten darf, der sich dementsprechend normal und gesittet benimmt. Wer sich, so wie du, rüpelhaft aufführt, kann das in seinem eigenen Zimmer tun, aber nicht unter zivilisierten Menschen, wie es deine Eltern sind!« Wutentbrannt nimmt daraufhin Vanessa ihre Füße vom Tisch, steht auf und geht in ihr Zimmer, nicht ohne die Tür mit dem aggressiven Ruf »Scheiß Spießereltern, mit euch kann man ja nicht easy zusammenleben!« hinter sich zuzuschlagen.

Entsetzt und ratlos blicken sich Vanessas Eltern an, wobei die Mutter resigniert meint: »Und das soll der Erfolg unserer Erziehung gewesen sein!?«

Eine andere, ähnliche Pubertätsproblematik spiegelt sich im zweiten Beispiel.

Hier beklagt sich der Vater des 15-jährigen Tobias über dessen freches und aufsässiges Verhalten, das er neuerdings zu Hause an den Tag legt. Verärgert und irritiert erklärt der Vater, nicht mehr verstehen zu können, was in seinem Sohn vorgeht. »Bis vor wenigen Monaten war Tobias ein so anpassungsfähiges und vernünftiges Kind. Seither ärgert er jedoch meine Frau und mich, indem er altkluge, provozierende Reden schwingt. Was seine zynisch-scharfen Argumentationsweisen anbelangt, könnte man meinen, er habe die Intelligenz mit dem Löffel gefressen. Dabei besteht das meiste, was er sagt, nur aus leeren Worthülsen, lebensfremdem Geschwätz und Fantastereien. Sein Gequatsche übernimmt er von den Freunden und plappert diesen Unsinn dann zu Hause einfach nur nach. Dabei kommt sich Tobias furchtbar gescheit und kritisch vor. Hingegen ist er seit kurzem in der Schule miserabel und schreibt einen Fünfer und Sechser nach dem anderen. Davon abgesehen läuft er dauernd mit ungewaschenem Gesicht und Händen zu Hause herum. Er benimmt sich bei den Mahlzeiten wie das letzte Ferkel, führt laute Reden, die von Vulgärausdrücken nur so strotzen, und schlingt dabei das Essen gierig in sich hinein.«

Was Tobias' Vater zudem in Rage versetzt, ist, dass sein Sohn nur noch Augen für Mädchen hat. »Anstatt sich auf seine schulischen Pflichten und sportlichen Aktivitäten zu konzentrieren, interessiert ihn nur noch die erotische und sexuelle Ausstrahlung der Mädchen. Besonders von einem Mädchen aus der Freundschaftsclique lässt er sich derart gängeln, dass er praktisch alles tut, was diese ihm sagt. Man könnte meinen, Tobias sei ihr und den anderen Freunden ganz und gar ausgeliefert. Dagegen zeigt alles, was wir sagen und tun, überhaupt keine Wirkung auf ihn. Da kann doch etwas nicht mehr stimmen. Unsere Freunde und Bekannten sehen das genauso. Bislang mochten sie Tobias wegen seines freundlichen, zurückhaltenden Wesens und seiner guten Anstandsregeln. Aber jetzt ist das nicht mehr so. Auch sie sind über sein flegelhaftes und angeberisches Benehmen in der Familie entsetzt.

Im Nachhinein stellt sich immer mehr die Frage, warum wir uns eigentlich wegen Tobias' Erziehung so abstrampelten. Verglichen mit anderen Eltern, die sich um ihre Kinder wenig kümmerten und ihnen so gut wie nichts verboten, zeigen unsere erzieherischen Bemühungen, wie man spätestens jetzt sieht, auch nicht mehr Erfolg. Da kann man nur darauf vertrauen, dass die Mühen unserer Erziehung für die weitere Zukunft trotzdem nicht ganz umsonst waren und Tobias wieder normal wird.«

Die pubertären Verhaltensweisen Jugendlicher werden verständlicher, wenn wir sie uns im Rahmen von acht Punkten vergegenwärtigen. Zugleich verdeutlichen sie die Aufgaben und Chancen, denen sich die Heranwachsenden während dieser Zeit zu stellen haben.

- Die Jugendlichen beginnen ihren Körper neu zu entdecken, wobei sie sich vor allem mit der eigenen wie der fremden Geschlechtsrolle auseinander setzen. Das führt zu verschiedenen Ideal- und Klischeevorstellungen, die sowohl von der Gleichaltrigen- als auch der Erwachsenenwelt auf die Jugendlichen einwirken. Sie beeinflussen die Heranwachsenden darin, wie sie sich in ihrer Geschlechtsrolle verhalten sollen, um als anerkannte Mitglieder ihrer jeweiligen sozialen Gruppen zu gelten.

- Gleichzeitig streben die Jugendlichen erotische und vor allem auch sexuelle (Liebes-)Beziehungen an. Sie vermitteln ihnen, was es zum Beispiel heißt, erstmals zwischenmenschliche Sexualpraktiken einzugehen und zu verarbeiten. Das erfordert zugleich den Umgang mit partnerschaftlicher Nähe und Distanz, Treue und Untreue, Glück und Leid sowie Bindung und Trennung. Diese Erfahrungs- und Lernprozesse beschäftigen viele Pubertierende so stark, dass sie kaum Zeit und Interesse für andere, in den Augen ihrer Eltern weitaus wichtigere (schulische) Ziele und Aufgaben finden.
- Damit einhergehend werden die Jugendlichen in ihren Betrachtungen und Bewertungen sich selbst und vor allem der Umwelt gegenüber zunehmend kritischer und differenzierter. Ihr Leben wird mehr und mehr vom *intellektuellen* Denken und Handeln bestimmt. Das führt unter anderem dazu, dass sie die Eltern, Lehrer und anderen Erwachsenen distanzierter, hintergründiger und skeptischer sehen. Hierin liegt einer der Hauptgründe, weshalb sich die Pubertierenden gerade in dieser Zeit aus Sicht der Erwachsenen oft »unmöglich« benehmen und in ihren Denk- und Verhaltensweisen »wie ausgewechselt« sind.
- Alle diese Prozesse führen zur weiteren Abnabelung von den Eltern und anderen Erwachsenen. Immer wieder werden sie von (heftigen) Streitereien und Meinungsverschiedenheiten zwischen Jung und Alt begleitet. Die Auseinandersetzungen drängen die Pubertierenden in zwiespältige Reaktionen und entladen sich in Machtkämpfen, die sich in Form idealistischer, überkritischer und verweigernder Haltungen gegenüber den Erwachsenen zeigen. Sie sind Ausdruck des jugendlichen Protestes gegenüber den ihrer Auffassung nach oft ungerechten und verstaubten gesellschaftlichen Verhältnissen in Erziehung, Familie, Schule, Religion und sozialer Arbeitswelt.

- Oft gelingt es den Eltern dabei nicht, ihr Kind in dessen Bedürfnissen richtig zu verstehen. Sie schenken ihm nicht das Maß an liebevoller, aufmerksamer Unterstützung und Gelassenheit, welches hierfür nötig wäre. Zugleich missverstehen sie, dass für das Kind die Auseinandersetzung mit ihnen und dem »Rest der Welt« ein vollkommen natürlicher wie notwendiger Vorgang ist. Gerade in der Pubertät benötigen die Jugendlichen jedoch die Reibung mit den Eltern, weil sie zunehmend für sich selbst sorgen und verantwortlich sein möchten. Schon aus diesem Grund müssen sie andere Vorstellungen entwickeln und Wege gehen als die, welche die Eltern für richtig und erfolgreich anerkennen. Nicht umsonst entstehen gerade in diesem Bereich oft heftige Auseinandersetzungen zwischen Eltern und Jugendlichen. Sollen die Eltern etwa macht- und tatenlos zusehen, wenn ihr Kind langsam in den Sog eines zweifelhaften Freundes oder einer Clique gerät? Und kann es umgekehrt das Kind akzeptieren, dass seine Eltern es vor solchen ungünstigen Verhältnissen bewahren wollen?

Beide Parteien geraten dabei in eine problematische Situation. Eltern, die glauben, im Sinne von »Hier haben wir das Sagen« strikte Verbote, Kontrollen, Vorwürfe oder moralische Schuldzuweisungen aussprechen zu müssen, bewirken hierbei beim Kind oft genau das Gegenteil dessen, was sie bei ihm erreichen wollen. Die häufige Folge eines derartig unsensiblen Verhaltens ist, dass das Kind sich dazu gedrängt fühlt, jetzt erst recht seinen Selbstständigkeitsanspruch gegenüber den Eltern besonders hartnäckig verteidigen zu müssen, indem es sich von ihnen abwendet und sich ganz und gar auf die Seite der (zweifelhaften?) Freunde schlägt. Andererseits reagiert der Jugendliche den Eltern gegenüber ähnlich verbohrt und verhaltensauffällig, wenn er spürt, dass sie sich unter dem

Deckmantel einer falschen Liberalität für seine persönlichen Belange so gut wie gar nicht interessieren. Das Fehlen einer derartigen Reibungs- und Auseinandersetzungsbereitschaft seitens der Eltern signalisiert dem Pubertierenden, dass sie zumeist wenig wirkliches Interesse an ihm zeigen.

- Die Pubertät stellt die wichtigste Etappe auf dem Weg zur eigenen Identität – dem »Das bin ich« und »Das bin ich nicht« – der Jugendlichen dar. Identität heißt, sich ein eigenes Wertesystem zu erwerben, das zum selbstverantwortlichen Denken und Handeln führt. Das schließt immer auch die Veränderlichkeit und Konfliktfähigkeit gegenüber sich selbst sowie anderen Menschen und Dingen mit ein. Sich selbst zu finden heißt auch, sich von den Eltern zu distanzieren und sie kritisieren zu können. Seitens der Eltern bedarf es hierfür viel Einfühlungsvermögen und Unterstützung, um den Jugendlichen diese entwicklungspsychologischen Bedürfnisse und Notwendigkeiten zu ermöglichen. Je intensiver die Eltern Modell für diese Art von Auseinandersetzungs- und Loslösungsfähigkeit mit den Jugendlichen sind, desto bessere Chancen haben die jungen Menschen, zu eigenen Überzeugungen und Einstellungen zu gelangen. Denn schließlich geht es in der Pubertät wesentlich darum, dass sich die Jugendlichen auf den Auszug aus dem Elternhaus vorbereiten, um in die Welt der psychischen, sozialen und wirtschaftlichen Eigenständigkeit treten zu können.
- Diese und weitere Entwicklungsvorgänge und -aufgaben werden von den Jugendlichen teilweise auf ganz individuelle Art und Weise wahrgenommen und verarbeitet, da sie auch im untrennbaren Zusammenhang mit ihren genetischen Persönlichkeitsmerkmalen stehen. Diese Entwicklungshürden begegnen ihnen als *Herausforderungen*. Sie können sich sowohl in Form einer erhöhten Verführungs-,

Aggressions-, Widerstands- und Risikobereitschaft als auch in einer verstärkten Zurückgezogenheit, Depressivität, Kommunikationsunlust und Wankelmütigkeit zeigen. Hierbei ist Folgendes zu beobachten: Während der eine Jugendliche sich mit den Herausforderungen der Pubertät mehr spielerisch und locker auseinander setzt und mit ihnen fertig wird, fühlt sich der andere davon blockiert und wird von Ängsten und Zweifeln gequält; und ein Dritter meint stets mit dem Kopf durch die Wand rennen zu müssen, indem er sich mit den Eltern und anderen Menschen sowie Dingen kämpferisch anlegt und über sie zu triumphieren glaubt.

- Bei der Bewältigung der Pubertätsphase spielen die *Gleichaltrigengruppen* eine herausragende und unverzichtbare Rolle. Spätestens jetzt wird der *außerfamiliäre* Gruppensozialisationseinfluss auf die Jugendlichen so stark, dass selbst die herkömmlichen pädagogischen und psychologischen Auffassungen nicht mehr umhinkönnen, die daraus hervorgehenden prägenden Wirkungen auf die Jugendlichen anzuerkennen.

Die Peergroups bieten den Jugendlichen einen Schutz- und Übergangskorridor zwischen der kleinen familiären und der großen nicht familiären Welt, in die sie nach und nach hineinwachsen. Hierbei übernehmen die Gleichaltrigengruppen verstärkt die Aufgaben und Funktionen, welche die Eltern und die Familie durch die Abnabelung des Kindes nicht mehr erfüllen können. So gesehen werden sie zu einer Art »zweiter Familie«, wenn nicht gar zum Familienersatz des Jugendlichen.

Die Jugendlichen investieren deshalb in die Peergroup ein hohes Maß an Zeit und Energie. Sie versprechen sich davon den Erwerb neuer kreativer Erfahrungs- und Lernprozesse. Hierfür stehen die Freundschaften Pate, die der Vertiefung und Verantwortungsübernahme unter den

Gleichaltrigen dienen. Praktisch zeigt sich das zum Beispiel auf den Gebieten der Kooperation und des Zusammenhaltes, aber auch im (fairen) Wettstreit miteinander. Natürlich geht die gegenseitige Verbundenheit auch immer wieder mit Konflikten einher, was sich in zweierlei Hinsicht zeigt. Einerseits wollen die Jugendlichen weiterhin ihre Eigenständigkeit bewahren und ausbauen, andererseits streben sie danach, so zu sein wie die anderen, sofern sie sich den Normen und Werten der Gruppengemeinschaft freiwillig und oftmals völlig unkritisch anpassen und unterordnen nach dem Motto »Dabeisein ist alles!«.

Dieses polare Wechselspiel zweier Grundbedürfnisse, das mit dem »Schlagen zweier Herzen in einer Brust« vergleichbar ist, ist »menschlicher Ur-Impuls und rationales Bedürfnis« (Benard/Schlaffer 2000, S. 126) zugleich. In ihm drückt sich der Wunsch nach Eigenständigkeit *und* Gemeinschaftszugehörigkeit beziehungsweise das Bestreben nach persönlicher Selbstständigkeit *und* Ein- sowie Unterordnung in einen sozialen Gruppenverband aus. Durch die Erfüllung dieser beiden menschlichen Grundbedürfnisse erzielen die Jugendlichen einen weiteren Effekt: Sie sind »ganz unter sich« und können zugleich eine Art von »Gegenwelt« zu der der Erwachsenen aufbauen. Besonders aus der Sicht der Jugendlichen gleicht die Peergroup einer uneinnehmbaren Festung, die ihnen Sicherheit und Stärke im vermeintlichen »Kampf« gegen die »uneinsichtige« und »spießige« Eltern- und Erwachsenenwelt gibt.

Kurzum, in der Gleichaltrigengruppe wollen die Pubertierenden in erster Linie das suchen und in veränderter Form (wieder)finden, was ihnen die Eltern und die Familie nicht mehr (ausreichend) vorzuleben und zu erfüllen scheinen: gegenseitiges Verständnis und Identifikation, Akzeptanz, altersgerechte Freiräume, Ranggleichheit, Idealismus, Aufbruchstimmung, Unkonventionalität, Solidarität und Wir-Gefühl.

Aus diesen Gründen ist ein dementsprechendes Verständnis, das mit viel Gelassenheit einhergeht, nötig, um den Eltern die Pubertätsgeschehnisse verständlicher zu machen.

Das Leben gibt uns Eltern besonders »zwei Gründe« (Harris 2000, S. 405; auch im Folgenden) vor, warum wir unsere Babys und Kleinkinder lieben: »weil sie unsere Gene haben – und weil sie klein und süß sind«. Dagegen gibt es nur noch einen Grund, die Pubertierenden, »unsere Teenager-Kinder (zu) lieben: weil sie unsere Gene haben«. Spätestens dann, »wenn ihre Gesichter länger werden, ihre Nasen wachsen ... ihr Schweiß unangenehm zu riechen beginnt« und ihre Widerstände und Pöbeleien uns gegenüber zunehmen, hemmt das unseren Fürsorgetrieb und zerstört das unser inneres Bild vom ehemals süßen, knuddeligen und willigen (Klein-)Kind.

Hinzu kommt, dass die Jugendlichen uns nicht mehr sonderlich brauchen, weil sie in der Gruppe der Gleichaltrigen ein zumeist verständnisvolleres Feedback als zu Hause erfahren. Dabei kann es nicht nur zur massiven Auseinandersetzung, sondern sogar zur »Feindschaft zwischen den Altersgruppen der Teenager und der Erwachsenen« kommen. Das ist dann der Fall, wenn das »Gruppendenken« beziehungsweise die Gruppensolidarität extreme Ausmaße annimmt. Ist diese weniger stark ausgeprägt, ist es durchaus möglich, dass die Pubertierenden auch weiterhin ein zwar angespanntes, aber dennoch gutes Beziehungsverhältnis zu den Eltern und Erwachsenen pflegen.

Ob so oder so: In beiden Fällen »müssen« sich die Pubertierenden geradezu regelmäßig darüber aufregen, wenn ihre »Alten« versuchen, sich so zu kleiden oder so zu sprechen, wie das nur die Heranwachsenden untereinander tun. Anbiederungsversuche der Eltern empfinden sie als einen Angriff beziehungsweise eine Einmischung in die Welt ihrer Gruppenidentität. In dieser Welt wünschen sie niemanden anderen als sich selbst zu begegnen, versinnbildlicht durch Zettel wie »Der Raum ist geschlossen für Erwachsene und kleine Kinder!«. So gesehen ist es mehr als normal, wenn sich eine zentrale Frage der Pubertierenden an dem Motto orientiert: »Bist du einer von uns oder von ihnen« (Harris 2000, S. 406; auch im Folgenden) – diesen Erwachsenen? »Wenn du einer von uns bist, beweise es. Beweise es, indem du zeigst, dass ihre Regeln dir egal sind. Beweise es, indem du irgendetwas tust – eine Tätowierung wäre nett oder noch besser ein Ring in der Nase –, was dich unwiderruflich als einen von uns kennzeichnet.«

Diese und ähnliche Phänomene zeigen sich auch in einem zunehmenden Ausgrenzungsverhalten unter den Peergroup-Mitgliedern. Es ist zum Beispiel dann zu beobachten, wenn sie »die falschen Schuhe, das falsche Handy, den falschen Haarschnitt« (von Festenberg 2001, S. 123; auch im Folgenden) oder die falsche Jeans wählen. Denn über richtig und falsch urteilt die »Clique, und die Wahrheit der Clique ist häufig die Wahrheit, die die Medien«, nicht aber die Eltern vorgeben.

Kinder zu verstehen bedeutet, ihnen so zu begegnen, wie sie sind

Die bisherigen Ausführungen legen es nahe, sie unter der Fragestellung nach der kindheitsgerechten Persönlichkeitsentwicklung von zwei Blickwinkeln her noch weiter zu vertiefen. Das geschieht, indem wir zum einen mehrere Erziehungspraktiken unter die Lupe nehmen. An ihnen soll überprüft werden, inwiefern sie das zu leisten imstande sind, was sie den vielen erziehungsgläubigen Eltern und Pädagogen versprechen, und inwiefern sie somit auf die Heranwachsenden tatsächlich prägende Wirkung ausüben. Zum anderen setzen wir die Suche nach denjenigen Gruppensozialisationseinflüssen fort, die das Aufwachsen von Kindern und Jugendlichen maßgeblich bestimmen. Damit verbunden ist zu fragen, wie es um die *sozialökonomischen* und folglich auch *finanziellen* Verhältnisse bestellt ist, unter denen die Kinder zu Hause aufwachsen. Noch immer wird ihre Bedeutung bei der Persönlichkeitsentwicklung Heranwachsender unterschätzt und somit dem Blickfeld der Erziehung entzogen.

Anhand einiger beispielhaft ausgewählter Situationen aus dem Erziehungsalltag sollten Sie sich zunächst die Frage stellen: Zähle ich mich zu den Menschen, die, öfter als gewollt,

- ihrem Kind in einem autoritären und gefühlskalten Erziehungsstil entgegentreten, es dabei anschreien, ungerecht behandeln oder ihm sogar einmal eine Ohrfeige verpassen?

- ihrem Kind zu viele oder zu wenige Grenzen, Werte und Normen auferlegen?
- sich nicht die nötige Zeit und Ruhe nehmen, zusammen mit dem Kind über seine Interessen und Probleme zu sprechen, und es stattdessen mit seinen Anliegen »auf morgen oder übermorgen« vertrösten?
- in der Gegenwart ihres Kindes negativ über andere Menschen und Dinge sprechen, Termine und Absprachen unzuverlässig einhalten, mogeln und Notlügen gebrauchen, schlechte Tischmanieren zeigen, ein paar Gläser zu viel trinken, zu stark rauchen sowie bis in die späte Nacht hinein Krimis und andere Actionfilme im Fernsehen konsumieren?
- ihr Kind in die Rolle des »schüchternen und fürsorglichen Mädchens« oder in die des »wagemutigen und kämpferischen Jungens« drängen und dabei dafür sorgen, dass es sich in vielen Bereichen seines Denkens, Fühlens und Handelns »mädchenhaft« oder »jungenhaft« entwickelt?

Abgesehen von diesen Punkten stehen Sie womöglich noch zusätzlich in einer dieser zwei Lebenssituationen:

- Sie sind geschieden und Ihr Kind lebt als Scheidungskind bei Ihnen.
- Sie sind allein erziehend, sodass Ihr Kind von klein auf vater- bzw. mutterlos bei Ihnen aufwächst.

Beim Lesen der oben genannten Beispiele dürfte Ihnen bewusst geworden sein, dass bei Ihren bisherigen Erziehungsbemühungen nicht alles optimal verlaufen ist. Wahrscheinlich bedauern Sie das und nehmen sich vor, in Zukunft anders zu handeln. Und trotzdem werden Sie vor Erziehungsfehlern weiterer Art nicht verschont bleiben. Denn nicht nur die Fehlervermeidung, sondern ebenso die Fehlerhaftigkeit an sich sind feste Bestandteile eines jeden Menschen. Dessen ungeachtet ist zu fragen, inwieweit es sich bei einem »Erziehungsfehler« tatsächlich um einen solchen handelt. Anders gefragt: Wer bestimmt, was ein Erziehungsfehler ist? Und wer leitet daraus das Recht ab, die angeblichen Folgen, die er beim Kind auslöst, vorauszusagen?

Die Antwort lautet: Schon immer war es die Pädagogik, die auf diese und ähnliche Fragen mit treffsicheren Rezepten zu antworten glaubte. Unterstützt durch die Psychologie stellt sie zum Beispiel Checklisten über Erziehungsfehler auf. Anhand dieser werden die Eltern über die angeblich augenscheinlichen Ursachen und Konsequenzen aufgeklärt, wenn sie am Kind kleine, mittlere oder große »Erziehungssünden« begehen. Zugleich bieten diese Checklisten den Erziehern eine Vielfalt oft höchst widersprüchlicher »pädagogischer Rezepte« an, wie der Nachwuchs erfolgreich zu erziehen beziehungsweise wieder in »richtige Bahnen« zu lenken sei.

Warum diese Ratschläge in der Praxis oft wenig von dem bewirken, was sie bezwecken wollen, liegt nicht in erster Linie am mangelnden Umsetzungswillen der Eltern. Vielmehr sind die Gründe des Misslingens woanders zu suchen. Sie liegen vor allem in der *eigenen* Fehlerhaftigkeit zahlreicher Erziehungsratschläge und behindern so die Entwicklung zu einer partnerschaftlichen Eltern-Kind-Koalition. Untersuchen wir deshalb im weiteren Verlauf einige dieser Erziehungsratschläge näher und fragen wir dabei nach deren *tatsächlichen* Erfolgsaussichten, die sie den Erziehern seit langem versprechen.

Das Erziehungsdilemma oder:
Wer erzieht wen?

Was sind die ausschlaggebenden Gründe dafür, wenn ein Kind zum Beispiel ein hilfsbereites, sozial engagiertes Verhalten zeigt, lernbegierig ist, vernunftgerecht mit Problemen umgeht; oder sich einem zweifelhaften Freundeskreis anschließt, zu Gewalttätigkeit neigt, sich mit rechtsradikalen Sprüchen identifiziert; oder sich als ausgeflippter »Schlaffi«, Leistungsversager und egoistischer »Ich-mache-was-ich-will-Typ« zeigt?

Die Erziehungsstilforschung behauptet seit langem, dass die genannten Eigenschaften in einem untrennbaren erzieherischen Zusammenhang mit dem Umgangsstil der Eltern stehen. Demnach sind es die Eltern, die mit ihrem jeweiligen Erziehungsstil darüber entscheiden, wie sich das Kind entwickeln wird. Und es ist nicht das Kind, das mit seinem Verhalten daran beteiligt ist, den Eltern deren Erziehungsstil »aufzudrängen«. Das drücken zum Beispiel die Untersuchungen von Diana Baumrind, Kurt Lewin und zahlreichen anderen Wissenschaftlern aus. Längst sind sie zu »öffentlichen Gewissheiten« (Saum-Aldehoff 1998, S. 26) geworden und können in den allermeisten pädagogischen Lehrbüchern in Form von »Erziehungsstilwahrheiten« nachgelesen werden.

Danach verhält es sich so, dass der liebevolle und zugleich fordernde *»demokratisch-partnerschaftliche«* (*»autoritative«*) *Erziehungsstil* das Kind fast immer zu einem positiv denkenden, fühlenden, motivierten und kooperativen Handeln führt. Er ermöglicht es dem Kind, verantwortungsbewusst mit den eigenen Rechten und Pflichten sowie mit denen anderer Individuen umzugehen. Die Persönlichkeit eines solchen Kindes wird von Selbstbewusstsein, Kreativität und Lebensoptimismus geprägt.

Ganz anders sieht es bei einem Kind aus, das im »*autoritären*« *Erziehungsstil* geformt wird. Durch ihn erfährt es eine gefühlskalte, strenge und ungenügend auf seine Person eingehende Erziehung. Damit entwickelt sich das Kind zu einem lieblosen, sich selbst und anderen Individuen gegenüber aggressiven Wesen. Durch seine Ich-Schwäche ist es von den verschiedensten Menschen und Gruppen lenk- und manipulierbar. Es fehlt ihm an kritischer Widerspruchsfähigkeit, Selbstvertrauen und Differenzierungskraft.

Und schließlich gibt es noch den »*Laisser-faire-*« (»*permissiven*«) *Erziehungsstil*. Durch ihn wird das Kind weder erzieherisch geführt noch begleitet, da die Eltern es in seinem »Sosein« sich selbst überlassen. Das Kind erfährt somit kaum Motivation, Grenzen, Regeln und Selbstdisziplin. Praktisch gesehen kann es machen, was es will, weil es seitens der Eltern keine verbindlichen Orientierungs- und Verhaltensmaßstäbe erhält. Wenngleich auf ganz anderen Wegen, so findet es, ähnlich wie das autoritär erzogene Kind, weder zu einem eigenen, selbstverantwortlichen noch zu einem sozialverträglichen Leben. Stattdessen wächst es zum egoistischen »Weichei« heran, das nur sich selbst anerkennt und zum Mittelpunkt der Welt macht.

Auf einen kurzen Nenner gebracht vermitteln die Erziehungsstilforschungen, dass Kinder mit demokratisch-partnerschaftlich erziehenden Eltern beträchtlich weniger individuelle wie soziale Verhaltensprobleme zeigen als Kinder, die von den Eltern in autoritären oder permissiven Stilformen geprägt werden. Die Forschungsergebnisse wollen damit den Beweis erbringen, dass Kinder, die von ihren Eltern »mit Liebe und Respekt behandelt werden ... meistens besser mit ihrem Leben und in ihren persönlichen Beziehungen (zurechtkommen) als Kinder, die streng und hart« (Harris 2000, S. 46) oder nachgiebig und regellos aufwachsen. Demnach scheint es zwangsläufig so zu sein, »dass Kinder besser werden, wenn sie besser behandelt werden« (ebd.) und hierbei der demokratisch-partnerschaftliche Erziehungsstil die einzige Alternative bietet.

Zwischenzeitlich mehren sich jedoch die Stimmen, die Zweifel an einer Reihe der Erziehungsforschungsergebnisse anmelden. Am Beispiel, wie Kinder (unbewusst) *ihre Eltern* bei derem Erziehungsstilverhalten *beeinflussen*, soll diesen Zweifeln näher nachgegangen werden.

Kinder signalisieren Eltern, wie sie erzogen werden möchten

Die »Kind-Eltern-Effekte« (Harris 2000, S. 56) zeigen, dass das tatsächliche Erziehungsstilverhalten weniger von den Eltern selbst – hier ist von den »Eltern-Kind-Effekten« die Rede – als mehr vom Kind selbst beeinflusst wird. Welchen Erziehungsstil die Eltern praktizieren, hängt zum Beispiel wesentlich von seinem Alter, seinem Temperament, seinem Charme, seinem früheren sowie gegenwärtigen Auftreten, seinen Begabungen und – nicht zuletzt – von seiner gesundheitlichen Beschaffenheit ab. Folglich ist der elterliche Erziehungsstil weder dauerhaft gleich bleibend, noch wird er nur von den Eltern allein bestimmt. Vielmehr orientiert er sich bewusst oder unbewusst an den individuellen Persönlichkeitsmerkmalen des Kindes selbst. Denn: Erziehung »ist nicht etwas, was ein Elternteil mit dem Kind macht: Es ist etwas, das Mutter oder Vater und das Kind gemeinsam tun.« (Harris 2000, S. 53)

Dies kommt durch die erwähnten »Kind-Eltern-Effekte« zum Vorschein. Hierbei ist es das Kind, das die Eltern in ihren Reaktionen ihm gegenüber viel mehr beeinflusst, als ihnen das womöglich bewusst und angenehm sein mag. Zwischenzeitlich ist es wissenschaftlich vielfach belegt, dass unter anderem die äußere Erscheinung und das Verhalten von Babys und (Klein-)Kindern einen gewaltigen Einfluss darauf haben, wie sich ihre Eltern ihnen gegenüber verhalten. Zum Beispiel schmusen und spielen Mütter, die ihr Baby als besonders niedlich und attraktiv empfinden, ersichtlich mehr mit ihm, »als wenn es unscheinbar aussieht«. (Harris 2000, S. 58)

Aber nicht nur Mütter oder Väter verhalten sich ihrem eigenen Kind gegenüber so, sondern auch Menschen, die kein persönliches Bezugsverhältnis zum Kind pflegen. Das belegen Tests mit Studenten an der Universität von Texas. Man stellte ihnen die Aufgabe, mit allen Testbabys Kontakte herzustellen, sie herumzutragen, zu streicheln und mit ihnen zu spielen. Sehr schnell zeigte sich, dass nahezu alle Studenten sich zu denjenigen Babys hingezogen fühlten, die niedlich und süß aussahen. Dagegen schenkten sie den Babys, die wenig Attraktivität ausstrahlten, weitaus geringere Beachtung. Wie die Studenten bei der Auswertung der Tests hinterher berichteten, hätten sie die unattraktiveren Babys am liebsten »links liegen gelassen«, um sich nur noch mit den süßen und charmanten zu beschäftigen.

Diese und weitere Untersuchungen lassen unzweideutig erkennen, dass die allermeisten Menschen von unscheinbaren Kindern weniger angezogen werden und sich stattdessen attraktiv und charmant wirkenden Kindern verstärkt und vertrauensvoller zuwenden. Das zeigt sich auch darin, dass unattraktive Kinder für unerwünschtes Verhalten unverhältnismäßig stärker bestraft werden als attraktive. Und selbst wenn die unattraktiv erscheinenden Kinder nichts getan haben, sind die Erwachsenen viel eher dazu bereit, in ihnen und nicht in den attraktiven Kindern die Verantwortlichen für irgendwelche »Dummheiten« zu sehen.

Zurück zu den Eltern: Wie aufgezeigt, sind es sie selbst, die sich in ihrem Erziehungsstil gegenüber dem Kind beispielsweise von dessen charmantem oder uncharmantem Wesen maßgeblich beeinflussen lassen. Ohne dass das (kleine) Kind sich dessen bewusst ist, gestaltet es dadurch das elterliche Erziehungsverhalten wesentlich mit. Diese Aussage ist von fundamentaler Bedeutung. *Sie zeigt, dass die Eltern niemals für das Gelingen oder das Misslingen ihrer Erziehung allein verantwortlich gemacht werden können, weil das Kind immer maßgeblich daran mitbeteiligt ist.*

In dem Zusammenhang sind die Annahmen grundfalsch, nach denen so gut wie nur den »Eltern-Kind-Effekten« und nicht auch ebenso den »Kind-Eltern-Effekten« erzieherische Bedeutung zukommt. Mit den »Kind-Eltern-Effekten« formt das Kind nicht nur den Erziehungsstil seiner Eltern, sondern beeinflusst sie auch in (fast) allen ihren erzieherischen Handlungen. Wie der Entwicklungspsychologe Rainer Silbereisen bemerkt, ruft es beispielsweise »mit seinem Temperament bestimmte Verhaltensweisen bei den Eltern hervor, etwa Ärger, Zuwendung, Überbehütung«, und schafft sich somit »selbst seine Umwelt«. (Zit. nach Saum-Aldehoff 1998, S. 29) Das Kind bringt die Eltern damit oft dazu, ihre Erziehung mitsamt dem Erziehungsstil auf sein persönliches Temperament, seine Begabungspotenziale und vieles andere mehr abzustimmen.

Warum hört Ihr Kind gerne Geschichten – oder warum nicht?

Auch auf einem ganz anderen Gebiet als dem der Erziehungsstile wird ersichtlich, wie das Kind bei der Gestaltung seiner eigenen Entwicklung nicht nur mitwirkt, sondern sie wahrscheinlich »in hohem Maße selber schafft«. (Zimmer 1989, S. 96) Ein Beispiel soll das näher veranschaulichen. Nehmen wir an, Ihr Kind hört *von sich aus* gerne Geschichten, ohne dass es vorher irgendwelche konkreten Erfahrungen damit sammeln konnte. Es wird sich verstärkt an Sie als Mutter oder Vater mit der Bitte wenden, Geschichten vorgelesen zu bekommen. Wenn Sie dem Kind immer wieder Geschichten vorgelesen haben, wird es sehr wahrscheinlich später mit Vergnügen selbst welche lesen und womöglich zur »Leseratte« werden. Demzufolge dürfte es auch nicht überraschen, wenn Ihr Kind in der Folgezeit eifrig Bibliotheken und Buchhandlungen besucht, um sich dort mit Literatur zu versorgen, und eines Tages ein belesener Mensch sein wird.

Zeigt Ihr Kind dagegen *von sich aus* kein Interesse an Geschichten, so wird sich an seinem Verhalten sehr wahrscheinlich nichts Grundlegendes verändern, selbst wenn Sie ihm immer wieder welche vorlesen. Auch weiterhin dürfte es kein oder nur wenig Interesse am Hören und Vorlesen Ihrer Geschichten zeigen und diese eher mit Langeweile verfolgen. Und selbst später, wenn das Kind lesen kann, scheint nicht viel dafür zu sprechen, dass es sich in einigen Jahren öfter in Bibliotheken aufhalten wird, es sei denn, dass bestimmte schulische oder berufliche Gründe Ihr Kind dazu veranlassen werden.

Wie ist es erklärbar, dass im Bereich »Geschichten hören und lesen« bereits bei Kleinkindern derart unterschiedliche Bedürfnisse und Reaktionen beobachtet werden können? Vieles weist darauf hin, dass hierfür die *Gene* des Kindes verantwortlich sind. Auf unser Beispiel bezogen heißt das: Im einen Fall motivieren besondere genetische Konstellationen Ihr Kind dazu, es toll und spannend zu finden, immer wieder Geschichten hören zu dürfen und später selbst solche zu lesen. Im anderen Fall trifft das Gegenteil zu: Hier veranlassen die Gene das Kind dazu, kaum Interesse am Hören und Lesen von Geschichten zu verspüren – selbst dann nicht, wenn die Eltern durch ihr Vorbild und mit allen möglichen Motivationskünsten versuchen, das Kind dafür zu begeistern.

Und wie ist es um die »Eltern-Kind-Effekte« bestellt? Kommt ihnen in unserem Beispiel nur eine geringe oder sogar gar keine erzieherische Bedeutung zu? Die Antwort darauf fällt mehrschichtig aus. Falls Ihr Kind von sich aus auf Sie zugeht und ihm der Wunsch erfüllt wird, Geschichten zu hören und vorgelesen zu bekommen, dann haben Ihre Bemühungen höchstwahrscheinlich einen großen erzieherischen Effekt. Sie bestärken Ihr Kind in seinen Interessens- und Begabungsneigungen. Hierbei trägt Ihre Erziehung zur individuellen Persönlichkeitsentwicklung des Kindes bei, weil sie Rücksicht auf seine genetischen Dispositionen nimmt. In diesem Fall kommt Ihnen auch der demokratisch-partnerschaftliche Erziehungsstil zugute, der dem Kind mehr Entfaltungsmöglichkeiten in seinen Neigungen bietet.

Anders sieht es dagegen aus, wenn Ihr Kind von sich aus kein Interesse am Hören und Vorlesen von Geschichten zeigt, Sie es aber dennoch immer wieder mit solchen »belästigen«. Womöglich tun Sie das, weil Sie hörten, wie wichtig es für die sprachlich-intellektuelle Entwicklung des Kindes ist, ihm von klein auf viele Geschichten in Form von Märchen und Bilderbüchern vorzutragen. Trotzdem dürften Ihre Bemühungen hier längst nicht den Erfolg zeigen, den Sie sich davon versprechen. Ja, es droht sogar die Gefahr, dass Ihre Erziehungsanstrengungen wie Seifenblasen zerplatzen. Denn es erscheint unsinnig, im Kind Eigenschaften fördern zu wollen, die in seinen Genen keinen merklichen Widerhall finden. Und hierbei wird Sie auch der demokratisch-partnerschaftliche Erziehungsstil wenig unterstützen können, weil er nicht das ausgleichen kann, was dem Kind an genetischen Vorgaben fehlt.

Daraus leitet sich die generelle Feststellung ab: Eltern, die das Kind »optimal« erziehen und fördern, können keineswegs daraus folgern, dass es sich in der dementsprechend gewünschten Art und Weise entwickelt. Und umgekehrt gilt: Eltern, die dem Kind eine »schlechte« Erziehung und Förderung bieten, brauchen nicht sicher davon auszugehen, dass es diese annimmt und beibehält. Die Persönlichkeitsentwicklung des Kindes hängt also nicht nur davon ab, wie die jeweiligen Erziehungs- und Umweltbedingungen zu Hause beschaffen sind, sondern auch davon, inwieweit diese Rücksicht auf die genetischen Begabungs- und Charaktermerkmale des Kindes nehmen.

Anhand weiterer Beispiele soll der Nachweis erfolgen, warum sich Kinder oft anders entwickeln als von ihren Eltern gewünscht.

Man kann Kinder nicht gleich erziehen, weil sie nicht gleich sind

Heute gilt es als großer Erziehungsfehler, wenn Eltern ihre Kinder ungleich behandeln. Wie können jedoch Eltern von zwei oder mehreren Kindern diese gleich behandeln, wenn sie nicht gleich sind? Kinder sind schon deshalb unterschiedlich, weil sie »Verschiedenes tun und Verschiedenes sagen, unterschiedliche Fähigkeiten und unterschiedliche Persönlichkeiten haben«. (Harris 2000, S. 54)

Nach der Geburt unseres zweiten – zwischenzeitlich längst erwachsenen – Sohnes beobachteten wir, dass er sich in einer Reihe von Wesensmerkmalen grundsätzlich von denen seines um vier Jahre älteren Bruders unterschied. Wie andere Eltern waren auch wir bestrebt, beiden Kindern eine möglichst gleiche Erziehung zu ermöglichen. Mit ihr wollten wir erreichen, dass sich keines der beiden in Zukunft ungerecht behandelt fühlte. Nach kurzer Zeit bemerkten wir jedoch, wie wenig unser Vorsatz den sehr unterschiedlichen Wesenseigenheiten unserer zwei Söhne gerecht wurde, es sei denn, wir wären weniger individuell auf die Kinder eingegangen und hätten sie stattdessen der erzieherischen »Gleichmacherei« ausgesetzt. Was sprach dafür, dass wir unsere Kinder ganz bewusst oft ungleich erzogen und dabei auch einen unterschiedlichen Erziehungsstil praktizierten?

Ein kurzer Blick auf die abweichenden Persönlichkeitseigenschaften unserer beiden Söhne mag dafür aufschlussreich sein. Schon von klein auf signalisierte uns der erstgeborene Sohn Patrick, dass er von seinem Grundwesen her ein Kind war, das sich vor allem eine konsequente, klare, spontandirekte, grenzenweisende, autoritätsorientierte, nach »außen« hin strebende, ungern »mit sich selbst allein sein« könnende, nichtsdestotrotz aber liebevoll-freiheitliche Erziehung wünschte. Dagegen zeigte sich das Grundwesen unseres zweiten Sohnes Dominik in einem ganz anderen Licht. Es strebte vor allem nach einer überwiegend abwartend-geduldigen, abwägend-relativierenden, grenzenarmen, hochsensiblen, nach »innen« hin gerichteten und gerne »mit sich selbst allein sein« könnenden Erziehung.

In den sehr unterschiedlichen Grundbedürfnissen und Verhaltensweisen unserer beiden Kinder spiegelt sich ein Phänomen wider, das bei allen Eltern mit zwei oder mehr Kindern ähnlich auftritt. Egal, unter welchem Erziehungsstil und in welchem Erziehungsklima Geschwister untereinander in der

Familie aufwachsen: Festzustellen ist, dass sie sich in vielen ihrer Wesenszüge selbst bei einer annähernd gleichen Erziehung derart voneinander unterscheiden, als wären sie nicht miteinander verwandt. Diese Erkenntnis ist an sich alles andere als neu. Jedoch steht ihr seit langem die pädagogische Euphorie von der Machbarkeit und Gleichmacherei des Kindes gegenüber. Sie behauptet, aus ungleichen Kindern gleiche hervorbringen zu können, indem man sie nur einfach gleich erzieht. Doch Kinder sind feinsinnige Wesen, die schnell spüren, dass die Eltern selbst unter den besten Absichten solche Vorstellungen nicht in die Tat umsetzen können.

Die Altersunterschiede zwischen Geschwistern verhindern eine »gerechte« Erziehung

Nicht nur wegen der Veranlagungen, sondern ebenso hinsichtlich der Altersunterschiede sind Geschwister ungleich. Von Zwillingsgeschwistern abgesehen, ist das eine immer älter als das andere. Dabei dürften die Eltern bei der Frage, wie sie beispielsweise mit den unterschiedlichen Freiheitsspielräumen zweier Kinder umgehen, zu der Entscheidung kommen, dem jüngeren Geschwister weniger Eigenständigkeiten zuzugestehen als dem älteren. Das aber bedeutet schon, dass sie ihre beiden Kinder zumindest in diesem Punkt unterschiedlich erziehen.

Dieser Umstand bringt zwangsläufig das elterliche Bild von der Gleichbehandlung der Kinder ins Wanken. Selbst wenn sie ihre Kinder gleich gerne mögen, heißt das umgekehrt nicht, sie auch gleich erziehen zu können. Hierzu zwei Beispiele aus dem Erziehungsalltag:

Wie wollen Eltern unter der pädagogischen Idee, zwei Kinder *gleich* zu erziehen, ihrer fünfjährigen und achtjährigen Tochter vermitteln, dass die Jüngere schon um acht Uhr abends und die Ältere erst eine Dreiviertelstunde später zu Bett gehen muss? Oder wie erklären Eltern ihren zwei Söhnen, dass beide *gleich* behandelt werden, der Sechsjährige jedoch nur einen Euro, der Achtjährige dagegen drei Euro Taschengeld pro Woche erhält?

Auf beide Fragen mögen Eltern antworten, man müsse besonders das jeweils jüngere Kind »vernünftig« davon überzeugen, dass es sich hierbei leider nur um eine *relative* Gleichbehandlung drehen kann, die auf dem Altersunterschied gegenüber seinem Geschwister beruht. Zumeist sind es die demokratisch-partnerschaftlich gesinnten Eltern, die auf dem Weg der relativen Gleichheit versuchen, die Kinder »gleich« zu erziehen. Dabei vergessen sie, dass sie sich vor allem aus Sicht der Kinder in Wirklichkeit ungleich – nämlich relativ – verhalten und wahrscheinlich in fortgesetzte Begründungsnotstände geraten. Wen mag es verwundern, wenn dann vor allem die älteren Kinder ihre Eltern nicht mehr ernst nehmen oder sich aggressiv gegen sie zur Wehr setzen?

Eltern, die so oder ähnlich erziehen, ist nicht klar, welche inneren wie äußeren Konflikte und Widerstände sie in den Kindern auslösen dürften. Denn in Wirklichkeit geht es Kindern nur sehr bedingt um das, was die Eltern unter der Gleichheit in der Erziehung und einem gleichen Erziehungsstil verstehen. Kinder möchten wissen, wer letztlich das Sagen in der Familie hat – und meinen damit die Eltern. Kinder sind nicht davon angetan, in ständigen »Wenn-dann-vielleicht-und-was-meinst-du-damit-Diskussionen« sich ihre vermeintliche Gleichheit den Eltern gegenüber beweisen zu müssen. Sie halten ohnehin nicht viel von Gleichheit in *dieser* Form.

In eine ähnliche Richtung zielen die Auffassungen des dänischen Pädagogen und Familientherapeuten Jesper Juul. Er bezeichnet die heutigen Forderungen der Erziehung nach Gleichheit in der Familie als »Sackgasse« (zit. nach Gründler 1998, S. VI), weil sie den wahren (Rollen-)Verhältnissen und Bedürfnissen von Eltern und Kindern nicht entsprechen. Wenn es dann obendrein Eltern aus Gründen der Gleichheit zum Beispiel so weit treiben, dass sie sich bereits vor ihren kleinen Kindern dafür rechtfertigen müssen, dass sie »eigenmächtig« länger am Abend fernsehen und später zu Bett gehen als ihr Nachwuchs, dann hat das nichts mit Gleichheit und Gleichberechtigung, sondern mit eigener Naivität und Dummheit zu tun. Auf diese Weise schaffen Eltern die besten Voraussetzungen dafür, sich selbst zu entmachten und das Kommando in die Hände der Kinder zu legen. Aber nicht nur deshalb lehnt Jesper Juul es ab, Gleichheit und Gleichberechtigung in der Erziehung zu praktizieren. In seinen Augen sind sie generell »irreführend« (Juul 1998, S. 49; auch im Folgenden) und kontraproduktiv, da sie scheindemokratisch seien und auf Annahmen beruhten, die nicht mit der Realität übereinstimmen.

Mit ihren Gleichheitsvorstellungen projizieren die Eltern in die Kinder etwas hinein, was diese sich so nicht wünschen und auch kaum umsetzen können. Denn Gleichheit und Gleichberechtigung bedingen gleiche Rechte und gleiche Pflichten und bedürfen somit der gleichen Verantwortungsübernahme. Diese Merkmale stehen jedoch in keiner Eltern-Kind-Beziehung in einem annähernd ausgewogenen Verhältnis zueinander. Im Gegenteil: Je jünger Kinder sind, desto mehr mangelt es ihnen in vielen Bereichen an den nötigen Handlungs- und Ausführungskompetenzen. Das heißt, bei vielen Aktivitäten müssen die Kinder zunächst einmal erlernen, *wie* und *weshalb* diese auszuführen sind, damit sie ihnen nicht zum eigenen Schaden gereichen. Hierzu brauchen

Kinder die Eltern beziehungsweise andere erfahrene Bezugspersonen, zum Beispiel Großeltern, ältere Geschwister, Freunde oder Erzieher. Sie helfen ihnen unter anderem zu erlernen, sicher die Straße zu überqueren, mit Messer und Gabel zu essen, das Radfahren zu beherrschen, bestimmte Anstandsregeln einzuhalten, fremde Hunde nicht zu streicheln, mit dem Spielzeug sorgfältig umzugehen oder sich an gemeinsame Familienregeln zu halten.

In diesen und zahlreichen anderen Fällen kommt vor allem den Eltern die Verantwortung für das Kind zu. Folglich müssen Eltern, wenn sie erziehen, immer wieder handeln, indem sie bejahen und verneinen, zwischen richtig und falsch unterscheiden, sich vom Kind zurückziehen und sich ihm wieder annähern. Kurzum, sie haben Entscheidungen zu treffen und zu verantworten und sie dem Kind gegenüber möglichst klar und authentisch zu vertreten. Obendrein ist es Aufgabe der Eltern, die Persönlichkeitsunterschiede zwischen ihnen und den Kindern sowie zwischen den Geschwistern untereinander anzuerkennen und nach geeigneten Umgangsformen des Miteinanders zu suchen.

Das alles unterstreicht, dass es unmöglich ist, unter der Gleichheitsvorstellung wirklich gleichberechtigt erziehen zu können. Meinen die Eltern das dennoch tun zu müssen, auferlegen sie gerade den jüngeren Kindern Hürden, die mit deren Verständnis von Gleichheit so gut wie nichts zu tun haben. Deshalb plädiert Jesper Juul dafür, auf dem Gebiet der Erziehung die Schlagwörter Gleichheit und Gleichberechtigung durch den Begriff der »*Gleichwürdigkeit*« zu ersetzen. Gleichwürdigkeit meint, dass jedes Individuum »gleiche Würde« besitzt. Sie muss ihm durch Menschen seines Lebensumfeldes in Form von »Anerkennung und Würdigung« entgegengebracht werden. Gleichwürdigkeit heißt außerdem, dass jedes Individuum in seiner Einmaligkeit und »Verschiedenheit« zu akzeptieren ist.

Jesper Juuls Ausführungen hängen inhaltlich eng mit der *Gerechtigkeit* zusammen. In der Gerechtigkeit sehen Kinder den Dreh- und Angelpunkt der allermeisten zwischenmenschlichen Beziehungen. Sie gleicht einem Seismographen, der schon bei kleinen Ungerechtigkeiten, die Kinder an sich oder anderen erleben, ausschlägt.

Was hat es mit der Gerechtigkeitsvorstellung von Kindern näher auf sich? Bereits das Kleinkind kann spüren und teilweise nachvollziehen, dass seinem um ein paar Jahre älteren Geschwister von den Eltern mehr Freiräume und Fertigkeiten, aber auch mehr Pflichten und Verantwortung eingeräumt werden als ihm selbst. Das Kleinkind weiß, dass man sich der größeren Schwester oder dem größeren Bruder gegenüber in dieser und jener Angelegenheit unterordnen muss, selbst wenn das immer wieder mit eigenen Ohnmachtsgefühlen und Ärger einhergeht. Umgekehrt geben ihm die Macht und Stärke des größeren Geschwisters Schutz und Sicherheit, sodass es Mut findet, sich gegenüber den Erwachsenen oder anderen Kindern besser durchsetzen zu können. »Ich möchte auch alles das so toll können und dürfen wie mein großes Geschwister, weil es dabei immer so stark und gescheit ist!«, kann man in solchen Fällen hören.

Trotzdem liegt in der altersmäßigen Ungleichheit zwischen Geschwistern kein großes erzieherisches Problem, wie das oft von den Eltern vermutet wird. Denn das gegenseitige Streiten und Beneiden zwischen Geschwistern ist genauso die natürlichste Sache der Welt wie deren Zusammenhalten und Sich-Verbrüdern, besonders dann, wenn es gegen den gemeinsamen »Feind« – die Eltern – geht.

Ganz anders verhält es sich dagegen, wenn in dem Zusammenhang eines der Geschwister von den Eltern *ungerecht* behandelt wird. Veranschaulichen wir uns eine solche Situation am oben aufgeführten Beispiel des Zu-Bett-Gehens. Es berichtet von zwei Geschwistern, von denen das

jüngere um acht Uhr und das ältere erst eine Dreiviertelstunde später zu Bett gehen muss. Erfährt nun die jüngere
Schwester, die nach wie vor pünktlich die Schlafenszeit einhalten muss, dass die Eltern es ihrer größeren Schwester
heimlich erlaubten, später zu Bett zu gehen, wird sie sich
höchst ungerecht behandelt fühlen. Darum ist es mehr als
gerechtfertigt, wenn sie sich gegen ein solches »Spiel mit ge-
zinkten Karten« heftig wehrt.

Hier handelt es sich längst nicht mehr um die Tatsache des
Altersunterschiedes zwischen den beiden Geschwistern, der
ja nicht das eigentliche Problem für die jüngere Schwester
darstellt. Vielmehr geht es um die ungerechte Art und Weise,
mit der sich vor allem die Eltern auf ein solches Spiel einlie-
ßen und womit sie ihrem jüngeren Kind seelischen Schaden
zufügten. Indem die Eltern die Tochter über ihr wahres Vorhaben im Unklaren ließen, missachteten sie deren Würde
und entzogen ihr zugleich die persönliche Anerkennung und
Akzeptanz. Sie täuschten ihr Kind und trafen es schwer in
seinem persönlichen Gerechtigkeitsempfinden.

Der Umgang mit Erziehungsstrafen
und Autorität ist weniger das Problem von Kindern
als das von Eltern und Erziehern

»Das Gute liegt in der Mitte aller Dinge!«, sagte bereits vor
über 2000 Jahren der Philosoph Platon. Am Beispiel der
Erziehungsstrafen wird besonders gut sichtbar, wie weit die
Erziehung das Maß der gesunden Mitte aus den Augen ver-
loren hat und deshalb am eigenen Selbstverständnis krankt.
In breiten pädagogischen Kreisen gilt es als verdächtig, den
Begriff von der Erziehungsstrafe in den Mund zu nehmen.

Als noch verwerflicher wird es gesehen, sie zu praktizieren. Wer dennoch so handelt, wird als verständnislos, autoritär und als jemand abgestempelt, der »von gestern oder vorgestern« ist. Sollte er das Kind auch noch mit einem Klaps auf den Hintern bestrafen, wird ihm schnell das Prädikat des Unmenschen zuteil. Spätestens dann werden ihm alle positiven Erziehungseigenschaften aberkannt, weil er nicht liebevoll und sensibel genug ist, sich in das Wesen des Kindes richtig hineinversetzen zu können. Mit anderen Worten: Dem Erzieher fehlt es am Bewusstsein, dass die Strafe das Kind in seinem Verhalten nicht verbessert, sondern nur verschlechtert und es dazu drängt, sich in Zukunft noch uneinsichtiger und aggressiver zu verhalten.

Das führt zur Forderung, die Hände ganz von den Strafen wegzulassen. Überprüfen Sie die pauschale Behauptung, wonach sich das Verhalten des Kindes nach seiner Bestrafung nicht verbessert, sondern sich nur verschlechtert, mit Ihren eigenen Erziehungserfahrungen! Sie werden feststellen, dass das zumindest in dieser pauschalen Form nicht zutrifft. Unabhängig davon geht es in dem Zusammenhang gar nicht darum, ob Kinder durch die Strafen der Eltern »besser« oder »schlechter« werden. Stattdessen dienen Strafen als Mittel, um die Kinder künftig wieder zur Einhaltung vorgegebener Grenzen und Regeln zu bewegen. Außerdem ist generell zu fragen, ob Sie dem Kind mit einer Strafe, wenn diese in seinen Augen *gerecht* erfolgt, überhaupt etwas Schlimmes antun, nur weil Ihnen von Zeit zu Zeit der Geduldsfaden reißt. Sollten Sie jedoch *ungerecht* dabei vorgehen, ist es durchaus möglich, dass die Beziehung Ihres Kindes Ihnen gegenüber in Mitleidenschaft gerät. Aber selbst unter diesen Umständen ist es unwahrscheinlich, dass die Beziehung wirklich ernsthaft gefährdet wird. Das lässt sich allein schon durch den Wunsch des Kindes nach »starken« Eltern begreifen.

Was ist damit konkret gemeint? Je kleiner das Kind ist, desto mehr sehnt es sich nach Eltern, die in seinen Augen Kompetenz im Sinne von liebevoller und beschützender Sicherheit, Führung, Orientierung, Konsequenz, Gelassenheit – *positive Macht* – ausstrahlen. Dagegen hält kein (Klein-)Kind Ausschau nach Eltern, denen Unsicherheit, Grenzenlosigkeit, mangelnde Konsequenz und Führungsunfähigkeit anhängen. Wie der Verhaltensforscher und Nobelpreisträger Konrad Lorenz in seinem Buch *Die acht Todsünden der zivilisierten Menschheit* betont, widerstrebt es der Natur des Menschen – und insbesondere der von Kindern –, sich mit unsicheren, schwachen und inkompetenten Individuen zu identifizieren. Wie wir im weiteren Verlauf noch sehen werden, sind jedoch alle oben aufgeführten Eigenschaften der positiven Macht untrennbar mit der Bereitschaft verbunden, Kinder bei gegebenem Anlass auch bestrafen zu *müssen*.

Wenn Eltern nicht den Mut haben zu strafen, steht das zumeist mit der eigenen Angst in Verbindung, die sie gegenüber ihrer *positiven* Macht empfinden. Das heißt, sie sehen in ihrer Macht nur etwas Negatives und wollen sie deshalb nicht gegen die Kinder einsetzen. Da Kinder umgekehrt jedoch in der elterlichen Macht nicht nur eine negative, sondern ebenso eine positive Kraft erkennen, die ihnen Orientierung und Schutz verleiht, wollen sie auf diese nicht verzichten. Und so verwundert es nicht, wenn sich Kinder gegen die Machtlosigkeit der Eltern wehren. Kindern zeigt sie sich in Form einer Machtleere, die dem Bild »nasser Waschlappen-Eltern« entspricht. Kinder, auch wenn sie größer sind, erwarten demnach zumindest *innerlich*, dass ihre Eltern über sie immer auch wieder »dominieren«. (Harris 2000, S. 509) Trotz eines noch so partnerschaftlichen Verhältnisses, das sie ihnen gegenüber pflegen, wollen Kinder von den Eltern signalisiert bekommen, »wo es langgeht« und »wer der Chef – oder die Chefin – zu Hause ist«.

Auch wenn die Kinder sich den Eltern nach außen hin anders zeigen mögen, spüren und wissen sie genau, dass ihre »Alten« Verantwortung für sie zu tragen haben. Das Wort »Verantwortung« ist eng mit dem des »Antwortgebens« verbunden. Gerade das erwarten die Kinder heute mehr denn je von ihren Eltern. Hierbei müssen sie über eine Eigenschaft verfügen, die jahrzehntelang absolut im Abseits stand und als »Folterwerkzeug« der Pädagogik galt: die *Autorität.*

Werfen wir zunächst einen kurzen Blick auf mangelnde oder fehlende Autorität. Noch bis vor kurzem war dieser Zustand für pädagogisch »aufgeklärte« Eltern der Schlüssel schlechthin für eine kindgerechte Erziehung. Mit ihr glaubte man – und tut es teilweise immer noch – eine Erziehungsform gefunden zu haben, die ohne Macht- und Autoritätszwänge – und somit auch ohne Strafen – auskommt. Die Befürworter der autoritätslosen, im Volksmund antiautoritär genannten Erziehung unterschlagen hierbei völlig die biologischen wie (tiefen-)psychologischen Bedürfnisse der Kleinkinder, die auf eine Autorität gar nicht verzichten können und wollen. Wie schon erwähnt, gewährt sie ihnen im Regelfall Schutz, Stärke, Sicherheit und damit Orientierung. Es kommt deshalb einem naiven Irrtum gleich, zu glauben, Kinder könnten sich ohne Autorität quasi selbstständig »aus sich selbst heraus« bestmöglich entwickeln. Wer diese Ansicht vertritt, begeht im nur umgekehrten Sinne den gleichen Denkfehler wie derjenige, welcher glaubt, die Existenz seiner Autorität stehe dafür bereit, sich des Kindes autoritär zu bemächtigen.

Demnach heißt die entscheidende Frage nicht: autoritäre Autorität (Machtbesessenheit) oder Autoritätslosigkeit (Machtaufgabe)? Vielmehr hat sie zu lauten: Wie verstehen es Eltern, das richtige Verständnis oder das richtige Gleichgewicht gegenüber ihrer eigenen Autorität zu erlangen?

Nach Meinung des Psychoanalytikers und Biologen Robert Bischof wird das existenzielle Grundbedürfnis der Kinder nach Autorität von den Gegensätzen »Intimität« und »Autonomie« (Bischof 1989, S. 114; auch im Folgenden) bestimmt. Nach Bischofs Auffassung sind Kinder einerseits im Rahmen ihrer Intimitätswünsche »auf die Einbettung in eine vertraute Familie angewiesen«, andererseits wächst jedoch gerade durch die Erfüllung von Nestwärme ihr »Verlangen nach Autonomie«. Sie führt die Kinder langsam aus ihrer Geborgenheitssehnsucht heraus und lässt sie eigenständiger werden. Hierzu benötigen sie die aktive und verständnisvolle Unterstützung der Eltern, zumindest aber eines Elternteils.

Der Pädagoge Hellmut Becker misst dem Vorgang die gleiche Bedeutung zu und bemerkt: Es ist unerlässlich, dass der durch die biologische Autorität zunächst ausgelösten Abhängigkeit gegenüber den Eltern ein »Ablösungsprozess von dieser (elterlichen) Autorität« (Becker 1973, S. 140) folgen muss. Für Eltern bedeutet das zweierlei. Sie müssen ihren Kindern

- sowohl die nötige Nestwärme in Form häuslicher Intimität und Geborgenheit (Urvertrauen) schenken und weiterhin erhalten (»Innenaspekt«)
- als auch den Drang ihrer Selbstständigkeitsbestrebungen, die sie vor allem in der Welt der Gleichaltrigengruppen erwerben (»Außenaspekt«), unterstützen.

Die beiden Aspekte stehen im untrennbaren Zusammenhang mit der Existenz der elterlichen Autorität. Eltern dürfen ihre Autorität nicht dafür einsetzen, um die Kinder autoritär und besitzergreifend zu erziehen. Und ebenso wenig darf ihre Autoritätsauffassung darin gründen, sie autoritätsfrei und damit grenzenlos oder »vogelfrei« aufwachsen zu lassen. Gelingt es den Eltern, diesen Anforderungen überwiegend zu entsprechen, werden sie von etwas ganz Wesentlichem berührt: Ihnen tritt vor Augen, dass die Autorität im ursächlichen Bedeutungszusammenhang einem »Balanceakt« (Hurrelmann 1993; auch im Folgenden) gleichkommt. Dabei entscheidet in erster Linie die Qualität des »Seiles Autorität«, ob Kinder in den Eltern und Erziehern eine positive oder negative Autorität sehen. Denn eine positive Autorität haben nur die Eltern, die »authentisch« sind, indem sie sich selbst als Persönlichkeiten einschließlich aller Ecken und Kanten verhalten und diese ihren Kindern gegenüber erkennbar machen.

Was ist damit praktisch gemeint? Zum Beispiel sollen Eltern Kinder in deren ohnehin vorhandenem Gespür unterstützen, dass zwischen ihnen kein (absolutes) Gleichheitsverhältnis besteht. Das ist schon aus alters-, rollen- und rechtmäßigen Gründen unmöglich. Folglich haben Eltern, die eine positive Autorität verkörpern wollen, ihren Kindern authentisch, das heißt wahrheitsgemäß, zu vermitteln, dass, je jünger sie sind, sie in einem umso stärkeren Abhängigkeitsverhältnis ihnen gegenüber stehen. Auf diese Weise gelangen sowohl die Kinder als auch die Eltern zu einem *natürlichen* Ich-Du-Wir-Bezugsverhältnis. Es verhilft allen Familienmitgliedern, sich selbst und die anderen so zu sehen, wie sie im Grunde genommen *wirklich* sind: Wesen mit mehr unterschiedlichen und ungleichen als gemeinsamen Ansprüchen, Verantwortungen, Erwartungen, Kompetenzen, Emotionen, Stärken und Schwächen. Nur so gelingt es sowohl den Eltern als auch den Kindern besser, sich gegenseitig annehmen und verstehen zu lernen.

In einem solchen Klima des gegenseitigen Miteinander-Umgehens finden dann auch Worte wie »Strenge«, »Konsequenz«, »Strafe«, aber auch »Gewährenlassen«, »Nachsichtigkeit« und »Ausprobieren« ein natürliches und sinnbezogenes Lernfeld. Der Grund dafür liegt in dem Umstand, dass die Eltern ihre Kinder nicht wegen dieser Prinzipien zu erziehen versuchen, sondern aus der Erkenntnis heraus, dass sie einer (Selbst-)Erfahrung in diesen oder jenen Punkten ihrer Persönlichkeitsentwicklung bedürfen. Speziell im Hinblick auf das Bestrafungsverhalten bedeutet das: Eltern haben Kinder dann zu sanktionieren, wenn diese zum Beispiel ihre Freiheiten dazu missbrauchen, um die verbrieften Freiheiten von Mitmenschen zu beschränken oder sogar außer Kraft zu setzen.

Ungeachtet dessen gilt in breiten Erziehungskreisen weiterhin die Vorstellung, im Wesen der Strafe etwas Ungerechtfertigtes, Illegales und vor allem moralisch Verwerfliches zu sehen. Diese Einstellung geht nicht zuletzt auf die pädagogischen Ratgeber zurück. In puncto Strafen bieten sie den Eltern und Erziehern angeblich richtige Rezepte an, um sie vor Erziehungsfehlern zu schützen. In ihnen ist unter anderem nachzulesen, dass die seelisch-soziale Entwicklung des Kindes bereits dann gefährdet sei, wenn sie mit verbalen (geschweige denn körperlichen) Strafen einhergeht. Man dürfe ihm deshalb nicht sagen, dass es in der einen oder anderen Situation böse war und sein Verhalten spätestens im Wiederholungsfall klare Konsequenzen nach sich ziehe. Vielmehr habe man ihm sanft mitzuteilen, dass das, was es tat, zwar nicht richtig gewesen sei, der Vorfall sich jedoch im Rahmen eines »vernünftigen, ruhigen Reflexionsgespräches problemlos wieder aus der Welt schaffen« lasse. Auf diese Weise solle im Kind nicht der Eindruck verbaler Bestrafung erweckt werden.

Inwieweit diese pädagogische (?) Vorgehensweise auch nur annähernd mit den wirklichen (Straf-)Bedürfnissen von Kindern im Einklang steht, erfahren wir im Weiteren von ihnen selbst. Eine im Jahr 2001 an sechs- bis sechzehnjährigen Schülerinnen und Schülern erfolgte Befragung in Rheinland-Pfalz wollte herausfinden, welche Meinung diese den Erziehungsstrafen beimessen (vgl. Schwarz 2001, S. V).

- Alle Kinder im Alter von sechs und sieben Jahren sagten, dass Strafen völlig in Ordnung seien. Dabei nannten sie unter anderem das »Fernsehverbot«, die »Verbannung in das Zimmer« und, wenn es nicht anders geht, »einen Schlag auf den Hintern oder eine Watschen ins Gesicht«.
- Auch die zehnjährigen Kinder sprachen sich klar und deutlich für Strafen aus, meinten jedoch, die Eltern sollten zunächst mit den Kindern ernsthaft reden, wenn sie »Blödsinn gemacht« haben. Verläuft das Gespräch jedoch erfolglos, dürften sie mit den Kindern »nicht nur reden«, sondern müssten diese auch »konsequent bestrafen«. In dem Fall denken die Zehnjährigen, sei es vollkommen in Ordnung, sie »›körperlich zu bestrafen‹«, besonders dann, »wenn sie andere beschimpfen und böse Wörter sagen oder andere Kinder schlagen«. Wenn sie künftig selbst in der Elternrolle stehen, wollen die Zehnjährigen »ihre Kinder später einmal streng erziehen«.
- Ebenfalls die 16-Jährigen sind sich darüber einig: »Bestrafung muss sein«! Kinder wüssten sonst nicht, »was gut oder falsch ist«. Hierbei herrscht eine relative Uneinigkeit darüber vor, wie man das Ziel am besten erreicht. Die Vorschläge reichen vom Liebesentzug, Enttäuschung zeigen, »Hausarrest« bis hin zum »Fernsehverbot«. Auf keinen Fall jedoch sprechen sich die 16-Jährigen für »brutale Schläge« aus.

Mit Ausnahme der 16-jährigen Schülerinnen und Schüler fällt vor allem der »Rigorismus« auf, mit dem die Kinder sich für Erziehungsstrafen einsetzen. Bahnt sich hier eine neue, alte »Generation der Wieder-Strafenden« an?

Aber nicht nur von dieser Seite bläst den Befürwortern einer soften »Anti-Strafpädagogik« der Wind ins Gesicht. Schon seit langem steht es außer Frage, dass selbst als sehr sensibel geltende Kinder seelisch und sozial längst nicht so zerbrechlich sind, wie das die pädagogische und psychologische (Ratgeber-)Literatur behauptet. Im Gegenteil: Kinder sind, ohne dass sie dazu erzogen werden müssen, von Natur aus um vieles härter, zäher und widerstandsfähiger im Nehmen und Austeilen, als das die meisten Eltern und Erzieher vermuten. Würden sie nur von Zeit zu Zeit ihre Kinder aufmerksam dabei beobachten, mit welchen harten Bandagen sie in der außerhäuslichen Spiel- und Freizeitwelt ihren Freundinnen und Freunden begegnen, könnten sie miterleben, wie widerstandsfähig sie in Wirklichkeit sind und es auch sein möchten. Außerdem könnten die Eltern erfahren, wie Kinder ohne das Zutun der Erwachsenen sich auf ganz natürliche Weise für Strafen aussprechen, sich darüber einigen und sie dann auch in die Tat umsetzen, falls jemand aus ihrer Gruppe dagegen verstoßen sollte.

Das alles sind unzweideutige Indizien dafür, dass Kinder keine aus Porzellan geformten, hochverletzlichen Seelchen sind. Kinder fühlen sich gerade dann von ihren Mitmenschen geliebt und verstanden, wenn sie ihnen nicht dauernd mit in Watte verpackten Worten »in den Ohren liegen« und in der gerechten Strafe keinerlei großes Unglück sehen. Wer darüber Bescheid weiß, wird sich auch nicht über das natürlich auftretende Strafbedürfnis von Kindern wundern, wenn sie etwas Verbotenes getan haben. Wie beispielsweise der angesehene Kinder- und Jugendpsychiater Hans Zulliger in seinen zahlreich erschienenen Büchern feststellt, zeigt das seelisch gesunde Kind nach einer Unrechtstat, die es Eltern oder Kindern gegenüber beging, das Bedürfnis, von diesen gerecht bestraft zu werden. Das unterstützt nur zusätzlich die Feststellung, wonach Kinder ein gesundes Verhältnis zum Prinzip der Strafe haben.

Im Gegensatz dazu schrecken viele Eltern davor zurück, sich dieses Prinzip auf ebenso gesunde Art und Weise zu Eigen zu machen. Ihnen ist das Dominanz- und Strafgefühl in den letzten Jahrzehnten verloren gegangen. Geht es darum, ihrem Nachwuchs die Konsequenzen seines Tuns am eigenen Leib verspüren zu lassen, zeigen sich die Eltern oft derart verunsichert, dass sie wie das Kaninchen vor der Schlange stehen und damit Handlungsunfähigkeit signalisieren. In solchen Situationen wirken sie in den Augen der Kinder als »neurotische Strafvermeider«, denen es an Macht und Mut eines konsequenten Durchgreifens fehlt. Viele Eltern, die auf diese Art und Weise vor den Kindern versagen, glauben ihr Nichthandeln mit der folgenden Schutzbehauptung untermauern zu können: Kinder zu strafen führe mit Sicherheit dazu, dass sie in ihrem Gesamtverhalten anderen Menschen gegenüber noch aggressiver und uneinsichtiger würden.

Dieses Argument klingt zunächst logisch und einsichtig. Denn wenn Eltern ihr Kind immer wieder bestrafen, tun sie etwas, was die Lernpsychologie als »Modelllernen« bezeichnet. Auf diese Weise lernt es von den Eltern, dass man in aggressiver Manier einen Menschen verbal und womöglich auch körperlich unterdrücken beziehungsweise verletzen darf, um seine eigenen (Erziehungs-)Ziele durchzusetzen.

Lange Zeit habe auch ich mich an der »Wenn-dann-Logik« des Modelllernens und der mit ihr eng verbundenen Vorbildwirkung orientiert. Zwischenzeitlich hege ich große Zweifel, ob Kinder durch die bewussten Vorbildhaltungen der Eltern und Erwachsenen sich in ihren Verhaltensweisen *dauerhaft* beeinflussen lassen. Unabhängig von eigenen Beobachtungen scheinen auch aus wissenschaftlicher Sicht die Erfolge des Modelllernens einschließlich ihrer Vorbildwirkungen bei den Kindern längst nicht so persönlichkeitsprägend zu verlaufen, wie das von der Lernpsychologie immer noch behauptet wird. Auch hier weist vieles darauf hin, dass der Wunsch – und nicht die Realität – weit mehr Vater des Gedankens ist.

Denken wir nur einmal daran, in wie vielen Fällen Eltern dem Kind ein wirklich gutes Modell beziehungsweise Vorbild abgeben und wie lange dieses – wenn überhaupt – einen stabilen sowie dauerhaften Verhaltenseinfluss auf das Kind ausübt. Unbestritten gibt es Beispiele, wo das so zutrifft. Es gibt jedoch viel mehr Gegenbeispiele, die das Misslingen des Modelllernens belegen. Sie zeigen deutlich, wie sehr sich das ursprünglich erwünschte Verhalten des Kindes in eine andere, vielleicht sogar entgegengesetzte Richtung entwickelt hat.

Wenn bestimmte wissenschaftliche Erkenntnisse auf den Zeitgeist störend einwirken, dann schenkt er ihnen keine Aufmerksamkeit. Sie wandern in den Papierkorb oder sonst wohin. Ähnlich verhält es sich bei der Frage nach den aggressiven Folgeerscheinungen bei Kindern, wenn sie durch ihre Eltern bestraft werden. Das folgende Beispiel zeigt, dass hierbei hauptsächlich der Zeitgeist über »richtig« oder »falsch« urteilt.

Eine im Jahr 1997 veröffentlichte Studie in einem amerikanischen Fachmagazin beschäftigte sich mit der Frage, ob sechsjährige Kinder, die von ihren Müttern überdurchschnittlich oft durch Schläge bestraft wurden, sich als Achtjährige vermehrt aggressionsbereiter zeigten als in der Zeit davor. Das Ergebnis, das durch die Befragung an *Müttern* zustande kam, ergab ein klares Ja. Folglich konnten die Forscher behaupten: Wenn Mütter Körperstrafen erteilen, um damit ein nicht erwünschtes Verhalten ihrer Kinder zu unterbinden, dann wird bei Sechs- bis Achtjährigen viel eher »das Gegenteil bewirkt« (Murray Straus, zit. nach Harris 2000, S. 463), indem sie sich hinterher noch aggressiver zeigen. Das Ergebnis zeigte Wirkung. Bald darauf wusste ein Großteil der Fachwelt, was er schon immer zu wissen vorgab und was er auch schon durch eigene Untersuchungen herausgefunden zu haben glaubte: Kinder, die von ihren Eltern vor allem der körperlichen Bestrafung ausgesetzt sind, verhalten sich selbst nicht weniger, sondern mehr aggressiv.

In derselben Ausgabe dieses Fachmagazins aus dem Jahr 1997 ging es in einem anderen Forschungsprojekt ebenfalls um das Thema Körperstrafen. Das Projekt war methodisch ähnlich aufgebaut, befragte jedoch nicht die Mütter, sondern die *Kinder* selbst. Die Ergebnisse vermittelten eine ganz andere Erkenntnis. Sie kamen weder zu dem Schluss, dass die Schläge von Eltern Kinder innerhalb der Familie aggressiver machen, noch dass sie zu einem verstärkten Aggressionsverhalten gegenüber anderen Kindern in der Schule führen. Bei den »meisten Kindern« galten die »Behauptungen, Schläge riefen Aggressionen« gegenüber den Eltern oder anderen Mitmenschen hervor, als »unbegründet«. (M.L. Gunnoe und C.L. Mariner, zit. nach Harris 2000, S. 464; auch im Folgenden) In der gleichen Studie gelangte das Forscherteam bei einer zusätzlichen Befragung an Kindern zu einer weiteren überraschenden Feststellung: »Bei schwarzen Kindern jeden Alters und bei den jüngeren Kindern unabhängig von ihrer Rasse« kam zum Vorschein, dass Körperstrafen sogar insgesamt zu einem »Rückgang des aggressiven Verhaltens« führten.

Die Ergebnisse der beiden Forschungsprojekte führen zur realistischen Annahme, dass Kinder, die zu Hause oft körperlich bestraft werden, mehr dazu neigen *können*, den *Eltern* gegenüber aggressiver aufzutreten, als wenn sie von ihnen keine Schläge erhalten. Und es gibt keine stichhaltigen Belege dafür, dass sich ihre durch Körperstrafen erhöhten Aggressionen auch auf die Bereiche *außerhalb* der Familie erstrecken und dort zu erhöhter Gewaltbereitschaft führen.

Solche differenzierten und zugleich widersprüchlich anmutenden Erkenntnisse sind dem heutigen pädagogischen Zeitgeist nicht genehm, weil sie dazu führen, dass körperliche wie nicht körperliche Strafen von Eltern alles andere als ein aggressives Gesamtverhalten des Kindes *zwangsläufig* auslösen.

In dem Zusammenhang sollte abschließend noch ein anderes, nicht unmittelbar mit den Strafen verbundenes Forschungsergebnis nachdenklich stimmen. Auf die Frage, was junge Studenten in ihrer Kinder- und Jugendzeit besonders unglücklich und traurig gemacht habe, gaben diese den Wissenschaftlern schriftlich zur Antwort: In nur »9 Prozent« (Harris 2000, S. 468; auch im Folgenden) aller Fälle sei es die lieblose und zurückweisende Behandlung seitens ihrer Eltern gewesen, die eine solche Situation bei ihnen ausgelöst habe.

Dagegen berichteten »37 Prozent« der Studenten von Erlebnissen, wo sie sich »von Gleichaltrigen schlecht behandelt« fühlten. Nach ihrer Überzeugung übten gerade diese Geschehnisse einen negativ prägenden Einfluss auf das weitere Leben aus. Das veranlasste die Leiterin der Befragung, Anne-Marie Ambert, zur abschließenden Folgerung, dass der »Missbrauch durch Peers« ein viel größeres Problem ist als bislang angenommen. In den Erinnerungen dieser jungen Leute spielten die Kränkungen und Zurücksetzungen durch die Gleichaltrigen eine weit wichtigere Rolle als die, welche ihnen die Eltern zufügten. »Dieses – durch andere Forscher bestätigte Ergebnis – ist erschreckend«, besonders dann, wenn man glaubt, die Eltern seien für das seelisch-soziale Wohlergehen von Kindern praktisch allein verantwortlich.

Hierbei werden die Umwelteinflüsse durch die Gleichaltrigen, zum Beispiel in Form massiver Streitereien und anderer Verunglimpfungen, welche vorrangig zu den seelischen und sozialen Problemen solcher Kinder führen dürften, ausgeblendet. Zahlreiche Erfahrungsberichte von zuvor mit sich selbst zufriedenen und ausgeglichenen Schülern schildern eindrucksvoll, wie sie sich in ihrem Wesen »sehr rasch veränderten – manchmal bis hin zu seelischen Erkrankungen und schulischer Inkompetenz –, nachdem sie von ihren Altersgenossen abgelehnt und ausgegrenzt worden waren, man über sie geklatscht, sie rassisch diskriminiert, ausgelacht, schikaniert, sexuell belästigt, verhöhnt, verfolgt oder geschlagen hatte«.

Erneut lässt sich daraus schließen, dass weniger die Erziehungseinflüsse der Eltern als mehr die Sozialisationsverhältnisse unter Gleichaltrigen den Ausschlag dafür geben, wie und auf welchen Wegen die Heranwachsenden sich dauerhaft entwickeln.

Mädchen verhalten sich wie Mädchen – Jungen verhalten sich wie Jungen

Was steckt hinter der Meinung, wonach die geschlechtsspezifische Rollenungleichheit zwischen Mädchen und Jungen das herausragende Resultat von Erziehungs- und Sozialisationsfehlern sei? Vertreter dieser Meinung argumentieren außerdem, dass Kinder, wenn sie von Anfang an in keinen geschlechtsspezifischen Rollenzwängen aufwachsen würden, sich zu »ganz anderen« Mädchen und »ganz anderen« Jungen entwickeln könnten.

Die daraus resultierende Konsequenz lautet: Mädchen dürfen nicht nach typisch weiblichen und Jungen nicht nach typisch männlichen Eigenschaften erzogen werden. Einerseits heißt das, Mädchen dürften von klein auf nicht mit Spielzeug in Form von Puppen, Kinderwagen, Küchenherden, Backförmchen, Babyfläschchen und ähnlichen Dingen in Berührung kommen, weil sie bereits dadurch auf ihre künftige Frauen- und Hausmutterrolle fixiert würden. Andererseits bedeutet das, dass man Jungen von klein auf ebenso wenig mit Spielsachen wie Pistolen, Schwertern, Stöcken, Messern, Technobaukästen und ähnlichen Sachen in Kontakt bringen darf, weil sie dadurch auf ihre künftige Männer- und »Macho«rolle fixiert würden.

Wer sich mit dieser populären Denkweise identifiziert, den dürften die weiteren Ausführungen nachdenklich stimmen und ihn in gewichtigen Punkten zu einer differenzierteren Meinung führen. Richten wir unsere Aufmerksamkeit jedoch zunächst auf die folgenden Beispiele aus der Praxis.

Noch vor wenigen Jahren galt es für Sie und in Ihrem Freundeskreis womöglich als selbstverständlich, Ihre Söhne zu »neuen Männern« zu erziehen. Dabei sollten sich die Söhne in ihrem Verhalten wesentlich einfühlsamer und weniger aggressiv entwickeln, weil Sie ihnen den Umgang mit Gewaltspielzeug und -videos vorenthalten und die Kinder darüber hinaus eine aggressionsfreie, sensible Familienatmosphäre vorfinden würden. Jetzt, spätestens nachdem die Jungen im Vorschulalter sind, müssen Sie jedoch feststellen, dass von diesen Verhaltensweisen nicht mehr viel übrig geblieben ist. Ständig spielen die Jungen mit Pistolen und anderen Aggressionsgegenständen und interessieren sich obendrein für gewaltverherrlichende Videos. Zudem lehnen sie es zumeist ab, einfühlsam und gewaltfrei miteinander zu spielen, obwohl Sie von Anfang an die Jungen dazu erzogen haben, wie man »richtig« spielt.

Und wie ist es um das Verhalten Ihrer Mädchen und dem der Mädchen Ihres Freundeskreises bestellt? Auch sie fanden zwischenzeitlich zu den Spiel- und Umgangsweisen zurück, die ihnen von klein auf die Erziehung der Eltern *nicht* vermittelte: Nur ausnahmsweise spielen sie noch mit Bausteinen, Fußbällen oder Pistolen. Stattdessen beschäftigen sie sich die meiste Zeit über mit Puppen, schieben Kinderwagen selbstzufrieden hin und her, sind »weiblich« einfühlsam, tuscheln geheimnisvoll miteinander und erproben sich in »Mutter-Kind-Spielen«.

Ein siebenjähriger Junge berichtet: »Das Ärgste, was ich jemals tat, war, dass ich einer Spielzeugpuppe eine frische Windel umband!« Er erfüllte damit im Rahmen eines wissenschaftlichen Experiments den Wunsch eines Entwicklungspsychologen, vor laufender Videokamera diese Szene darzustellen. Über die Stellungnahme des Jungen war der Psychologe hinterher sehr irritiert.

Als Psychologen ein ebenfalls siebenjähriges Mädchen zu überreden versuchten, sie beim Umherfahren mit einem Spielzeuglastauto filmen zu dürfen, erwies diese sich als standfester als der Junge im eben genannten Beispiel. Sie lehnte mit der selbstbewussten Bemerkung ab: »Zwar hätte es meine Mama gerne, wenn ich das tue, aber ich spiele nicht mit Sachen, mit denen die Buben spielen!«

Woran liegt es, dass die Kinder in den genannten Beispielen ein Verhalten zeigten, das die Eltern und Psychologen mehr als erstaunt(e)? Dabei sagen wir modernen Erwachsenen doch immer wieder zu den Mädchen, sie könnten jederzeit mit Lastwagen, Messern, Technobaukästen und ähnlichen Gegenständen spielen. Ebenso ermuntern wir die Jungen dazu, auch einmal mit Puppen sowie Backformen zu spielen und sich darüber hinaus einfühlsam im Umgang mit anderen Kindern zu geben. Nichtsdestotrotz scheinen unsere Töchter und Söhne immer noch die traditionellen Vorstellungen des geschlechtsspezifischen Rollenverhaltens zu favorisieren.

Bedeutet das, dass sich Mädchen und Jungen – abgesehen von ihren geschlechtsbiologischen Körperunterschieden – in vielen ihrer Spielgewohnheiten und Umgangsweisen voneinander unterschieden? Und sind sie deswegen auch nicht gleich erziehbar? Ja, lautet die eindeutige Antwort!

Fragt man amerikanische und europäische Eltern, ob sie mit Mädchen und Jungen unterschiedlich umgehen würden, so antworten sie größtenteils, das wäre nicht der Fall. Sie behaupten, bei der Förderung und Zuwendung ihren Töchtern und Söhnen gegenüber keine Unterschiede zu machen. Befragt man die Eltern näher dazu, ob sie den Mädchen und Jungen nicht doch gegensätzliche Aufgaben und Rollen zuweisen oder welche Kleidung oder welches Spielzeug sie für sie bevorzugen, dann ergibt sich ein Bild, das sehr wohl Unterschiede aufweist. Auch diese Unterschiede dürften auf dem schon erwähnten Eltern-Kind-Effekt beruhen. Er spiegelt die »Reaktionen auf – und nicht die Gründe für – die Unterschiede zwischen den Söhnen und Töchtern. Jawohl, Eltern kaufen ihren Söhnen Lkws und ihren Töchtern Puppen.« (Harris 2000, S. 327)

Eltern haben gute Gründe dafür, ganz unterschiedliche Spielsachen zu besorgen, da diese den inneren Wünschen und Neigungen ihrer Töchter und Söhne nahe kommen. Handeln Eltern anders, indem sie sich so wie im ersten der oben genannten Beispiele verhalten, dann werden ihre Kinder nach einigen Jahren trotzdem das (Spiel-)Verhalten anzunehmen versuchen, welches Mädchen und Jungen von Geburt an unterschiedlich in sich zu tragen scheinen. Spätestens mit etwa drei Jahren wollen »Mädchen wie andere Mädchen sein (und nicht wie Jungen)«; (Harris 2000, S. 260) und etwa ab dem gleichen Zeitpunkt wollen ebenso die Jungen »wie andere Jungen sein (und nicht wie Mädchen)«. (Ebd.)

Sollte sich also Ihre vierjährige Tochter plötzlich dagegen wehren, ihre heiß geliebte Streifenhose anzuziehen, dann könnte das damit zusammenhängen, dass die Freundin ihr mitteilte, eine solche Hose würden doch nur Jungen tragen. Und ganz ähnlich dürfte es sich verhalten, wenn die Tochter Ihnen eines Tages erklärt, dass Mädchen nicht aus dem

Grund nicht mit Pistolen spielen, weil man damit auf andere Menschen zielt und sie »totschießen« kann, sondern weil die Jungen damit spielen. Die zwei Beispiele veranschaulichen, dass es bestimmt nicht zuallererst an Ihnen und Ihrer Erziehung liegt, wenn sich Ihre Tochter so verhält. Denn ob Sie es begrüßen oder bedauern, dass Ihre Tochter die Streifenhose plötzlich gar nicht mehr toll findet oder dass sie es ablehnt, mit einer Pistole zu spielen, hängt, wenn überhaupt, dann nur sehr bedingt von Ihnen und Ihren Erziehungs»fehlern« ab.

Es sind in allererster Linie die Kinder selbst, die diese Verhaltensveränderungen bewirken. Schon kleine Kinder identifizieren sich weniger als angenommen mit dem, was ihre Eltern und Erzieher sagen und tun. Stattdessen lassen sie sich viel mehr von dem beeinflussen, was sie im Kreise anderer, vor allem gleichgeschlechtlicher Kinder als nachahmenswert erfahren. So identifizieren sich schon Dreijährige als »richtige« Mädchen und Jungen und spielen sowie kommunizieren zusehends mehr getrennt voneinander. Um das fünfte Lebensjahr herum ist es dann so weit, dass praktisch nur noch Mädchen mit Mädchen und Jungen mit Jungen zusammen spielen. Jedoch spielen hierbei nicht nur ihre unterschiedlichen Spiel- und Kommunikationsinteressen eine Rolle, sondern in besonderer Weise die »*Selbstkategorisierung*« (Harris 2000, S. 260).

Selbstkategorisierung heißt, man sieht sich »als Mitglied einer bestimmten Gruppe« (ebd.), der man aus innerer Zuneigung heraus angehören will. Besonders in der mittleren Kindheit kann das zur massiven Identifizierung des Kindes mit seiner (Geschlechts-)Gruppe im Sinne »ewiger« Treue und Verbundenheit führen. Das Kind muss dabei weder sämtliche Gruppenmitglieder mögen noch sie näher kennen. Ihm genügt das Wissen, zusammen mit den anderen ein Angehöriger der gleichen »sozialen Kategorie« (Harris 2000,

S. 252) zu sein. Die Gefahren der Selbstkategorisierung liegen darin, dass Kinder einer Gruppe gegenüber, der sie nicht angehören, mit Argwohn oder sogar Feindschaft begegnen können.

Bereits im Kindergarten sind Ansätze dieses Gruppenverhaltens »Die anderen sind anders« zu beobachten. Das ist besonders dann der Fall, wenn sich die Jungen gegen die Mädchen oder die Mädchen gegen die Jungen verbrüdern beziehungsweise verschwestern. Spätestens ab der Grundschulzeit verstärken sich diese Gruppenabgrenzungsprozesse. Forschungen an Vorschulmädchen und -jungen, die bis zur vierten Grundschulklasse zusammen waren, belegen das eindrucksvoll. Sie zeigen, dass die Mädchen die Jungen und die Jungen die Mädchen immer weniger gerne hatten. Als man einige Jungen aus der Grundschulklasse bat, sie sollten die Mädchen aufzählen, die sie nicht leiden konnten, gaben die meisten zur Antwort, die Frage sei falsch gestellt, weil sie »*alle* Mädchen in ihrer Klasse nicht mochten!« (Harris 2000, S. 264) Zu ähnlichen Ergebnissen gelangen weitere amerikanische Untersuchungen. An Kindern, die die sechste Klasse einer rassenintegrierten Schule besuchten, wurde festgestellt, dass sich von Zeit zu Zeit beim Essen ein zum Beispiel weißer Junge neben einen farbigen Jungen setzte. Dagegen kam es praktisch nie vor, »dass sich jemand neben ein Kind anderen Geschlechts setzte. Eher nahmen Kinder den Zorn ihres Lehrers in Kauf, als sich einer Gruppe des ›falschen‹ Geschlechts anzuschließen.« (Harris 2000, S. 261)

Wie klar und kompromisslos sich Mädchen- und Jungengruppen voneinander abzugrenzen vermögen, belegt ebenfalls der Kommentar eines elfjährigen Mädchens. Auf die Frage von Psychologen, was ihre Freundinnen unternehmen würden, wenn sie sich in der Schulbank absichtlich neben einen Jungen setzen würde, gab sie zur Antwort: »Sie würden mich verachten und ich hätte sie als Freundinnen für lange Zeit verloren. Zöge ich dagegen meine Schuhe falsch herum an, wäre das längst nicht so schlimm, denn dafür würde ich von ihnen nur ein paar Tage lang ausgelacht.«

Ziehen wir ein kurzes Zwischenfazit: Besonders dann, wenn Mädchen und Jungen die gleiche Schule besuchen, treten ihre unterschiedlichen Verhaltensweisen extrem stark hervor. Dabei ist es unerheblich, ob ihre Väter zu Hause die Rolle des »sanften« Hausmannes übernehmen und ihre Mütter die »harte« Rolle der Schreinerin oder Kraftfahrzeugmechanikerin ausüben. Trotzdem werden ihre Söhne dazu neigen, »Räuber und Gendarm« oder Rugby zu spielen, und die Mädchen werden sich mit dem Springseil vergnügen oder herzzerreißende Liebesromane lesen. Die Eltern mögen weiterhin glauben, Mädchen und Jungen wären grundsätzlich gleich. Aber ihre Kinder sind in dem Punkt ganz anderer Meinung als sie ...

Natürlich verhalten sich nicht immer *alle* Mädchen- und Jungengruppen in ihren gegenseitigen Abgrenzungsversuchen derart extrem zueinander, und ebenso sind es nicht *alle* Mädchen, die so wenig von den Jungen, und nicht *alle* Jungen, die so wenig von den Mädchen wissen wollen. Denn es existiert nirgendwo eine Regel ohne Ausnahme, und insofern gibt es Kinder, die das Gesetz der Selbstkategorisierung durchbrechen. So schrecken manche Jungen vor der Rohheit und dem Konkurrenzverhalten in Peergroups zurück und entwickeln sich (in der Schule) zu Einzelgängern. Ähnlich verhält es sich bei den Mädchen. Des Öfteren möchten sie lieber mit Jungen zusammen sein und sich mit ihnen im Spiel messen, zum Beispiel, wenn sie »gut genug im Sport« (Harris 2000, S. 342) oder besonders hübsch sind und deshalb von den Jungen anerkannt werden.

Aber auch das ändert nichts an der Tatsache, dass die Rollenidentität sechs- bis zwölfjähriger Kinder generell von geschlechtsspezifischen Merkmalen bestimmt ist. Das lässt sich auch nicht durch den Einwand entkräften, dass sich manche Mädchen und Jungen während dieser Zeit ineinander »verknallen« und Freundschaften in Form tieferer Zweierbeziehungen eingehen. So richtig das einerseits ist, so wenig Bedeutung hat dieser Umstand andererseits in dem Zusammenhang. Da Zweierbeziehungen in Mädchen- und Jungengemeinschaften nicht geschätzt sind, sondern außerhalb von ihnen – in der privaten Intimsphäre – abzulaufen haben, tragen sie auch nichts zur Annäherung von Mädchen- und Jungengruppen bei. »Freundschaften und Romanzen sind persönliche Beziehungen« (Harris 2000, S. 344) und dürfen nicht mit dem Bewusstsein des Gruppenverhaltens verwechselt werden, »dass man die eigene Gruppe am liebsten mag. Gruppendenken und persönliche Beziehungen folgen unterschiedlichen Regeln, haben verschiedene Gründe und Auswirkungen.« (Ebd.) Das heißt, eine Mädchen- und Jungenfreundschaft ist kein Freibrief für beide Partner, sich innerhalb ihrer jeweiligen Gruppen anders als die restlichen Gruppenmitglieder zu verhalten. Ein Gruppenmitglied zu sein bedeutet, sich den Gesetzen anzupassen, die in der Gruppe vorherrschen; es sei denn, man wünscht sich Ärger durch die Mitglieder oder möchte sogar seinen Ausschluss aus der Gemeinschaft provozieren.

Deshalb sei noch einmal in Erinnerung gerufen, wie stark sich Kinder in den Gruppen selbst sozialisieren. Nicht ihre Eltern sind es, die hierbei einen maßgebenden Einfluss auf die Gruppenwerte und -normen der Kinder ausüben. Warum sollte ihr Einfluss auch von so großem Gewicht sein, wo es doch darum geht, dass Kinder mit Kindern und nicht Kinder mit Erwachsenen in altersgleichen Gruppen miteinander verkehren! Folglich entscheiden in den allermeisten Fällen die Kinder untereinander, in welchen Formen und in welchem Ausmaß die Selbstkategorisierung ihrer Mädchen- und Jungenrolle ausfällt.

Die daraus entstehenden Verhaltensweisen sind das überwiegende Ergebnis eines Lernprozesses. Dieser zeigt ihnen, wie man in (Gleichaltrigen-)Gruppen seinen Platz findet und gegenseitig Anerkennung findet. Der in Mädchen- und Jungengruppen ablaufende Selbstkategorisierungsprozess führt somit zu einer der für Kinder wichtigsten sozialpsychologisch prägenden Erfahrungen. Sie sind weit mehr als nur das Ergebnis genetisch vorprogrammierter Geschlechtsunterschiede. Trotzdem spielen auch die genetischen Kräfte eine richtungsweisende Rolle bei der Frage nach den Ursprüngen ungleicher Verhaltensweisen zwischen Mädchen und Jungen. Wer sich darüber hinwegzusetzen glaubt, verweigert dem Kind die Chancen für eine sinnstiftende Erziehung und Sozialisation.

Östrogene und »Rechtslastigkeit« sind mädchen-like – Testosterone und »Linkslastigkeit« sind jungen-like

Seit einigen Jahren sind sich nicht nur die Gehirn- und Hormonforscher, sondern auch eine zunehmend größere Anzahl von Psychologen darin einig, dass das unterschiedliche Verhalten zwischen Mädchen und Jungen auf *biologische Ursachen* zurückzuführen ist. Zum Menschen zu werden beruht auf dem Vorgang der Befruchtung, bei dem die weibliche Eizelle mit der männlichen Samenzelle verschmilzt. Biologisch gesehen ist der Mensch ein Wesen, das sich, vereinfacht ausgedrückt, primär aus genetischen Merkmalen und Eigenschaften zusammensetzt. Diese bedingen wiederum chemisch-hormonelle Vorgänge, die die Entwicklung und das Verhalten des Individuums steuern. Im Befruchtungsvorgang fällt außerdem die Entscheidung darüber, welches Geschlecht und welche Hormone der künftige Mensch besitzen wird. Beim Mädchen heißen sie *Östrogene*. Beim Jungen sind sie als *Androgene* bekannt, die sich besonders in Form des Sexualhormons *Testosteron* bemerkbar machen.

Sowohl die Östrogene als auch die Androgene üben einen merklichen vorgeburtlichen Einfluss auf die *Gehirnentwicklung* des Mädchens beziehungsweise des Jungen aus. Wie im Folgenden noch näher ausgeführt, beeinflussen sie das unterschiedliche Denken, Fühlen und Handeln der beiden Geschlechter besonders nach der Geburt. Da die hormonelle Gehirnprägung überwiegend bereits während der Schwangerschaft in Gang gesetzt wird, verläuft sie in aller Regel unabhängig von medizinischen, ökologischen oder anderen Umwelteinflüssen. Darüber hinaus wird der Aufbau hormoneller Gehirnfunktionen zweifelsohne von *keinen* Erziehungseinwirkungen gestört.

Halten wir zunächst Ausschau danach, inwieweit es einen Zusammenhang zwischen dem psychosozialen Grundverhalten von Mädchen und ihrem Östrogenhaushalt gibt.

Mädchen neigen vor allem untereinander dazu, enge, verbindliche und intime Freundschaftsbeziehungen zu pflegen und offenen Feindschaften innerhalb des eigenen Geschlechts aus dem Weg zu gehen. Sofern sie sich an ihren Gegnerinnen rächen wollen, versuchen sie das zumeist indirekt über andere Freundinnen oder Freunde zu tun. Im Weiteren liegt Mädchen wenig daran, ihren Freundinnen und Freunden in der Befehlsform zu begegnen, da sie mehr von der Kooperation halten und sich zudem als nett, zuvorkommend, einfühlsam, sanft und harmoniebedürftig zeigen wollen. Und auch mit der Anführerinnenrolle haben sie oft große innere Probleme. Sie befürchten, sich den Vorwurf einzuhandeln, »hochnäsig zu sein oder andere gern herumzukommandieren«. (Harris 2000, S. 346) Außerdem erscheinen Mädchen – spätestens dann, wenn man sie mit Jungen vergleicht – häuslicher, aggressionsfreier, kompromissbereiter, nachgiebiger, diplomatischer, kinderliebender, anhänglicher, zurückhaltender, verlässlicher, gefühls- und herzbezogener, dafür aber weniger rational-kopfgesteuert.

Sind die aufgeführten Eigenschaften das Produkt einer emanzipationsfeindlichen Sichtweise, die von Menschen stammt, welche das alte gesellschaftliche Mädchen- und Frauenbild aufrechterhalten wollen? Keinesfalls! Seit geraumer Zeit existieren vielfältige Belege, die den Östrogenen einen gewichtigen Anteil bei der Entstehung weiblicher Denk-, Gefühls- und Handlungsweisen beimessen. An Mädchen, die unter der hormonellen Störung »adrenale Hyperplasie« leiden, wurde festgestellt, dass bereits »in der pränatalen Phase das sich entwickelnde Gehirn des weiblichen ... Fötus« (Rowe 1997, S. 213) mit zu viel männlichem Testosteron versorgt wurde. Praktisch bedeutet das, ihr Gehirn erhielt nicht die nötige Menge an Östrogen, welche zu einer gesunden weiblichen Gehirnentwicklung notwendig gewesen wäre.

Jahre später, als diese Mädchen in ihrem Spielverhalten untersucht wurden und man ihnen Mädchen- sowie Jungenspielzeug zur freien Auswahl vorlegte, bot sich folgendes Bild: Sie bevorzugten weitaus mehr typisches Jungenspielzeug (Hubschrauber, Autos, Feuerwehren und Bauklötze). Dagegen zeigten sie deutlich weniger Interesse an typischem Mädchenspielzeug (Puppen, Küchenutensilien, Buntstifte und Malpapier). Bei den Untersuchungen wurden die an Östrogenmangel leidenden Mädchen zudem einer Vergleichsgruppe gegenübergestellt, deren Östrogenspiegel normal war. Hierbei maß man die Zeit, wie lange und mit welcher Art von Spielzeug sich die Mädchen der beiden Gruppen beschäftigten. Das Ergebnis zeigte noch eindeutigere Aussagen: Die durchschnittliche Beschäftigungszeit mit jungentypischem Spielzeug war bei den östrogengeschädigten Mädchen doppelt so hoch wie bei denen der Vergleichsgruppe. Beim Umgang mit dem mädchentypischen Spielzeug war es umgekehrt: Hier spielten die Mädchen mit einem gesunden Östrogenspiegel viel länger damit als die Vergleichsgruppe. (Rowe 1997, S. 213)

Aber nicht nur auf dem Gebiet des Spielens zeigen an Östrogenmangel leidende Kinder andere Verhaltenszüge als davon nicht betroffene Mädchen. Sie neigen, generell gesehen, zu maskulineren Umgangsformen im Zeichen verstärkter Aggressivität und dem Drang, mehr mit Jungen als mit Mädchen zusammen sein zu wollen. Und nicht zuletzt sind sie als Jugendliche und junge Erwachsene stärker auf die berufliche Karriere und das Geldverdienen ausgerichtet als »normale« Mädchen.

Und wie ist es um das Verhalten der Jungen bestellt? Auch bei ihnen führt bereits während der Schwangerschaft ein Zuviel oder Zuwenig an Testosteron zu fehlerhaften Gehirnfunktionen. Ihr persönliches wie soziales Verhalten ist erkennbar anders als bei Jungen, die über einen normalen Testosteronspiegel verfügen. Je niedriger ihr Testosteronspiegel ist, desto mehr führt er zu weiblichen Umgangsformen. Solche Jungen geben sich nicht so aggressiv. Dafür zeigen sie sich sensibler und nach »innen« gewandt. Sie interessieren sich mehr für ästhetische Dinge und können sich in das weibliche Wesen besser hineinversetzen, sodass sie einen dementsprechend anderen Umgangsstil mit ihm pflegen. Beim Wahrnehmen steht nicht das nüchterne und oft spontan unüberlegte »Hauruck-Handeln« im Vordergrund, sondern das gefühlsbetonte Abwägen und Entscheiden für etwas.

Je höhere Werte der Testosteronspiegel von Jungen dagegen aufweist, desto mehr trägt er zur Verstärkung ihrer männlichen Verhaltensmerkmale bei. Das bedeutet, Jungen, die aufgrund vorgeburtlicher Hormonstörungen überhöhte Testosteronwerte aufweisen, sind gefährdet, besonders aggressive und unüberlegte Handlungen zu begehen. Davon abgesehen besteht auch schon bei Jungen, deren Testosteronspiegel im oberen Grenzbereich der Normalwerte liegt, die Tendenz zu einer erhöhten Aggressionsbereitschaft.

In Wissenschaftskreisen ist es zwischenzeitlich unbestritten, dass ein klarer »Zusammenhang zwischen Testosteron und Aggression« (Hamer/Copeland 1998, S. 134; auch im Folgenden) besteht. Zu diesem Schluss kommt nicht nur die Studie »an 4462 ehemaligen amerikanischen Militärbediensteten« gleichen Alters. Als ihre Testosteronspiegel gemessen wurden, ergab sich bei den Testpersonen mit hohen Werten ein umso häufiger zu beobachtendes »unsoziales Verhalten: Überfall, körperliche Aggression, unerlaubtes Fernbleiben von der Truppe, (gehäufte) Probleme mit Eltern, Lehrern und Gleichaltrigen«. Außerdem wurde bei ihnen ein überdurchschnittlich hoher Alkohol- und Drogengebrauch festgestellt, der mit einem häufigen Wechsel von Sexualpartnern einherging. Weitere Untersuchungen an Sportlern bestätigten die Testosteron-Aggressions-Wechselwirkung. Bei Eishockeyspielern stellte man zum Beispiel fest, dass ihre Testosteronwerte umso höher waren, je aggressiver sie um den Puck kämpften. Und bei den Judokas verhielt es sich ebenso: Je aggressiver sie ihre Kampfsprüche den Gegnern ins Gesicht schmetterten und je weniger sie bereit waren, Niederlagen zu akzeptieren, desto höher stieg ihr Testosteronspiegel.

Da sich diese gehirn-hormonellen Vorgänge nicht nur bei Menschen, sondern bei nahezu allen höher entwickelten Tieren nachweisen lassen, deutet alles darauf hin, dass es sich hierbei um ein zuallererst biologisches Ergebnis der Evolution handelt und die menschliche Aggression auf biologisch-hormonellen Grundlagen aufbaut. Folglich kann *nicht* davon ausgegangen werden, den *Ursprung* der Aggression

in den Lern- und Erziehungsvorgängen, sondern vielmehr in
der »Biologie des Gehirns« (Rowe 1997, S. 216) zu erkennen. Ebenso falsch ist es zu glauben, die unterschiedlichen
Aggressionspotenziale von Mädchen und Jungen könnten
durch eine gleichmacherische Erziehung und Sozialisation
ausgeglichen werden, zumal die Gehirne der Mädchen als
auch die der Jungen jeweils *unterschiedlich* darauf vorprogrammiert sind, auf Aggressionen zu reagieren: »Doch eines
kann Testosteron – oder irgendein anderer chemischer Stoff
im Gehirn – nicht leisten« (Hamer/Copeland 1998, S. 136):
vorauszubestimmen, auf welchen Wegen, mit welchen Mitteln und in welchem Umfang Mädchen und Jungen ihr Verhalten jeweils ausdrücken.

Aber längst nicht nur das Testosteron und das Östrogen
lösen bestimmte chemische Gehirnreaktionen aus. Wenn beispielsweise eine Mutter ihr Kind streichelt und liebkost,
kommt es zu einer chemischen Wechselwirkung zwischen
dem Hypothalamus (Teil des Zwischenhirns) und der Hypo-
physe (Hirnanhangdrüse). Sie dient als »Basis für die Prägung der Gefühle«. (Pöppel/Edingshaus 1994, S. 41; auch
im Folgenden). Allgemein ausgedrückt wird also das »Erleben und Verhalten ... von den chemischen Übertragungs-
stoffen im Gehirn gesteuert«.

Wenn wir im Weiteren einen kurzen Blick auf die Anato-
mie des menschlichen Gehirns werfen, zeigt sich, dass es sich
unter anderem aus einem *linken* und einem *rechten* Teil zusammensetzt. Bei näherer Betrachtung lassen sich jeweils
»unterschiedliche Hirnmechanismen« erkennen, denen bestimmte weibliche und männliche Eigenschaften zugeordnet
sind. Obwohl jede der beiden Gehirnhälften einen erstaun-
lichen Grad an Unabhängigkeit aufweist, behält im Regelfall
dennoch die eine über die andere die Oberhand.

Ungeachtet dessen, warum die Evolution das so einge-
richtet hat, besteht Übereinkunft darin, dass in der linken

Gehirnhälfte überwiegend die analytischen, logischen, verbalen, intellektuellen und im Wesentlichen »jungenhaften« beziehungsweise »männlichen« Aktivitäten ihren Sitz haben. Dagegen finden sich in der rechten Gehirnseite hauptsächlich die motivationalen, musikalischen, räumlichen, intuitiven und damit »mädchenhaften« beziehungsweise »weiblichen« Aktivitäten. Kurzum, in der linken Gehirnseite sitzt mehr der kühl denkende Stratege und »Macher«, während in der rechten der kreative und emotionale »Träumer« zu Hause ist. Wenn man also als Kind Schriftsteller(in) oder Wissenschaftler(in) werden will, dürfte sich eine Verletzung der linken Gehirnhälfte auf dieses Ziel negativ auswirken. Will das Kind dagegen Musiker(in) oder Künstler(in) werden, so bedeutet eine Schädigung der rechten Gehirnhälfte wahrscheinlich das vorzeitige Aus für diese künftige Karriere.

Das darf aber nicht zu dem Schluss verleiten, dass in solchen Fällen eine der beiden Gehirnhälften nicht bestimmte Funktionen der anderen übernehmen könnte. Die linke Gehirnseite steht nämlich mit der rechten Körperhälfte in Verbindung, und die rechte Gehirnseite mit der linken Körperhälfte. Das belegen die Aufsehen erregenden Versuche von Professor Roger Sperry, die er an Epileptikern durchführte. Er durchtrennte deren Gehirnhälften am so genannten Balken (dem Verbindungsstrang zwischen der linken und der rechten Gehirnhälfte), um weitere epileptische Anfälle bei seinen Patienten zu verhindern. Dabei zeigte sich hinterher, dass die linke Gehirnhälfte manchmal nicht »wusste«, was die rechte tat.

Einem Patienten wurden zum Beispiel die Augen verbunden, dann wurde ihm eine Gabel in die *linke* Hand gedrückt. Der Patient gab zwar durch entsprechende Zeichen zu erkennen, dass er wusste, was er in der Hand hielt, aber der Begriff »Gabel« fiel ihm schlichtweg nicht ein. Er ertastete diese Gabel auch aus einer Anzahl anderer Gegenstände mit seiner linken Hand, konnte das Wort »Gabel« aber nicht über seine Lippen bringen. Daraufhin wurde die Versuchsperson, nach wie vor mit verbundenen Augen, aufgefordert, die Gabel irgendwo mit der *rechten* Hand herauszusuchen, was die linke Gehirnhälfte zur Arbeit aktivierte. Ebenso schnell wie die Gabel herausgesucht war, sprach die Versuchsperson auch das Wort »Gabel« aus.

Sperrys Versuche bestätigen, dass sich die beiden Gehirnhälften gegebenenfalls ins Gehege kommen können. Außerdem scheint die linke Gehirnhemisphäre ihrem rechten Zwillingsbruder nicht recht zu vertrauen. Das erkannte Sperry an einem Patienten und dessen Frau, die sich kaum über »diese unheimliche linke Hand« (Pöppel/Edingshaus 1994, S. 57) beruhigen konnten. Manchmal stieß nämlich die Linke des Ehemanns seine Frau aggressiv weg, während die rechte Hand – oder vielmehr die linke Gehirnhemisphäre – gleichzeitig Hilfe suchend nach ihr griff. Beide Gehirnhälften trugen einen Konflikt miteinander aus. Während sich die rechte Hemisphäre außerordentlich geschickt in der Bewältigung manueller Aufgaben zeigte, versagte sie total, als sie die Summe von vier plus vier nennen sollte.

Liegen dagegen keine Beeinträchtigungen oder Schädigungen der beiden Gehirnhälften vor, stehen sie auf natürliche Weise in einem Wechselspiel zueinander, wenngleich auch in diesem Falle eine der beiden im weiblichen oder männlichen Sinne über die andere dominiert. Das erklärt auch, warum die (geschlechtsspezifischen) Anlagen, Talente und Persönlichkeitsmerkmale eines jeden Individuums unterschiedlich zum Ausdruck kommen.

Darüber hinaus kann festgestellt werden, dass sich in der »Links-Rechts-Gehirnkonstellation« ebenfalls die Konflikte zwischen Verstand und Gefühl, Logik und Intuition, Kopf und Herz wieder finden. Unter Zuhilfenahme dieser Konstellation lassen sich auch eine Reihe der Mädchen-Jungen-Unterschiede erklären.

Wählen wir als Beispiel hierzu die *Intelligenz*. Oft wird von ihr in bekannter »Stammtischmentalität« behauptet, sie gehöre dem männlichen Wesen weit mehr an als dem weiblichen Wesen. Verhält es sich aber wirklich so, dass sich Mädchen und Jungen in der Ausprägung ihrer gehirnorganischen Intelligenz voneinander unterscheiden? Allein die Frage ist so nicht richtig gestellt. Sie muss vielmehr lauten: In welchen *Bereichen* der Intelligenz treten die Unterschiede zwischen Mädchen und Jungen zutage? Folglich geht es nicht um die unsinnige Behauptung, wonach Mädchen von Anfang an »dümmer« als Jungen und Jungen »gescheiter« als Mädchen seien. Stattdessen handelt es sich um die Frage nach der jeweils unterschiedlichen Beschaffenheit ihrer In-telligenz*felder*.

Statistisch gesehen unterscheiden sie sich tatsächlich in mehreren Bereichen sichtbar voneinander. So zeigt bei Jungen besonders das Denk-, Orientierungs- und Raumvorstellungsvermögen – und damit die »Fähigkeit, sich Figuren im Raum vorzustellen und im Geist mit diesen Vorstellungen zu arbeiten« (Zimmer 1989, S. 208) – eine überdurchschnittlich stärkere Ausprägung, als das bei Mädchen der Fall ist. Diese wiederum sind den Jungen in der sprachlichen Ausdrucksweise und Wortflüssigkeit sowie »in der Geschicklichkeit der Hände« (ebd.) öfter überlegen. Die Unterschiede zeigen sich sehr früh und sind in erster Linie biologischer Herkunft.

Aber noch ein weiterer Unterschied tritt zusehends klarer hervor. Während in den ersten Grundschuljahren die Rechenleistungen von Mädchen und Jungen relativ gleich sind, ändert sich das um das zwölfte Lebensjahr herum. Ab der Zeit fangen die Jungen an, den Mädchen in den mathematischen Denkleistungen vorauszueilen. Je größer die dahin gehenden Begabungsunterschiede sind, desto wahrscheinlicher ist es, dass sie den Jungen zugerechnet werden müssen, und zwar deshalb, weil sie, anders als die Mädchen, über eine ausgeprägtere linkshemisphärische Raumvorstellungsintelligenz verfügen. Sie ermöglicht ihnen ein abstrakteres, »mathematischeres Denken (im Unterschied zum arithmetischen Rechnen, bei dem Mädchen teilweise sogar besser abschneiden)«. (Zimmer 1989, S. 76)

Abermals ist zu erkennen, dass sich die intellektuelle Unterschiedlichkeit zwischen Jungen und Mädchen nicht nur auf ihre verschiedene Erziehung und Sozialisation zurückführen lässt. Sämtliche wissenschaftlichen Bemühungen, die bislang das Gegenteil davon nachweisen wollten, schlugen in dem Zusammenhang fehl. Das heißt: Auch wenn alles dafür spricht, dass das geschlechtsunterschiedliche Verhalten von Kindern bei weitem mehr ausmacht als die Summe ihrer biologischen Vorprägungen – und somit die Sozialisations- und Erziehungseinflüsse mit ihren »Erwartungen, Ermutigungen, Entmutigungen« (Zimmer 1989, S. 209) eine gewichtige Rolle spielen –, werden die Bemühungen trotzdem zumeist nur die Richtung nehmen, welche die biologische Natur des Kindes ihm a priori »in die Wiege« gelegt hat.

Zusammenfassung

Nachdem wir weitere Wesensmerkmale gefunden haben, die für ein sinngerechtes und gedeihliches Aufwachsen unserer Kinder nötig sind, zeigt sich, in welcher Gegensätzlichkeit diese oft zur herkömmlichen Erziehungspraxis stehen. Wie an anderer Stelle schon bemerkt, beruht die heutige Erziehungswirklichkeit oft auf Expertenmeinungen und -ratschlägen, die nur sehr begrenzt mit den tatsächlichen Gegebenheiten und Bedürfnissen von Kindern im Einklang stehen. In vielen Punkten sind sie falsch beziehungsweise unausgewogen und schaden den Eltern in ihren Erziehungsbemühungen letztlich mehr, als dass sie ihnen helfen. Das heißt, die Ratschläge gehen mit Handlungsanweisungen einher, die in Wirklichkeit häufig zu noch mehr und fataleren Erziehungsfehlern führen, als wenn die Eltern auf sie verzichten würden.

Wer unter Missachtung oder Verdrehung menschenkundlicher Erziehungsgrundlagen Eltern und Erziehern zum Beispiel sagt, die Bestrafung, die Autoritätsausübung und die Ungleichbehandlung gegenüber Kindern wären nur negativ, weil sie eklatante »demokratische Prinzipien« verletzen würden, der täuscht damit nicht nur sie, sondern vor allem auch die Kinder. Damit verbunden bewirken solche unsinnigen Ratschläge, dass die Eltern bei der Suche nach einer vernunftbezogenen Erziehung die biologischen Grundgegebenheiten des Kindes aus den Augen verlieren. Damit wird den Erziehenden vorenthalten, was Kinder von ihren Grundfesten her sind, wie sie *ganzheitlich* – und nicht nur psychologisch und pädagogisch – behandelt werden möchten und mit welchen Mitteln und auf welchen Wegen das am geeignetsten geschehen soll. In dem Zusammenhang ist es von größter Bedeutung, die Eltern und Erzieher noch einmal besonders an Folgendes zu erinnern:

Abgesehen von den ersten ein bis drei Lebensjahren sind Kinder mindestens ebenso sehr Kinder-Kinder- wie Kinder-Eltern-Wesen. Mit zunehmendem Alter orientieren sie sich in ihren Verhaltens- und Lebenseinstellungen immer mehr an denen der Gleichaltrigen. Daraus darf nicht der Schluss gezogen werden, Kinder würden deshalb ihre Eltern nicht mehr lieben und sie (innerlich) ablehnen. Vielmehr tun sie nur das, was Kinder seit Menschengedenken immer schon versuchten: sich von den Erwachsenen selbstständig(er) zu machen. Mit wem sonst, wenn nicht mit den Gleichaltrigen, könnten die Kinder das Ziel der Selbstständigkeitswerdung besser erreichen? Im (spielenden) Zusammensein mit ihnen äußern, entdecken und durchleben sie ihre Interessen – ihr »Sosein« – zum Beispiel in Form von Begabungen, Fertigkeiten, Idealen und Gemeinsamkeiten, aber auch in Form von zwischenmenschlichen Gegensätzen, Schwächen und Abneigungen.

Warum sollten die Heranwachsenden im Rahmen dieser Lern- und Selbstständigkeitserfahrungen die Eltern als »erste Partner« dafür auserwählen? Aus Sicht der Kinder haben die Eltern in diesen und jenen Angelegenheiten bereits ihre eigenen Vorstellungen und Urteile über die »Dinge des Lebens« erworben. Deshalb stehen sie den Aktivitäten, Schwärmereien und Meinungen ihrer Kinder oft starr, begeisterungsschwach, altmodisch und abweisend gegenüber. So gesehen sind »Kinder die ›moderneren‹ Menschen. Veränderungen, die Erwachsenen Sorgen bereiten ... sind Kindern selbstverständlich« (Bundesministerium für Familie, Senioren, Frauen und Jugend 1998, S. 288), weil sie naturgemäß in vielen Bereichen ihres Lebens anders sein wollen als die konservativen »Alten«. Schon deshalb ist es irrig, in der prägenden Kraft des Vorbildes von Eltern und anderen Erwachsenen *das* Erfolg versprechende Erziehungsmittel zu sehen. Trotz aller Liebe und Zuneigung, die die Heranwachsenden den Eltern gegenüber weiterhin verspüren, können sie vor allem aus den oben genannten Gründen nicht die bevorzugten Partner sein, mit denen man sich auf die Suche nach dem »Anderssein« macht.

In diesem »Andersseinwollen« – und damit in der Abgrenzung zu den Erwachsenen – liegt das Hauptmotiv, warum sich Kinder und Jugendliche in Peergroups zusammenschließen. Sie sind der Ort, wo man alternative Lebens- und Umgangsformen experimentell zu entwickeln und gemeinsam umzusetzen versucht. In den Peergroups erfüllen sich die Heranwachsenden die Wünsche, dass »Probieren über Studieren geht« und es keine »Weisheit ohne Erlebnisse« gibt. Kurzum, im Kreise Gleichgesinnter wird vieles von dem erlernt, was sowohl der existenziellen Persönlichkeitserfahrung sich selbst wie auch anderen Gleichaltrigen gegenüber dient.

Über diese Bedürfnisse und Vorgänge Heranwachsender Bescheid zu wissen heißt zugleich für Eltern, Kinder in ihrem Grundwesen zu verstehen, zu akzeptieren und zu fördern. Im Grundwesen der Kinder verkörpert sich ihr biologisch-psychologisch-geistiges Geschaffensein. Indem dieses eng mit den Genen zusammenhängt, stellt es den »ersten Grund« dar, an dem sich die Erziehungs- und Sozialisationsprozesse – als »zweiter Grund« – auszurichten haben – und nicht umgekehrt.

Je besser es den Eltern gelingt, diese Einsicht im Erziehungsalltag umzusetzen, desto mehr können sie von Anfang an eine dementsprechend individuelle, gelassene und illusionsfreie Beziehung den Kindern gegenüber pflegen. Es gelingt ihnen, den jungen Menschen das Maß an Liebe, Zuneigung und Verständnis sowohl in Form von Freiheit als auch von Freiheitsbegrenzung zu schenken, das sie in jeweils ganz unterschiedlicher Quantität wie Qualität benötigen und erwarten. Verfügen Eltern über ein solches *praktisches* Erziehungsbewusstsein, erkennen sie außerdem, dass Kinder bereits von Geburt an nicht nur ihr ganz individuelles, sondern auch ein *kollektives* Schicksal *tendenziell* in sich tragen. Denn Kinder sind das, was sie sind: Ihr »Sosein« signalisiert ihnen einerseits, sich sowohl alleine wie auch im Kreis ihrer Altersgenossen selbst entdecken und organisieren zu wollen, um damit selbstständiger zu werden. Andererseits erwarten sie bei diesen Lernerfahrungen, dass sie von den Eltern und Erwachsenen nicht grenzen-, orientierungs- und interesselos allein gelassen werden. Vielmehr möchten sie von ihnen auch engagiert begleitet werden und dabei sich immer wieder einmal ermahnt und kontrolliert wissen.

Je mehr in diesem wechselseitigen Prozess die Erziehungs- und Sozialisationseinflüsse auf das genetisch vorgeprägte Grundwesen (zum Beispiel in Form der Temperamente und Begabungen) der Kinder Rücksicht nehmen, umso wahrscheinlicher ist es, dass sie sich in ihrer Persönlichkeitsentwicklung selbst entdecken und zu dem werden, was sie »wirklich« sind. Und umgekehrt gilt genauso: Je weniger in diesem wechselseitigen Prozess die Erziehungs- und Sozialisationseinflüsse auf das genetisch vorgeprägte Grundwesen der Kinder Rücksicht nehmen, umso unwahrscheinlicher ist es, dass sie sich in ihrer Persönlichkeitsentwicklung selbst entdecken und zu dem werden, was sie »wirklich« sind.

Die »Schuld« der Medien

Es ist oft nicht mehr nachvollziehbar, wenn von verschiedensten Seiten der Gesellschaft den Medien quasi die Allein- oder Hauptschuld am Misslingen der Erziehung angelastet wird. Nicht wenige Eltern und Erziehungsinstanzen sprechen sich zwischenzeitlich rigoros gegen das Fernsehen der Kinder aus, da sie in seiner Existenz das eigentliche Erziehungsübel zu erkennen glauben. Dem Fernsehen (und auch den Computer- und Videospielen) wird eine Sündenbock- rolle für all das zuteil, was bei näherem Hinsehen oft mit den Erziehungsschwierigkeiten der Erwachsenen zusammen- hängt, die *sie* ihren Kindern gegenüber haben.

Zum Beispiel wird dem Fernsehen vorgeworfen, ein Zer- störer der unbeschwerten Kindheit zu sein, indem es den Heranwachsenden selbst noch die letzten Geheimnisse, Inti- mitäten, Wünsche und Grausamkeiten des Lebens direkt ins Kinderzimmer liefere. Moralische Entwurzelung, Aggres- sions- und Gewaltbereitschaft, visuelle Medienabhängigkeit und vieles andere mehr seien die Folgen davon. Zugleich er- klärten sich damit die Unkonzentriertheit, Unausgeschlafen- heit, Schulproblematik und Kommunikationsschwäche der Kinder. Folglich sei es so, dass sich die genannten Eigen- schaften so gut wie ausschließlich auf den »ersten und besten Partner« der Kinder – das Fernsehen – zurückführen ließen.

Was ist wahr an solchen undifferenzierten Beschuldigun- gen? Unbestritten hat die Medienpräsenz bei den Kindern dazu geführt, dass sie ihr heutiges Aufwachsen ganz anders erleben als in früheren Zeiten. Besonders das Fernsehen ist zum Fenster geworden, von dem aus sie auf unsere Gesell- schaft und darüber hinaus auf die gesamte Welt blicken. Die

Bilder, die über den Fernsehschirm in ihre Köpfe und Seelen gelangen, scheinen sie, je nach Alter, auf jeweils ganz bestimmte Art zu prägen und ihnen eine Welt vorzugaukeln, die in vielerlei Hinsicht nicht den »wirklichen« Lebensbedürfnissen und -zielen Heranwachsender entspricht. Ob es die *Teletubbies* oder die *Sesamstraße*-Puppen, die Lebensretter in der TV-Serie *Baywatch*, die Liebes- und Familienprobleme in *Gute Zeiten, schlechte Zeiten* und *Marienhof*, die zahlreichen Talkshows, die Gewalt-, Sex- und Erotikszenen in den Spielfilmen oder die Tagesnachrichten sind: Sie zeigen aus den verschiedensten Blickwinkeln, was es alles an Interessantem, Wissens- und Nachahmenswertem, an Gutem und Schlechten auf der Welt gibt.

Die von außen her auf die Kinder einströmenden vielschichtigen Informationen stehen oft in keinem realistischen Zusammenhang mit den Erfahrungen, die sie mit sich selbst und der eigenen Lebensumwelt sammeln. Das heißt, in einer Reihe von Situationen werden die Kinder durch die Fernsehbilder und -informationen nicht nur altersgemäß überfordert, sondern auch in ihrer Realitätsentwicklung behindert und getäuscht. Das kann sich beispielsweise darin zeigen, dass sie sich damit identifizieren, im Zeichen einer »guten und gerechten Sache« sich genauso mutig, stark und gewaltsam ihrem Gegner und Feind gegenüber zu verhalten, wie sie das von diversen Superhelden aus dem Fernsehen oder den Videospielen her kennen. Oder die Kinder gewinnen den Eindruck, man müsse nur möglichst schnell zu viel Macht und Geld kommen – und schon sei man der erfolgreichste und glücklichste Mensch der Welt, der sich alle Wünsche und Freuden des Lebens erfüllen kann.

So gesehen ist es richtig, dem Fernsehen eine ersichtliche Vorbild- und Sozialisationsfunktion zuzusprechen, mit der es auf das Verhalten der Kinder Einfluss nimmt. Die TV-Medien tendieren dazu, bei den Heranwachsenden unter anderem

- deren literarische Interessen zurückzudrängen, besonders bei den Jungen.
- Damit trägt ihr Einfluss zur Gefahr des auseinander strebenden Alltagslebens mit bei. In ihm herrscht »zwischen Lesen, Hören und audio-visuellen Botschaften« (Baacke 1999a, S. 386) kein ausgewogenes Verhältnis mehr vor,
- was aufgrund der Medienüberflutung zu einer Überreizung der Heranwachsenden führen kann. Sie behindert besonders das natürliche Spielen und die körperliche Bewegung von (kleinen) Kindern
- und erhöht die Gefahr ihrer diffusen inneren wie äußeren Unruhe und Hektik. Die Folgen daraus können sich im Lebensalltag der Kinder darin zeigen, dass sie wenig Ausdauer, Konzentrationskraft, Gelassenheit und Besinnung auf sich selbst sowie anderen wesentlichen (schulischen) Dingen gegenüber charakterisiert.

Umgekehrt ist es jedoch keinesfalls gerechtfertigt, in den TV-Medien und in den anderen audiovisuellen Medien die alleinigen oder hauptsächlichen Verursacher einer fehlgeleiteten Persönlichkeitsentwicklung von Kindern und Jugendlichen zu sehen.

Das belegen nicht nur die zahlreich vorliegenden Forschungsergebnisse des renommierten Kindheits-, Jugend- und Medienforschers Dieter Baacke. Im Gegensatz zu den durchwegs negativen und pauschalen Urteilen, die in der breiten Öffentlichkeit den TV-Medien entgegengebracht werden, gelangen sie zu viel differenzierteren und weniger negativen Erkenntnissen. Sie bestätigen nicht die Sündenbockrolle, in der ein Großteil der Erziehungsgesellschaft die TV-Medien drängt.

Nun, zu welchen tendenziellen Aussagen und Schlüssen gelangen die angesprochenen Untersuchungen? Hierzu zunächst einige Fakten. (Die Daten sind den Büchern *Die*

0–5-Jährigen (S. 365) und *Die 6–12-Jährigen* (S. 309) von Dieter Baacke entnommen.)

Nach einer Studie aus dem Jahr 1998 sahen rund 600 000 Kinder (6,3 Prozent) täglich länger als drei Stunden und etwa 850 000 Kinder (9,4 Prozent) täglich mehr als zwei Stunden fern. Verglichen mit dem Jahr 1997 stieg der Fernsehkonsum der Kinder um drei Prozent auf 62 Prozent. Von Montag bis Sonntag sitzen durchschnittlich 5,54 Millionen Kinder vor dem Fernsehgerät. Waren 57 Prozent der Kinder zwischen drei und fünf Jahren kurzfristig vor dem Fernsehapparat anzutreffen, stieg der Anteil bei den Sechs- bis Neunjährigen auf 62 Prozent; bei den Zehn- bis 13-Jährigen betrug er 66 Prozent und bei den Jugendlichen ab 14 Jahren stieg er auf durchschnittlich 74 Prozent. Vergleicht man die Sehdauer zwischen drei- und 13-jährigen Mädchen und Jungen, zeigt sich, dass die Mädchen durchschnittlich 94 Minuten am Tag, die Jungen dagegen 103 Minuten fernsehen. Zu erwähnen ist außerdem, dass die Hauptfernsehzeiten der Kinder zwischen 18.00 und 21.00 Uhr liegen, zwölf Prozent der älteren Kinder jedoch auch noch zwischen 21.00 und 24.00 Uhr fernsehen.

Die kleine Auswahl von (Prozent-)Zahlen belegt unter anderem, dass Kinder, je älter sie werden, sich zeitlich umso mehr dem Fernsehen widmen.

Kommen wir jetzt aber zu der entscheidenden Frage, wie sich die Medien-Kinderkultur auf die psychosoziale Entwicklung der Heranwachsenden auswirkt. Die generelle Antwort darauf lautet: Das Hauptargument der TV-Gegner, nach dem ein *direkter* oder *zwangsläufiger* Zusammenhang zwischen den Gewaltszenen im Fernsehen und aggressiven Verhaltensweisen der Heranwachsenden bestehe, ist eindeutig *nicht* nachzuweisen. Allerdings wäre es ebenso falsch zu glauben, Kinder würden nicht dazu neigen, die in den TV-Medien wahrgenommenen (gewalttätigen) Szenen im Alltag nachzuahmen oder mit ihnen zu sympathisieren. Aber auch diese Feststellung darf nicht verallgemeinert werden, sofern man behauptet, Sendungen, die Aggression oder Angst auslösende Inhalte zeigen, würden bei den Kindern zwangsläufig zu dementsprechenden Handlungen führen.

Ungeachtet dessen trifft ebenso wenig die Aussage zu, nach der drei- bis 13-jährige Kinder, die täglich durchschnittlich rund 90 Minuten vor dem Fernseher sitzen, deshalb in ihrer Persönlichkeitsentwicklung gefährdet seien. Denn es spricht nichts dafür, dass diese Altersgruppe »in Hinsicht auf Fernsehnutzung eine Problemgruppe darstellt«. (Baacke, 1999b, S. 310) Lediglich bei den Kindern, die tagaus, tagein sich für mehrere Stunden dem (unkontrollierten) Fernsehkonsum hingeben, ist die Gefahr hoch, dass sie von den Bildern im negativen Sinn dauerhaft beeinflusst werden. Damit verbunden ist auch eine weitere Beobachtung, nach der solche Kinder »verminderte Bildungschancen« (Eicke 1998, S. 33) haben und sehr oft »in den unteren sozialen Schichten« (ebd.) aufwachsen. Das wiederum belegt, dass der hohe Fernsehkonsum keinesfalls ein Problem der Heranwachsenden an sich ist, sondern in erster Linie als eines der sozialen Unterschicht erkannt werden muss.

Mit anderen Worten: Je tiefer die soziale Schicht ist, in der ein Kind lebt,

- desto häufiger und länger sieht es fern,
- desto weniger kümmern sich seine Eltern darum, wie lange und welche Sendungen es sieht,
- desto mehr dient den Eltern das Fernsehverbot als Mittel der Erziehungsstrafe.

Noch in einem weiteren wichtigen Punkt gilt es ein Vorurteil auszuräumen. Es besteht in der pauschalen Behauptung, Kinder, die von familiären, schulischen oder anderen Problemen betroffen sind, würden sich über das Fernsehen davon zu befreien versuchen. Die Wirklichkeit sieht jedoch auch hier anders aus. Die generelle Aussage, dass Kinder, wenn sie »traurig sind oder etwas vergessen wollen« (Baacke 1999b, S. 304), besonders häufig das Fernsehgerät einschalten würden, um damit ihre Sorgen zu vertreiben, ist falsch. Diese Handlungsweise trifft nur auf »weniger als 25 % der Kinder« (ebd.) zu. Das »widerspricht allen Erwartungen« (ebd.) derjenigen, die glauben, Kinder würden gerade in solchen Lebenssituationen übermäßig fernsehen.

Anstatt den Kindern das Fernsehen ganz zu verbieten oder ständige, zumeist fruchtlose Kämpfe darüber mit ihnen zu führen, ob sie diese oder jene Sendung ansehen dürfen, ist es in der Regel besser, wenn sich die Eltern dem TV-Medium nicht verschließen. Stattdessen sollten sie möglichst oft *zusammen mit ihren Kindern* fernsehen und dabei versuchen, ihre Sichtweisen einzunehmen und zu beobachten, was sie an der jeweiligen Sendung so begeistert oder ängstlich und unruhig macht. Das Eltern-Kind-Fernsehen ermöglicht nicht nur, dass dabei gefühlsmäßige Beziehungen, gemeinsame Interessen und Kenntnisse entstehen, sondern kann auch dazu führen, das Familienklima insgesamt zu stabilisieren.

Auf diese Weise brauchen die Eltern auch nicht zu befürchten, dass ihr Kind den medialen Einflüssen schutz- und orientierungslos ausgesetzt ist. Vielmehr lernt es durch ihre Unterstützung und Förderung, dass es zum Beispiel bestimmte Wertehaltungen dafür gibt, warum spezielle Szenen und Inhalte in Fernsehsendungen zu befürworten oder abzulehnen sind. Das wiederum ermöglicht es dem Kind eher, hinterher in der Schule und im Freundeskreis kompetenter und kritischer Stellung zu beziehen, wenn es darum geht, dass gestern in der Fernsehserie XY »alles wieder einmal nur total ›megageil‹ und super war«.

Egal, ob es sich um die TV-Medien oder um andere Situationen des Lebens handelt, gleichermaßen gilt der Grundsatz: Das Kind erlernt den sinngerechten Umgang mit diesen nicht, wenn man sie ihm von vornherein verbietet, vermiest oder nichts dazu beiträgt, um verantwortungsbewusst damit umgehen zu können. Das glauben aber die Eltern und Erzieher, denen es darum geht, das Kind vor den »bösen« und »ungeeigneten« Dingen des Lebens ständig bewahren zu müssen. Indem diese Dinge für sie selbst oft ein Problem darstellen, fühlen sich die Eltern dazu gedrängt, das Kind als Projektionsobjekt ihrer dahin gehend eigenen Schwierigkeiten zu benutzen.

In dem Zusammenhang sei noch auf eine andere wesentliche Behauptung verwiesen. Nach Judith Rich Harris ist es ohnehin nicht Erfolg versprechend, wenn Eltern das Kind vom Einfluss des Fernsehens schützen wollen, da das Fernsehen weniger auf das Kind selbst als mehr auf die Peergroup einwirkt, mit der es sich verbunden fühlt. Denn das, was das Kind über den Bildschirm erfährt, beeinflusst sein praktisches Verhalten in der Regel nur dann spürbar, wenn es mit den Werten und Normen seiner Peergroup *übereinstimmt*. (Harris 2000, S. 315) Daraus folgt, dass die Fernsehgewohnheiten, die das Kind im Zusammensein mit seinen Peergroup-Freunden entwickelt, von gewichtigerer Bedeutung sind als die, welche es in seiner Familie erfährt.

Das sieht auch die Fernsehjournalistin Petra Gerster in ihrem Buch *Der Erziehungsnotstand* ähnlich, wenn sie feststellt: »Kinder wollen sein wie die anderen ... und im Fernsehen gucken, was die anderen gucken. Es macht ihnen Angst, als Außenseiter betrachtet oder gar gehänselt zu werden.« (Gerster/Nürnberger 2001, S. 191). So weit ist Petra Gerster Recht zu geben. Jedoch sind die praktischen Schlüsse, die sie daraus zieht, falsch und illusionär. Sie glaubt, mit einem auf das Mindestmaß beschränkten familiären Medienkonsum den Kindern ihre Kindheit zurückzugeben. Der Autorin ist anzuraten, sich genauer über das Ausmaß der Kräfte und Wirkungen zu informieren, die in Gleichaltrigengruppen vorherrschen. Sie würde erkennen, dass hier – und nicht in der Familie – letztlich die Entscheidung darüber fällt, welche Bedeutung den audiovisuellen Medien zukommt und wie mit ihnen umgegangen wird. Und sie würde staunen, mit welcher Feinfühligkeit, Differenziertheit und Fachkompetenz es oft schon jüngere Kinder verstehen, in Sachen Medien miteinander zu kommunizieren.

Weder das Fernsehen noch die anderen audiovisuellen Medien schaffen die Kindheit ab, sondern gestalten sie nur auf neue Art und Weise um. Darin sollten die Erwachsenen nicht einen schwierigen, sondern vielmehr kreativen, anspruchsvollen, sie herausfordernden Erziehungsauftrag sehen. Anstatt den Medien die Haupt- oder sogar Alleinschuld für das angebliche »Verschwinden der Kindheit« zu geben, ist es angezeigt, dass sich die Eltern mit Neugierde, Mut und Engagement den Aufgaben eines dahin gehend neuen Begegnungsumganges mit ihren Kindern stellen.

Ungeachtet dessen kann ihnen versichert werden, dass sie ihre Kinder trotz ihrer Medienaktivitäten auch weiterhin beim Herumtoben, Fußball-, Handball- und Tennisspielen, Skateboarden, Schwimmen, Bäumeklettern, Fangen und Verstecken, Seilhüpfen, Balancieren, Steinewerfen, Überspringen von Wasserpfützen und Gräben sowie nicht zuletzt beim Lesen von Büchern und Zeitschriften erleben werden. Denn Kinder spüren und begreifen sehr wohl, dass sie längst nicht nur Medien-Kids sind. Sie erkennen sich ebenso als Wesen, die weiterhin eine Fülle zwischenmenschlicher Bedürfnisse haben und diese von klein auf besonders im Kreis ihrer Peergroups pflegen wollen. Obendrein gibt es keine gesicherten Daten darüber, dass die Mehrheit der Heranwachsenden sich von den Medien derart vereinnahmen lassen würde, dass sie keine Zeit und Interesse dafür fände, mit ihren Freunden innige und dauerhafte Beziehungen einzugehen. Dazu kommt, dass »es gerade die Medien mit ihren welterschließenden Botschaften« (Baacke 1999a, S. 386) sind, die die Grenzen von Familien und Kinderzimmern sprengen und so den Kindern die Chance geben, zu ganz neuen Begegnungsufern mit anderen Individuen zu gelangen.

Daraus wird ersichtlich, dass es falsch wäre, den Kindern den Kontakt mit den Medien zu verwehren und zu glauben, ihn allein durch gute Eltern-Kind-Beziehungen, (Bilder-) Bücher, Spielsachen oder sonstige »pädagogisch wertvolle« Einflüsse ersetzen zu müssen. Stattdessen geht es um etwas anderes: »Vom Vorlesen bis zum Fernsehen, vom Computerspielen bis zum Netzsurfen, vom Musikhören bis zum gemeinsamen Liedersingen – alle Kommunikationsspiele müssen gelernt, geübt und in emotionale Dichte verwandelt werden.« (Baacke 1999a, S. 387)

Wenn Kinder nur mit einem Elternteil aufwachsen

Sind Scheidungskinder und Kinder von Alleinerziehenden in ihrer psychosozialen Entwicklung gefährdet?

Heute wird in Deutschland durchschnittlich jede dritte Ehe geschieden und in den Großstädten ist es bereits jede zweite. Sofern aus den Ehen Kinder hervorgehen, sind sie es, die besonders massiv unter den Folgen der Scheidung zu leiden haben. Außerdem ist durchschnittlich jede zehnte Mutter, ohne dass sie vorher verheiratet war, allein erziehend. Tendenz steigend! Egal, ob geschieden oder allein erziehend, in den allermeisten Fällen erfahren die Kinder durch ihre Mutter die (weitere) Erziehung. Dagegen nehmen die Väter lediglich eine erzieherische Randposition ein, indem sie zu ihren leiblichen Kindern oft nur einen mehr oder weniger sporadischen (Besuchs-)Kontakt pflegen (dürfen).

Man muss kein geschulter Psychologe oder Pädagoge sein, um nachvollziehen zu können, wie schlimm es für Kinder ist, wenn sich ihre Eltern trennen beziehungsweise scheiden lassen. Das umso mehr, als Kinder die im Vorfeld damit verbundenen Spannungen und Streitereien zwischen den Eltern direkt wie indirekt mitbekommen. Das Auseinandergehen oder der Scheidungsvorgang von Eltern ist deshalb alles andere als ein »punktuelles Ereignis« (Oberndorfer o.J., S. 9; auch im Folgenden), das plötzlich die Kinder überfällt. Vielmehr erfolgt der Scheidungsprozess aus ihrer Sicht zumeist in vier zeitlichen, räumlichen wie psychosozialen Phasen:

In der »*Ambivalenzphase*« verspüren die Kinder, dass es zwischen Mama und Papa nicht mehr so ist, wie es früher war. Sie sind zum Beispiel in ihren Gefühlen nicht mehr so nett zueinander, schreien sich häufig an und/oder unternehmen und sprechen nur noch das Nötigste miteinander. Beide oder ein Teil von ihnen distanzieren sich merklich von ihren Kindern, sodass besonders die Kleinen oft glauben, sie seien daran schuld, wenn sich die Eltern nicht mehr verstehen.

Mit der »*Trennungsphase*« leiten die Eltern die räumliche Distanz zueinander ein. Spätestens jetzt erkennen die Kinder klar, dass ihre bisherigen Gefühle nicht nur Gefühle waren, sondern der Realität entsprechen: Ihre Eltern lieben sich nicht mehr und wählen als Konsequenz das Auseinandergehen. Zumeist ist es der Weggang eines Elternteils aus der Familie, der die Kinder dazu veranlasst, nach neuen beziehungsweise veränderten Beziehungen ihm gegenüber zu suchen. Aber auch zum anderen Elternteil, bei dem die Kinder verbleiben, verändern sich zwangsläufig die (emotionalen) Beziehungen. Gerade in dieser heimat- und orientierungslosen Zeit hilft es Kindern, wenn es ihnen gelingt, »verstärkt das Zusammensein mit Gleichaltrigen und die Teilnahme an kindgerechten Aktivitäten« (Oberndorfer o. J., S. 10; auch im Folgenden) zu suchen sowie Kontakte zu anderen, ihnen vertrauten Menschen herzustellen.

Der Eintritt in die »*Scheidungsphase*« ist vor allem dadurch gekennzeichnet, dass die (größeren) Kinder zu Subjekten rechtlicher, vom Jugendamt und Familiengericht veranlasster Befragungen und Stellungnahmen werden. Sie dienen dazu herauszufinden, welchem Elternteil die Kinder nach der Scheidung vom Gericht aus zugesprochen werden. Hierbei ist es für viele Kinder mehr als schwer, sich zu einem Elternteil emotional zu bekennen.

Spätestens durch die »*Nachscheidungsphase*« tritt den Kindern realistisch vor Augen, dass es zwischen den Eltern endgültig »aus« ist und dass damit das Leben in der Familie, so, wie es früher war, nicht mehr wiederkehrt. Das heißt, die Kinder müssen lernen, dass die Eltern »geschiedene Leute« sind, es kein Zurück mehr gibt und dabei auch die »Wiedervereinigungsphantasien«, die nicht wenige Kinder verspüren, endgültig begraben werden können. In dieser Situation ist es für Kinder von größter Bedeutung, sie dazu zu ermutigen, die Beziehungspflege dem Elternteil gegenüber, bei dem sie nicht ständig leben, auf Dauer zu intensivieren und auszubauen. Zugleich geht es darum, die Kinder nicht in nostalgischer Art und Weise darin zu unterstützen, auf die Zeit zurückzublicken, in der die Familie noch »heil« war. Stattdessen ist wichtig, Scheidungskinder optimistisch »nach vorne« schauen zu lassen. Sie sollen Kraft und Mut finden, sich in ihrem neuen Lebensfeld erweiterte sowie vertrauensvolle Beziehungsnischen aufzubauen – und sich hierbei vor allem »in der Gleichaltrigengruppe« zurechtfinden.

Diese vier Phasen veranschaulichen, inwiefern die Scheidung zwischen den Eltern einer gewaltigen emotionalen Erschütterung gleichkommt, mit der alle Kinder konfrontiert werden. *Wie* die Reaktionen im Einzelnen ausfallen, hängt jedoch untrennbar mit dem Alter der Kinder und Jugendlichen sowie ihren sozialen, psychischen und intellektuellen »Vorerfahrungen«, Fertigkeiten sowie dem »Temperament« und dem »Geschlecht« zusammen. Mit anderen Worten: Das altersbedingt unterschiedliche emotionale, soziale wie intellektuelle Beziehungsverständnis von Heranwachsenden ist einer der wichtigsten Gründe, wie und warum sie sich im Rahmen einer Scheidung den Eltern und sich selbst gegenüber oft so unterschiedlich verhalten.

Dem gesellt sich ein weiterer Hauptgrund hinzu. Er liegt in den geschlechtsspezifisch unterschiedlichen Reaktionsweisen, die Kinder gegenüber der Scheidung ihrer Eltern zeigen. Die von Anneke Napp-Peters methodisch sorgfältig durchgeführte zwölfjährige Langzeitstudie an 150 deutschen Familien mit dem Titel *Familien nach der Scheidung* kam unter anderem zu folgenden Ergebnissen: Der allergrößte Teil der kurz vor der Grundschulzeit stehenden Jungen reagierte auf die bevorstehende beziehungsweise erfolgte Scheidung der Eltern mit äußeren Verhaltensaggressionen »wie Schulproblemen, Diebstahl, häufigen Wutanfällen, Tierquälerei, Lügen und Weglaufen«. (Napp-Peters 1995, S. 140) Dagegen überwog bei den Mädchen ein anderes Grundverhalten. Sie zeigten nach innen gerichtete Verhaltensaggressionen in Form »depressive(r) Verhaltensmuster«, die mit »Disziplinschwierigkeiten, Unkonzentriertheit und Schulproblemen auftraten«. Abgesehen davon, dass Mädchen wie Jungen durch die Scheidung der Eltern generell in Leidensprozesse kommen, bestehen in der Art und Weise, wie diese sich in ihrem Verhalten ausdrücken, wesentliche Unterschiede. Während die Jungen primär dazu neigen, darauf mit äußeren Aggressionen zu reagieren, treten die Mädchen den Rückzug nach innen an.

Ungeachtet der Untersuchung von Anneke Napp-Peters belegen andere Studien ebenfalls, dass Heranwachsende (egal, ob Mädchen oder Jungen), die die meiste Zeit ohne Vater aufwachsen, dreimal häufiger unter psychosozialen Störungen leiden, indem sie unsicherer, nervöser, krankheitsanfälliger und aggressiver sind. 70 Prozent aller (jugendlichen) Straftäter haben keinen erreichbaren Vater. In die gleiche Richtung weisen die Beobachtungen der deutschen Sonderschullehrerin Barbara Negrelli. Nach ihren Recherchen sind nahezu alle gewaltsympathisierenden Jugendlichen entweder ohne Väter oder Stiefväter aufgewachsen oder diese verbüßen eine Haftstrafe. (Barbara Negrelli in Gerster/Nürnberger 2001, S. 81) Alles weist darauf hin, dass wir nicht erst »auf dem Weg zur vaterlosen Gesellschaft« (Alexander Mitscherlich) sind, sondern uns bereits seit längerem in ihr befinden. So gesehen spielt das Problem des unerreichbaren Vaters für viele Kinder nicht nur hinsichtlich ihrer Gewaltbereitschaft eine große Rolle.

Zusätzlich erhalten diese Feststellungen Unterstützung durch eine bereits in den 70er-Jahren erhobene amerikanische Langzeitstudie von Judith Wallerstein. Schon nach fünf Jahren Vaterentzug erfuhren rund 30 Prozent der Kinder »mittlere bis schwere Depressionen« (»Wo ist Vati?« In: *Focus*, Heft 5/1995, S. 138). Weitere zehn Jahre später zeigten sich bei den inzwischen jungen Erwachsenen beiderlei Geschlechts auffallende Zeichen von »Antriebsschwäche, Verstörung und Leistungsdefiziten«. (Ebd.) Und selbst nach 15 Jahren waren immer noch Langzeitschäden zu beobachten, die sich vor allem darin äußerten, nur ganz bedingt auf Dauerhaftigkeit ausgerichtete Beziehungen eingehen oder aufrechterhalten zu können.

Kommen wir in dem Zusammenhang noch einmal auf die Untersuchungen von Anneke Napp-Peters zurück. Nach zwölf Jahren befragte sie einen Teil der inzwischen jungen Erwachsenen erneut, welche etwaigen Langzeitfolgen die damalige Scheidung ihrer Eltern bei ihnen ausgelöst habe. Die Ergebnisse sahen wie folgt aus: Von den Befragten gelang es nur »25 Prozent« (Napp-Peters 1995, S. 142; auch im Folgenden), zu einer sinn- und lebensoptimistischen Existenz zurückzufinden. Dagegen hatten »75 Prozent« weiterhin große Schwierigkeiten, ihrem Lebensalltag Sinn und Inhalt zu verleihen und erstrebenswerte Ziele erfolgreich anzugehen. Rund die Hälfte von ihnen hatte mit Alkohol- und Drogenproblemen, (Klein-)Kriminalität und Gewaltschwierigkeiten zu kämpfen. Viele brachen ihre Berufsausbildung vorzeitig ab, jobbten oder waren arbeitslos. Ihre Eltern beschrieben sie als »aufsässig und destruktiv« sowie »einsam, verschlossen und ängstlich«. Außerdem zeigten sich die jungen Erwachsenen als kontaktgestört, bindungsschwach und klagten über sexuelle Schwierigkeiten. Sowohl die Beziehungen gegenüber dem sorgeberechtigten wie nicht sorgeberechtigten Elternteil waren von Spannungen und Vorhaltungen geprägt.

Vergleichen wir auch hier das Verhalten zwischen beiden Geschlechtern, so zeigt sich, dass nach zwölf Jahren »61 Prozent« (Napp-Peters 1995, S. 144) der jungen Frauen – im Gegensatz zu 39 Prozent der jungen Männer – immer noch seelische Störungen in Form von »Identitätsproblemen und Beziehungsängsten« (ebd.) aufwiesen, die auf die damalige Scheidung ihrer Eltern zurückgingen. Der unverhältnismäßig hohe prozentuale Unterschied psychischer Probleme zwischen beiden Geschlechtern wird dadurch erklärt, dass die damaligen Mädchen sich physisch wie psychisch weit mehr an ihren allein erziehenden Elternteil klammerten und sich um ihn sorgten, als das die damaligen Jungen taten. Teilweise auf Kosten der eigenen Persönlichkeitsentwicklung kümmerten sie sich um das Wohlergehen des Elternteils, bei dem sie aufwuchsen. Besonders negativ empfanden es die Mädchen, wenn der mit ihnen zusammenlebende Elternteil wieder heiratete. Sie verloren damit die vormals unmittelbare intime Vertrauensstellung gegenüber dem allein erziehenden Elternteil und mussten diese fortan mit ihrem Stiefvater oder ihrer Stiefmutter teilen.

Es macht kaum einen Unterschied, ob Kinder von Geburt an nur mit der Mutter als allein erziehender primärer Bezugsperson aufwachsen oder ob sich ihre Eltern einige Jahre nach der Geburt trennen beziehungsweise scheiden lassen. In beiden Fällen entsteht für sie ein mehr oder weniger großes männliches Beziehungsvakuum: Die Kleinkinder erfahren nicht oder nur unzureichend, dass die familiäre Lebenswelt weiter und vielschichtiger ist, als es die Mutter und deren Bezug ihnen gegenüber repräsentiert. Deshalb ist bei den Kindern häufig eine merkliche Zurückhaltung und Ablehnung vor allem Fremden, Ungewohnten und Männlichen feststellbar. Vieles davon steht in der Gefahr, für sie zur (inneren) Bedrohung sowie Verängstigung zu werden. Im Gegensatz zu den Kindern, die mit Mutter *und* Vater aufwachsen, sehen sie in neuen Situationen und Herausforderungen wenig Konstruktives, worauf man mit Interesse und Motivation reagieren könnte. Den Kindern fehlt die ausreichende Erfahrung darüber, dass es neben dem »mütterlichen Pol (Fürsorge, Innenwelt)« ebenso einen »väterlichen Pol (Orientierung, Außenwelt)« (Wißkirchen 1999b, S. 101) gibt.

Diese Ausführungen treffen sich mit den Aussagen des Psychoanalytikers Alexander Mitscherlich. Er sagt, wenn Kinder keine grundlegenden Möglichkeiten vorfinden, »sichere Objektbeziehungen« (zit. nach Wißkirchen 1999b, S. 103) zu Mutter und Vater aufbauen zu können, werden sie von diffusen Gefühlen und Einbildungen erfasst, die starke Zweifel an ihrer Persönlichkeitsentwicklungskompetenz auslösen. Die Folge ist, dass vaterlose (und zunehmend auch mutterlose) Kinder zu orientierungsschwachen, beeinflussungsabhängigen Individuen heranwachsen, die sich willensschwach fremdgesteuerten Außenmächten unterordnen.

Die Darstellungen über die Scheidungsfolgen, unter denen Kinder leiden, dürften Sie in dem Glauben an die Macht, Notwendigkeit und Wirksamkeit einer möglichst tief gehenden und alles bedenkenden Eltern-Kind-Beziehung bestärkt haben. Damit einhergehend wird Ihre im bisherigen Verlauf des Buches vielleicht erworbene Skepsis gegenüber den prägenden Erziehungseinflüssen einen Rückschlag erhalten haben. Falls das zutreffen sollte, dann haben Sie die Ergebnisse der Scheidungsstudien davon überzeugt, dass Kinder ohne die Anwesenheit *beider* Elternteile nur schwer eine entwicklungsgerechte Erziehung und Persönlichkeitswerdung erfahren können. Folglich haben die Erziehungsratgeber und andere Stimmen also doch Recht, dass es große und zumeist nicht wieder gutzumachende Erziehungsfehler nach sich zieht, wenn die Eltern sich scheiden lassen oder von Anfang an in der Rolle von Alleinerziehenden stehen?

Doch Vorsicht! Auch hierbei verhält es sich so, dass dies nur ein Teil der Wahrheit ist. Den anderen Teil der Wahrheit verschweigt die Fachwelt gerne. Wenn wir uns im Weiteren mit dem meist unausgesprochenen Teil der Wahrheit beschäftigen wollen, wird deutlich, wie stark sich die bisherigen Feststellungen über die psychologischen und erzieherischen Scheidungsgefahren und -auswirkungen, die sie auf Kinder haben, relativieren lassen.

Kommen wir in dem Zusammenhang noch einmal auf die Scheidungsstudie von Anneke Napp-Peters zurück. Wie oben ausgeführt, gab es demnach neben den 75 Prozent der untersuchten Kinder, die unter der Scheidung ihrer Eltern selbst langfristig (massiv) litten, auch 25 Prozent, die davon nicht nennenswert betroffen wurden. Dieses Ergebnis lässt die Autorin der Studie fragen, *warum* es im Zeitraum von zwölf Jahren einem Viertel der Kinder trotz aller psychosozialen Schwierigkeiten gelang, die Scheidung der Eltern ohne negative Dauerfolgen zu überstehen. Sie führt hierfür eine Reihe von Gründen auf, die unter anderem durch die folgenden Feststellungen belegt werden:

- So gut wie alle Kinder wuchsen bei Müttern oder Vätern auf, die den anderen Elternteil nicht ausgrenzten. Das heißt, die Eltern hielten auch nach der Scheidung – vor allem aus gemeinsamer Sorge für das Kind – weiterhin einen vernunftbezogenen Kontakt aufrecht, indem sie das Kind nicht gegeneinander ausspielten und aufhetzten. Sie gaben ihm die Chance, nach wie vor relativ unbelastete Beziehungen zu beiden Elternteilen zu führen.

- Die Kinder wuchsen weiterhin in einer »Einelternfamilie« (Napp-Peters 1995, S. 143) auf, indem ihre Mutter oder ihr Vater keine neue Ehe oder eheähnliche feste Beziehung einging und somit die Kinder keinen Stiefvater beziehungsweise keine Stiefmutter zur Seite gestellt bekamen. Damit konnten sie die relativ guten Beziehungen zum sorgeberechtigten Elternteil weiter pflegen und auf seine Unterstützung bauen.
- Den Kindern kam auch verstärkt Hilfe durch außen stehende Personen zuteil. Sie halfen besonders, die Kinder aus den Verunsicherungen und Verletzungen, die die Scheidung der Eltern in ihnen auslöste, zu führen. Das wiederum ermutigte sie in den Bemühungen, sich auf die neue Lebenssituation inner- und außerhalb der »Einelternfamilie« positiv einzustellen.

Wenn die Ergebnisse der Scheidungslangzeituntersuchung auf einen gemeinsamen Nenner gebracht werden, gelangen wir zur Feststellung, dass so gut wie jede Scheidung zu kurzfristigen und vorhersagbaren Symptomen bei Kindern führt, egal, wie alt sie sind.

Das darf jedoch nicht heißen, es liege allein am Verlauf der Scheidung, »ob Kinder später als Erwachsene zu Intimität, Nähe und stabilen Beziehungen fähig sind«. (Napp-Peters 1995, S. 12) Stattdessen stellt sich die Frage, wie alle Familienangehörigen mit der Scheidung *hinterher* miteinander umgehen.

Mit anderen Worten: Es ist von entscheidender Bedeutung, welche Beziehungsqualitäten und Bestrebungen seitens der geschiedenen Eltern in der Zeit danach untereinander existieren. Vieles spricht dafür, dass sie letztlich einer von mehreren entscheidenden Gründen dafür sind, wie Kinder und Jugendliche bei ihrem weiteren Aufwachsen verantwortungsbewusst begleitet werden können.

Dem gesellt sich ein weiterer, höchst erziehunspraktischer Aspekt hinzu, der in der Scheidungsstudie von Anneke Napp-Peters keine besondere Beachtung findet. Er besagt: Kinder, die von klein auf erweiterte, verlässliche Kontakte mit anderen Bezugspersonen (zum Beispiel mit Erzieherinnen in Kinderkrippen und -gärten, Großeltern sowie gleichaltrigen oder älteren Kindern) pflegen, kommen ersichtlich besser mit diesen oft durch die elterliche Scheidung bedingten Betreuungsangeboten zurecht als Kinder, welche diese Erfahrungen vorher kaum sammeln konnten. Daraus leitet sich der gerechtfertigte Schluss ab: Kinder, die keine Probleme haben, »mit Gleichaltrigen oder Erwachsenen Beziehungen aufzunehmen und zu pflegen« (Oberndorfer o.J., S. 13), sind im Falle der Scheidung ihrer Eltern weitaus besser dafür gerüstet, »außerhalb der Familie Unterstützung zu finden, als Kinder, bei denen diese Fähigkeit weniger gut ausgebildet ist« (ebd.).

In dem Zusammenhang wird abermals deutlich, wie wichtig die Gleichaltrigengruppen für das gesunde psychosoziale Aufwachsen von Kindern sind und welche unersetzliche »Erziehungs«- und Sozialisationsrolle sie bei den immer häufiger auftretenden Ehescheidungen der Eltern spielen.

Was wissenschaftliche Theorien den Erziehern gern verschweigen

Die nachstehenden Forschungsergebnisse, die unter anderem nach den Gründen und Folgen der elterlichen Scheidung fragen sowie den Auswirkungen nachgehen, die sie auf die Kinder haben, dürften Sie vermutlich überraschen und nachdenklich stimmen. Sie zeigen auf, dass Kinder längst nicht

so unter allein erziehenden, getrennt oder geschieden lebenden Eltern leiden müssen, wie das gemeinhin in der (Fach-)
Öffentlichkeit dargestellt wird.

Was sind die Hintergründe hierfür? Hierzu muss zunächst
folgende grundsätzliche Aussage getroffen werden: Die allermeisten Erziehungs- und Sozialisationsstudien sowie -statis-
tiken bergen den Fehler in sich, dass sie nur die Umwelteinflüsse beachten, die auf das Kind einströmen und es zu
bestimmten Verhaltensweisen veranlassen. Dabei vergessen
sie, dass diese Umwelteinflüsse nicht getrennt von den genetischen Gegebenheiten des Kindes gesehen werden können.
Das heißt, vielen Forschern scheint nicht bewusst zu sein –
oder nicht bewusst sein zu wollen –, dass die Einflüsse,
denen sie die Namen »Umwelt« und »Erziehung« geben, in
verdeckter, indirekter Weise von den Genen des Kindes auf-
genommen – und damit *gefiltert* sowie *interpretiert* werden.
Erinnern wir uns dabei an die an anderer Stelle getroffene
Aussage, nach der die Gene den »ersten Grund« allen
menschlichen Lebens ausmachen, dem sich als »zweiter
Grund« die Erziehungs- und Sozialisationsbedingungen hin-
zugesellen. Beide bilden so ein wechselseitiges, untrennbares
Miteinander. Wer sich als Forscher unter dieser Sichtweise
verpflichtet fühlt, die Verhaltensentwicklung Heranwachsender unter die Lupe zu nehmen, wird zwangsläufig zu
(ganz) anderen Ergebnissen kommen als derjenige, welcher
sich nur mit den beiden Extremen »Umwelt« oder »Gene«
getrennt beschäftigt.

Ziehen wir zum Beispiel eine Studie über *Zwillinge* heran,
die sich scheiden ließen. In der Studie wurde den Ursachen
nachgespürt, warum ihre Eltern sich scheiden ließen. Zugleich fragte sie nach der späteren Scheidungswahrscheinlichkeit von Zwillingskindern solcher Eltern. Forscher legten
dann über 1 500 ein- und zweieiigen erwachsenen Zwillingspaaren einen Fragenkatalog vor, der Auskunft über den Ver-

lauf ihrer zurückliegenden Ehe und den ihrer Eltern geben sollte. Nachdem die Versuchspersonen die Fragen beantwortet hatten und diese wissenschaftlich ausgewertet waren, stellte sich heraus, dass die Scheidungsrate bei den Zwillingen, deren Eltern sich *nicht* scheiden ließen, durchschnittlich »19 Prozent« (Harris 2000, S. 456; auch im Folgenden) betrug. Dagegen war das Ergebnis bei den Zwillingen, deren Eltern sich scheiden ließen, mit durchschnittlich »29 Prozent« ersichtlich höher. Fast gleich hoch – nämlich »30 Prozent« – war bei den Zwillingen die statistische Wahrscheinlichkeit, geschieden zu werden, wenn sie ein zweieiiges (genetisch ungleiches) Zwillingsgeschwister besaßen. Dagegen lag bei Zwillingen die statistische Wahrscheinlichkeit, geschieden zu werden, nochmals wesentlich höher – nämlich »bei 45 Prozent«, wenn sie ein eineiiges (genetisch absolut gleiches) Zwillingsgeschwister hatten.

Was sagen diese Erkenntnisse praktisch aus? Erneut belegen sie die Macht, mit der die Gene das individuelle Verhalten beeinflussen. Übertragen auf die Zwillingsstudie bedeutet das: Das Risiko, sich scheiden zu lassen, geht neben den Erziehungs- und Umweltmilieueinflüssen im beträchtlichen Ausmaß auf die »mit dem Zwilling oder die Eltern gemeinsame(n) Gene« zurück. Damit wird zugleich die Annahme derjenigen widerlegt, die Hauptursache einer Scheidung würde darin liegen, ein in der eigenen Kindheit ungünstiges Erziehungs- und Familienmilieu vorgefunden zu haben. Dem ist aber bei weitem nicht so. Bei den untersuchten Zwillingen bestätigte sich *nicht*, dass ihre im gleichen Alter zusammen gemachten Erfahrungen, die sie mit den vertraut miteinander lebenden oder in Streit liegenden Eltern sammelten, mit den Verbundenheits- und Treuegefühlen oder den Trennungs- und Scheidungsbestrebungen der Eltern erkennbar zusammenhingen. Eine von David Lykken und seinem Forscherteam erstellte andere Zwillingsstudie kam zum gleichen Ergebnis. Die Wissenschaftler konnten ebenfalls »keinen Hinweis« für den »erzieherischen Einfluss auf das Scheidungsrisiko« (Rowe 1997, S. 187) feststellen.

Zumindest anhand dieser Zwillingsstudien konnten keine nachweisbaren Einflüsse erbracht werden, die belegen würden, dass die Scheidungswahrscheinlichkeit in dem Maße zunimmt, je ungünstiger die Erziehungs- und Familienverhältnisse in der Kindheit waren. Umgekehrt darf das kein Freibrief für die Behauptung sein, den Umwelteinflüssen *keine* Wirkkraft zuzusprechen. Unweigerlich kommt ihnen hierbei ein mehr oder weniger bedeutender Einfluss zu. Jedoch deutet alles darauf hin, dass er längst nicht von der prägenden Intensität ist, um daraus die Wenn-dann-Formel abzuleiten: Kinder, deren Eltern sich scheiden lassen oder die von Geburt an mit einem allein erziehenden Elternteil aufwachsen, würden sich nahezu automatisch später genauso wie diese verhalten und obendrein psychosoziale Störungen (Neurosen, Psychosen oder Ähnliches) entwickeln.

Eine weitere Scheidungsstudie erteilt einer solchen irrigen Ansicht eine klare Absage. Die Studie bat 23 Jahre junge Erwachsene, Auskunft auf Fragen wie zum Beispiel die zu geben: »Empfinden Sie sich überwiegend unglücklich und niedergeschlagen?« »Leiden Sie oft unter Angstzuständen, die unrealistisch sind?« »Stimmt es, dass Sie sich durch andere Menschen oft geärgert, missverstanden oder verunsichert fühlen?« Je öfter die Versuchspersonen diese und ähnlich gestellte Fragen mit einem Ja beantworteten, desto größer sah man darin die Wahrscheinlichkeit, dass sie an psychischen Beschwerden litten.

Wie sah nun wirklich das Ergebnis aus? Zwar erhöhte eine »Scheidung der Eltern ... die Chance, dass die Punktezahl einer Versuchsperson bei diesem Test oberhalb (der) Trennlinie lag, doch nicht erheblich: 11 Prozent der Personen aus Scheidungsfamilien lagen oberhalb der Linie, verglichen mit 8 Prozent aus intakten Familien. Der Unterschied zum Durchschnittsergebnis bei den Ja-Antworten lag nur bei einem halben Test-Punkt.« (Harris 2000, S. 453) Diese sowie zahlreiche ähnlich aufgebauten Untersuchungen lassen berechtigte Zweifel über das Ausmaß von (Langzeit-)Scheidungsfolgen aufkommen. Und ebenfalls ist zu bezweifeln, ob die aus den Scheidungen hervorgehenden psychosozialen Folgen, welche die Kinder oft zu ertragen haben, zumeist nur auf den Erziehungsfehlern der Eltern beziehungsweise des allein erziehenden Elternteils beruhen.

Erscheint es nicht realistischer, sich hierbei der folgenden Ansicht amerikanischer Forscher anzuschließen? Sie fanden heraus, dass es nicht die elterliche Scheidung als solche ist, die das psychosoziale Verhalten des Kindes verändert. Vielmehr gehe, so die Forscher, der eigentliche Grund einer kindlichen Verhaltensänderung auf die »Persönlichkeit der Eltern« (Harris 2000, S. 457) *insgesamt* zurück, welche in ihrem Wesenskern jedoch schon vor der Scheidung dieselbe war. Gerade bei Menschen, die sich zum Beispiel durch eine zu positive oder zu negative Selbsteinschätzung auszeichnen, zeigt sich, wie problematisch es für sie ist, ein zufrieden stellendes und dauerhaftes partnerschaftliches Leben zu führen. Schon aus dem Grund stehen sie in der Gefahr, entweder von sich aus den (Ehe-)Partner zu verlassen oder von ihm verlassen zu werden. Das hängt auch damit zusammen, dass auch dieses Verhalten auf »genetischen Gründen« (Harris 2000, S. 458) beruht, die wiederum dafür mitverantwortlich sind, dass sie »häufiger schwierige Kinder« (ebd.) haben. Nach wie vor weisen Pädagogik und Psychologie die Tatsache zumeist weit von sich, in der Genetik einen der gewichtigen Gründe dafür zu sehen, »dass Eltern mit Problemen so häufig Kinder mit Problemen haben«. (Harris 2000, S. 436) Stattdessen vertreten beide Fachdisziplinen in der Erziehungspraxis weiterhin das eindimensionale Musterbild, nach

dem in aller Regel nur die *äußeren* (familiären) Erziehungs-
umstände es seien, die Kinder schwierig und verhaltensauffällig erscheinen lassen.

Eine weitere nahe liegende Erklärung dafür, weshalb das
Aufwachsen von Kindern *nicht* überwiegend oder sogar
ganz von seinen (familiären) Erziehungs- und Sozialisationseinflüssen abhängig ist, steht mit dem in Zusammenhang,
was der amerikanische Psychologieprofessor Jerome Kagan
als »subjektive Interpretationen« (Kagan 2000, S. 168) oder
die »inneren Interpretationen« (Kagan 2000, S. 175) der
Kinder bezeichnet.

Weshalb Kinder ganz unterschiedlich darauf reagieren,
wenn sie zum Beispiel

- von der Trennung oder der Scheidung ihrer Eltern erfahren,
- von klein auf ohne den (leiblichen) Vater aufwachsen,
- durch die Mutter oder den Vater eine Ohrfeige erhalten,
- von den Eltern gelobt und verwöhnt werden,
- tagtäglich in den Kindergarten gehen müssen,
- von anderen Kindern ausgelacht und gehänselt werden
  oder
- vom Lehrer als fleißig, höflich und sozial verträglich gelobt werden,

ist vor allem dem Umstand zuzuschreiben, dass sie diese
Erlebnisse jeweils *subjektiv unterschiedlich interpretieren.*
Mit anderen Worten: Nicht die Tatsache der elterlichen
Scheidung, des vaterlosen Aufwachsens, der Ohrfeige oder
des Lehrerlobes spielt die eigentlich entscheidende Rolle
dabei, wie das Kind sich in diesen Fällen weiterentwickelt.
Vielmehr geht es darum, wie es diese und andere Vorgänge persönlich interpretiert beziehungsweise für sich »ent-
schlüsselt«.

So kann das eine Kind, welches beispielsweise wegen seines fortgesetzt aggressiven, frechen Verhaltens dafür zum ersten Mal vom Vater eine Ohrfeige erhält, diese als »letzte« hilfreiche Chance interpretieren, um endlich sein in diesem Punkt unsoziales Benehmen abzustellen. Ein anderes Kind, das sich in der gleichen Situation befindet, kann jedoch zu einer völlig anderen Interpretation gelangen. In diesem Beispiel bedeutet für das Kind die Ohrfeige des Vaters keine »letzte« hilfreiche Chance dafür, sein aggressives, freches Verhalten aufzugeben, sondern es dessen ungeachtet beizubehalten oder es sogar noch zu verstärken.

Folglich ist die subjektive oder die innere Interpretation, mit der das Kind auf eine konkrete Erfahrung reagiert, »immer von den Hintergrundbedingungen« (Kagan 2000, S. 170) abhängig. Sie liegen einerseits in seinem persönlichen Wesen, andererseits sind sie von seiner unmittelbaren Umwelt (zum Beispiel Familie, Eltern, Kindergarten, Freundeskreis, Schule) abhängig. Zum persönlichen Wesen des Kindes zählen besonders seine angeborenen, vorgeprägten Temperamente. Sie geben vor, auf welche Weise das Kind die mit ihnen wechselseitig verbundenen Erziehungs- und Umwelteinflüsse interpretiert und auf sie reagiert. Der Ablauf des Wechselwirkungsprozesses entscheidet letztlich darüber, wie die kindlichen Beziehungen und Erwartungen, die es den Eltern, Heranwachsenden sowie anderen Menschen gegenüber entgegenbringt, beschaffen sind und wie – umgekehrt – die Reaktionen dieser Individuen wiederum die Verhaltensmuster des Kindes beeinflussen.

Sage mir, in welcher finanziellen Situation deine Familie lebt und in welcher Wohngegend du aufwächst, und ich sage dir, wie du dich entwickeln wirst!

Bei der Frage, was die Persönlichkeitsentwicklung der Kinder am nachhaltigsten prägt, blicken wir abschließend auf die sozioökonomischen und finanziellen Verhältnisse, unter denen sie aufwachsen.

Das Geld und die damit verbundene Entscheidung, in welcher sozialen Wohngegend Menschen leben, scheinen, wie ein Sprichwort sagt, zwar nicht zwangsläufig glücklich zu machen, aber dennoch zu beruhigen. Dem ist kaum zu widersprechen, vor allem dann nicht, wenn sämtliche Fachleute darin übereinstimmen, wie sehr das Aufwachsen der Kinder und Jugendlichen von den finanziellen Verhältnissen – und damit besonders von der sozialen Schicht, in der sie leben – abhängig ist. Natürlich ist es unabhängig davon ebenso wichtig, dass die Eltern zu den Kindern von klein auf auch in einem guten emotionalen und liebevollen Kontakt stehen. Aber dieser allein reicht nicht aus, damit aus ihnen später kognitiv kompetente, leistungsfähige, bildungswillige und ökonomisch erfolgreiche Menschen werden. Von ihnen erwarten besonders die westlichen Gesellschaften, dass sie über eine gute Bildung, flexible berufliche Kompetenzen und somit auch über einen entsprechend hohen finanziellen »Background« verfügen. Aus dem Grund wäre es naiv zu glauben, finanziell schwach gestellte Eltern könnten den künftigen schulischen wie beruflichen Erfolg ihres Kindes allein damit garantieren, dass sie es von Geburt an zu Hause nur möglichst liebevoll mit Emotionen umsorgen.

Nicht erst seit heute müssen dem Kind auch andere, ebenso wichtige Eigenschaften vermittelt werden, damit ihm möglichst große Lebenschancen zuteil werden können. Dazu zählen eine qualifizierte Schul- und Berufsausbildung, »die Wertvorstellungen von Gleichaltrigen, der Sittenkodex der Nachbarschaft und die Identifikation des Kindes mit seiner sozioökonomischen Herkunft«. (Kagan 2000, S. 129) Denn längst nicht nur die in der frühen Kindheit gesammelten emotionalen Kind-Eltern-Erfahrungen bestimmen über die soziale Rolle und Position des Kindes mit, sondern ebenso die eben genannten Faktoren. Sie stehen darüber hinaus im Zusammenhang mit der Bildung und dem Einkommen der Eltern oder desjenigen Elternteils, bei dem das Kind aufwächst. So ist es für ein Kind von Akademikereltern wahrscheinlicher, später einen angesehenen Beruf und wirtschaftliches Wohlergehen zu erreichen, als für ein Kind, dessen Eltern über keine qualifizierte Schulbildung verfügen. Die Gültigkeit dieser Feststellung ist »unabhängig von (den) früheren Kindheitserfahrungen« (Kagan 2000, S. 131), die ein Individuum gesammelt hat.

Studien, die nach den *sozialen* Gründen der Lern- und Verhaltensschwierigkeiten von Kindern fragten, gelangten zu einer wesentlichen Erkenntnis. Sie besagt, dass es die »soziale Klasse« (Kagan 2000, S. 130) – also die familiäre Herkunft der Kinder – ist, die ihre Probleme bewirkte. »Über 80 Prozent« (ebd.) dieser Kinder kamen aus der Unterschicht. Im Gegensatz dazu zeigten Kinder aus der sozialen Mittel- und Oberschicht so gut wie keine dahin gehenden Lern- und Verhaltensschwierigkeiten. Die soziale Schichtzugehörigkeit ist folglich ein vergleichsweise solider Faktor dafür, um den Schulerfolg eines Kindes grundsätzlich voraussagen zu können – und damit auch, welche späteren beruflichen sowie finanziellen Chancen sich ihm bieten werden.

Demgegenüber zeigte sich die emotional unterschiedliche Behandlung der Kinder durch die Eltern – allen voran durch die Mütter – nur von zweitrangiger Bedeutung. Ungeachtet dessen, dass zwischen Müttern der sozialen Unter- und

Mittelschicht sehr wohl Zuwendungsunterschiede bestanden, ließen diese – im Gegensatz zur Schul- und Berufsprognose – keine Vorhersage auf die späteren Gefühlslagen und -einstellungen ihrer Kinder zu, wenn man sie als Erwachsene daraufhin testete.

Daraus folgt: Wer sich besonders durch die soziale Armut am Rande der Gesellschaft bewegt, weil ihm die finanziellen Mittel dafür fehlen, annähernd so zu leben wie die »breite Masse«, der kann seinen Kindern wenig helfen, indem er dieses Manko mit übersteigerter emotionaler Zuwendung ausgleichen will.

In die Nähe dieser finanziellen Armutsgrenze fallen jedoch immer mehr Kinder geschiedener und allein erziehender Elternteile. Insofern müssen sie der sozioökonomischen Schattenseite unserer Gesellschaft zugerechnet werden. Unter der sozioökonomischen Verarmung leiden im *besonderen* Ausmaß die Kinder, die mit ihren Eltern vor der Scheidung oder Trennung noch in guten finanziellen Verhältnissen lebten und zumeist in einer entsprechenden sozialen Wohngegend aufwuchsen.

Mit anderen Worten: Bei etwa sieben von zehn Kindern geschiedener oder getrennt lebender Eltern verschlechtert sich die finanzielle Lage ihrer Mütter, mit denen sie in aller Regel weiterhin zusammenleben, oft derart, dass sie auf den finanziellen Lebensstandard von Sozialhilfeempfängern zurückgeworfen werden. Auf diesem Niveau leben in der Bundesrepublik Deutschland »viermal so viele Kinder« (Bundesministerium für Familie, Senioren, Frauen und Jugend 1998, S. 91) mit ihrem allein erziehenden Elternteil zusammen als Kinder, die mit beiden Elternteilen aufwachsen.

Der Hauptgrund des Abdriftens in die soziale Armut ist, dass es geschiedenen beziehungsweise allein erziehenden Müttern besondere Schwierigkeiten bereitet, über ein durchschnittliches Einkommen zu verfügen, sofern sie versuchen, gleichzeitig gewissenhaft ihre Erziehungsaufgaben zu erfüllen. Das ist umso mehr der Fall, wenn die finanziellen Unterhaltsleistungen der Väter ausfallen beziehungsweise nicht zu einem normalen sozioökonomischen Lebensstandard beitragen. Und so überrascht es nicht, dass nahezu »jede dritte Scheidungsfamilie ... von Armut bedroht ist«. (Napp-Peters 1995, S. 20) In erster Linie ist es das knappe Geld, das in »allen Lebensbereichen« (Napp-Peters 1995, S. 140) zu massiven Beschränkungen führt und den meisten Kindern zahlreiche der Lern-, Erfahrungs- und Entwicklungschancen vorenthält, die sie vor der Scheidung noch als selbstverständlich wahrnahmen.

Damit verbunden ist ein weiterer, womöglich noch entscheidenderer Faktor, der sich oft auf die Persönlichkeitsentwicklung von Scheidungs- und Trennungskindern besonders negativ auswirkt. Judith Rich Harris zitiert in ihrem Buch *Ist Erziehung sinnlos?* eine Reihe amerikanischer Untersuchungen, die eindeutig belegen, dass allein erziehende Elternteile viel häufiger aus finanziellen Gründen ihre vormals gut situierte Wohngegend mit einer schlechteren eintauschen müssen, als das bei verheirateten Elternpaaren der Fall ist. Dazu kommt, dass die scheidungs- oder trennungsbedingten Umzüge bei mehr als der Hälfte aller davon betroffenen Kinder zu Schulabbrüchen, Teenagerschwangerschaften und späterer Arbeitslosigkeit führten.

Außerdem hatten die Probleme dieser Kinder weniger mit dem Kontaktabbruch respektive den Beziehungsschwierigkeiten gegenüber einem Elternteil zu tun. Vielmehr hingen sie in einem viel größeren Ausmaß damit zusammen, dass die Kinder durch den notgedrungenen Umzug (oder sogar durch mehrere Umzüge) aus der vormals gewohnten und vertrauten sozialen Beziehungswelt mit ihren (gleichaltrigen) Freunden herausgerissen wurden.

Ein solcher Beziehungs-Entzug bewirkt, dass sich die Kinder nicht nur neue Peergroups suchen müssen, sondern sich auch deren Normen und Werten anzupassen haben. Das umso mehr, wenn das Leben in der neuen Peergroup nach anderen Gesetzen und Regeln verläuft als das, welches das Kind in der alten Peergroup vorfand. Kinder, die solchen Erfahrungen ausgesetzt sind, »werden leichter von ihren Altersgenossen abgelehnt; sie haben mehr Verhaltensprobleme und mehr Lernprobleme« (Harris 2000, S. 451) sowohl in der Schule als auch auf anderen Gebieten.

Die auf die Umzüge zurückgehenden unangepassten Verhaltensreaktionen von Kindern können als Trauer um den Verlust ihrer bisherigen Peergroup-Beziehungen gedeutet werden. Sie greifen spürbar in ihr Leben ein, weil es schmerzhaft ist, sich immer wieder an neuen Gruppennormen und -erwartungen ausrichten und sich mit ihnen arrangieren zu müssen. Dabei kann das Kind erleben, dass es von den Gruppenmitgliedern zum Beispiel als Fremder oder Eindringling misstrauisch beäugt wird oder es deshalb nicht richtig zur Gruppe gehört, weil es nicht von Anfang an »eines von ihnen« war – und obendrein womöglich aus einer anderen Sozialschicht kommt. Wenn jedoch Kinder keine vertraulichen und zeitlich zuverlässigen (neuen) Peergroup-Beziehungen aufbauen können, droht ihnen der Verlust eines großen Teils ihrer individuellen wie sozialen Identität. Das heißt, sie sind dann gefährdet, den »Anschluss an das soziale Leben« aus den Augen zu verlieren und als vereinzeltes Individuum aufzuwachsen.

Während die populäre Meinung weiterhin davon ausgeht, den Hauptgrund der persönlichen wie sozialen Entwicklungsprobleme Heranwachsender in der Scheidung beziehungsweise Trennung der Eltern selbst zu sehen – und dabei der »Unerreichbarkeit des heutigen Vaters« eine zentrale Schlüsselrolle zuweist –, kommen die Erkenntnisse von

Judith Rich Harris und anderen zu einem davon abweichenden Schluss. Sie besagen, dass die zu erwartenden Fehlentwicklungen von Kindern in allererster Linie auf die »häufigen Ortswechsel« (Harris 2000, S. 451) als Folge des niedrigen finanziellen Einkommens eines Elternteils zurückgehen und mit den damit verbundenen Schwierigkeiten bei der Suche nach neuen Peergroups zu erklären sind.

Und wie sieht es bei der Frage aus, warum bestimmte Kinder zur Kriminalität neigen? Verhält es sich auch hierbei so, dass die soziale Wohngegend und nicht die Erziehung der Eltern die letztlich ausschlaggebende Rolle spielt?

Zunächst verweist Judith Rich Harris auf eine Studie, deren Ergebnis nicht besonders überraschend ausfällt. Sie gelangt zu dem Ergebnis, dass sich unter den 500 amerikanischen Grund- und Mittelschülern, denen Diebstähle, Sachbeschädigungen, Überfälle und unerlaubter Waffenbesitz nachgewiesen wurden, weitaus mehr farbige als weiße Jungen als Täter befanden. Das Ergebnis entspricht schon deshalb den Erwartungen, weil es mehr farbige als weiße Kinder gibt, deren Eltern Sozialhilfeempfänger, Alleinerziehende und mit Vorstrafen belastete Personen sind. Somit zählen Eltern von farbigen Kindern im größeren Umfang zu »Hochrisiko«-Familien als die von weißen Kindern.

Als man jedoch die Daten der farbigen Jungen *nach Stadtvierteln getrennt* auswertete, ergab sich ein ganz anderes Bild. Die in soliden Mittelschichtsgegenden lebenden farbigen Heranwachsenden neigten genauso selten dazu, kriminelle Taten zu begehen, wie ihre weißen Nachbarschaftskinder. Und selbst dann war kein krimineller Verhaltensunterschied festzustellen, wenn die farbigen Kinder nur mit einem allein erziehenden Elternteil aufwuchsen. Dagegen zeigte sich ein kriminelles Verhalten sowohl bei den farbigen *als auch* bei den weißen Jungen dann in nachweisbarer

Form, wenn sie aus vorwiegend sozial armen, unterprivilegierten und »kriminellen« Wohnvierteln kamen.

Auf einen grundsätzlichen Nenner gebracht heißt das:

Problematische Zwei- oder Einelternfamilien, die in einer sozial gut situierten Wohngegend leben, haben mit der Persönlichkeitsentwicklung ihrer Kinder ersichtlich weniger Schwierigkeiten als Familien, die zwar intakt sind, aber dafür in einer sozial ungünstigen, vor allem durch soziale Armut und Kriminalität geprägten Wohngegend aufwachsen.

Zusammenfassung

Halten wir fest, dass die aufgeführten Entwicklungsstudien über Scheidungskinder zu ganz unterschiedlichen Grundaussagen gelangen. Wenn sie nur die *äußeren* Erziehungs- und Umwelteinflüsse, die die Kinder erfahren, untersuchen, kommen sie zu dem Ergebnis, wonach die Scheidungsvorgänge, denen die Heranwachsenden ausgesetzt sind, für sie gewichtige psychosoziale Risikofaktoren darstellen. Sie bergen die Gefahr in sich, dass die Kinder dadurch in ihrer Persönlichkeitsentwicklung mehr oder weniger ersichtliche Schäden davontragen. Daran ändern auch nichts die Erkenntnisse, nach denen es weniger die Scheidung der Eltern als solche ist, welche das Hauptproblem für die Kinder zu sein scheint. Vielmehr besteht es in den daraus hervorgehenden zwei Folgen:

- der Geldknappheit, die den allein erziehenden Elternteil oft dazu zwingt, von der bisher sozial guten in eine fortan schwache Wohngegend umzuziehen,

- verbunden mit der Konsequenz, dass die Kinder ihre vormals vertrauten Peergroup-Beziehungen aufgeben müssen und große Schwierigkeiten haben, sich in neuen Peergroups wohl zu fühlen. Gerade in diesem Umstand liegt die eigentliche Gefahr künftiger Verhaltensschwierigkeiten von Kindern.

Beziehen die Forschungsmethoden die *genetischen Kräfte* der Kinder in die Untersuchungen mit ein, zeigt sich ein vollkommen anderes Bild. Es vermittelt den Eindruck, dass die Auswirkungen der Scheidung auf das psychosoziale Verhalten der Heranwachsenden untrennbar damit verbunden sind, inwieweit sie mit den genetischen Potenzialen der Kinder in »Zusammenarbeit« stehen. Somit hängen das Ausmaß und der Umgang mit Scheidungsproblemen davon ab, wie die Kinder sie – genetisch bedingt – persönlich aufnehmen, interpretieren und verarbeiten.

Folglich bestimmen nicht nur alleine die Erziehungs- und Umwelteinflüsse darüber, wie die Kinder auf Scheidung, Trennung oder das Aufwachsen mit nur einem Elternteil reagieren. Vielmehr ist ihr unterschiedliches Verhalten das Ergebnis aus dem Wechselspiel ihrer Gene und den Lernerfahrungen, die sie von außen her sammeln.

Um kein Missverständnis aufkommen zu lassen, sei noch einmal erwähnt: Es geht nicht darum, den Vorgang und die Folgen der Scheidung zu verharmlosen oder darin die heutzutage »normalste Sache der Welt« zu sehen. Wer eine Scheidung jedoch zur ersten und entscheidenden »Erziehungssünde« hochstilisiert – und damit den Eltern von vornherein ein schlechtes Gewissen einredet –, handelt fahrlässig. Zumal dann, wenn bekannt ist, dass Kinder auch mit verheirateten Eltern ähnlich schwierig beziehungsweise verhaltensauffällig aufwachsen können.

Die drei Säulen
der Persönlichkeits-
entwicklung

Die Auseinandersetzung mit den »heimlichen Erziehern« veranschaulicht, wie sehr die Gleichaltrigengruppen das einzelne Kind in seiner Persönlichkeitsentwicklung begleiten und maßgeblich prägen. Daraus erschließt sich die Erkenntnis, in diesem Prozess längst nicht nur das Ergebnis einer wie immer auch gestalteten Erziehung durch die Eltern zu sehen. Vielmehr gehört der Persönlichkeitswerdung des Kindes ein mindestens ebenso wichtiger weiterer Aspekt an, der mit der eigentlichen elterlichen Erziehung nur am Rande zusammenhängt. Er zeigt sich darin, dem Kind möglichst früh die außerhäuslichen Sozialkontakte mit seinen gleichaltrigen Spielkameraden zu ermöglichen. Mit ihnen gelingt der Brückenschlag von der individuellen, inneren Familienwelt zur Beziehungsaufnahme mit der Außenwelt. Hierbei stellt die Außenwelt ein wichtiges Gegengewicht zur Verinselung und Verpädagogisierung des Kindes durch die Eltern und Erwachsenen dar. Die Erfahrungen, die das Kind dabei mit den Gleichaltrigen sammelt, eröffnen ihm Stück für Stück das Tor zum ebenso wichtigen anderen Teil seiner Lebenswelt. Es lernt dabei, was seit Menschengedenken seinem Grundwesen unersetzlich angehört: die Sozialisation außerhalb der Familie, welche vor allem mit der Kinder-Kinder-Sozialisation verbunden ist.

Wie aufgezeigt, finden die Heranwachsenden in der Peergroup ein weitaus intensiveres, sie prägendes Sozialisations- und »Erziehungs«feld, als das heute gemeinhin von den Erwachsenen gesehen und anerkannt wird. Mehr als deutlich belegt das eine Jugendumfrage der Illustrierten *Stern* aus dem Jahre 1999. Aus ihr geht unter anderem hervor, dass in

Bezug auf die Frage nach der »Lebensfreude« junger Menschen bei zwölf- bis dreizehnjährigen Kindern die Freundschaften mit sage und schreibe 100 Prozent noch vor der Familie mit 98 Prozent stehen. Und bei der Frage, von wem sich die Kinder gleichen Alters »gut oder sehr gut verstanden« fühlen, sieht es nicht wesentlich anders aus. In 96 Prozent aller Fälle wird zwar die Mutter als erste Person genannt, gefolgt aber schon von den Freunden mit 89 Prozent. (Sandmeyer 1999)

Daraus wird noch einmal ersichtlich, welchen überragenden Stellenwert die Freundes- und Gleichaltrigengruppen bei den Heranwachsenden einnehmen. In ihnen erlernen sie den Umgang mit altersentsprechenden (Gruppen-)Werten, Normen und Regeln. Sie ermöglichen die Weiterentwicklung individueller wie sozialer Kompetenzen, was sich sowohl in der Selbstständigkeit als auch in der Anpassungs- und Verantwortungsbereitschaft der Kinder widerspiegelt. Die Peergroups gleichen Schutzzonen, an deren Eingangstor das Hinweisschild steht: »Die Anwesenheit Erwachsener ist hier unerwünscht!« Es signalisiert, hier handelt es sich um Orte, an denen die Kinder ihre Lebensbelange eigenständig in die Hand nehmen und sich dabei nicht von den Erwachsenen beeinflussen und verplanen lassen wollen.

Die Peergroups sind die eigentlichen Orte, an denen die »Kindlichkeit der Kinder« zu beobachten ist. Hier wird eine Lebenskultur experimentiert, die in vielerlei Hinsicht der der Erwachsenen entgegengesetzt ist. In den Peergroups werden nicht die in den Augen der Eltern »bildenden« Freizeitaktivitäten des Klavier-, Flöten- und Geigenspielens, der Ballettkünste oder des Chorgesanges eingeübt. Vielmehr wird das erprobt und erlernt, was den Kindern oder der Gruppe selbst Sinn und Freude bereitet: zum Beispiel das Fußballspielen, das Skateboarden, der Breakdance, das Miteinander-Quatschen, das Sich-Begeistern für neue Ideale, das Sich-Verlieren in Tagträumereien, das Nur-so-Herumsitzen oder das Sich-Zurückziehen in dem Wissen, dass die anderen trotzdem da sind, wenn man sie braucht.

Aber noch aus einer anderen Sicht sind die Peergroup-Erfahrungen von existenzieller Bedeutung. Sie vermitteln den Kindern, wie es ist, wenn man von den Altersgenossen gehänselt und hintergangen wird, oder wie abweisend und grausam sie sein können, wenn man sich mit ihnen anlegt und gegen die Gruppennormen verstößt. Anhand dieser Versuch-und-Irrtum-Erfahrungen erlernen die Kinder untereinander, was es lebenspraktisch heißt, mit Enttäuschungen oder Demütigungen zurechtzukommen. In dem Zusammenhang ist auch der oft ganz andere Umgang der Kinder mit den demokratischen Rechten und Pflichten der Freiheit, Gleichheit sowie Brüderlich- beziehungsweise Geschwisterlichkeit zu sehen. Wie sie diese praktizieren, weicht im positiven wie negativen Sinne immer wieder von den Auffassungen ab, welche die Erwachsenen darüber haben.

Auf all diesen Wegen leisten die Peergroups *neben* den Erziehungsbemühungen der Eltern einen unverzichtbaren Sozialisationsbeitrag für die Persönlichkeitsentwicklung des Kindes. Mehr noch: Je älter das Kind wird, desto häufiger überlagern die Lern- und Sozialisationserfahrungen der Peergroups die Erziehungseinflüsse der Eltern. Deshalb ist es eine Illusion, wenn seitens pädagogischer Kreise den Eltern vermittelt wird, dass es einzig ihre gute oder schlechte Erziehung sei, die dafür verantwortlich ist, wie der weitere Lebensweg des Kindes verläuft.

Ungeachtet dessen ist es natürlich richtig, dass besonders kleine Kinder durch die elterlichen Erziehungseinflüsse lenk- und beeinflussbar sind. Das darf aber nicht zu der Annahme führen, als seien die Erziehungseinflüsse die alles entscheidenden Kräfte, die das Kind in der Persönlichkeitsentwicklung *dauerhaft* prägen. Träfe das tatsächlich zu, so hätten die Eltern, deren Kind von Anfang an in einem pädagogisch wie psychologisch positiven Erziehungsklima aufwächst, kaum Schwierigkeiten mit ihm. Dem ist aber in der Regel nicht so. Denn selbst ein Kind, dessen Eltern sich sehr verständnisvoll und kooperativ ihm gegenüber zeigen, neigt oft dazu, sich im Laufe seiner Entwicklung gegen sie aufzulehnen und abzugrenzen. Zum Beispiel entwickelt es (ganz) andere Werte und Normen als die, die ihm seine Eltern zuvor einfühlsam vermittelten. Diese Beobachtung trifft selbst bei den Kindern zu, deren Eltern sich besonders zeitaufwendig und verantwortungsvoll um sie kümmern. Sie glauben, ihr Tun sei die beste Garantie dafür, dass ihr Kind nicht vom rechten Weg abkommt.

Abermals wird daraus ersichtlich, dass es längst nicht nur die erzieherischen Maßnahmen sind – auch wenn sie noch so ausgewogen und einfühlsam sein mögen –, die das Verhalten des Kindes dauerhaft beeinflussen. Während unsere Erziehungsgesellschaft nach wie vor unbeirrt davon ausgeht, in den Eltern-Kind-Erziehungsvorgängen das Maß aller kindlicher Entwicklung zu sehen, sieht die Wirklichkeit hingegen anders aus. Sie zeigt uns, dass es insbesondere die Sozialisationskräfte – allen voran die der Gleichaltrigengruppen – sind, die darüber bestimmen, was aus dem Kind samt seines »Baumaterials Gene« wird. Folglich stellt die Erziehung durch Mutter und Vater nur die Vorderseite der »Medaille Kind« dar. Auf deren Rückseite stehen die außerhäuslichen Sozialisationseinflüsse, die das Kind durch seinen Freundes- und Lebenskreis erwirbt. Zwischen beiden Medaillenseiten existiert somit ein untrennbarer gegenseitiger Austausch. Hierbei spricht vieles dafür, dass sich das Kind, je älter es wird, zusehends mit den Denk- und Verhaltensweisen seiner Altersgenossen aus den Gleichaltrigengruppen identifiziert und weniger mit denen, die es durch die Erziehung der Eltern erwarb. Zusammen mit der genetischen

Grundstruktur des Kindes sind sie dafür verantwortlich, wie die Persönlichkeit des Kindes geprägt wird.

Um die generelle Richtigkeit dieser Behauptung zu überprüfen, rät Judith Rich Harris den Eltern, das Verhalten ihres Kindes im Rahmen der nachstehenden Situationen zu beobachten:

- Wenn Ihr Kind seine Freunde mit nach Hause bringt, welche Umgangsregeln wird es dann einnehmen: die, die es von Ihnen gelernt hat, oder die, die unter seinen Freunden gelten?
- Wenn Sie mit Ihrem (zehnjährigen) Kind und dessen Freunden zusammen eine Fahrt ins Wochenende unternehmen, verhält es sich dann so wie seine gleichaltrigen Freunde oder so, als wenn es nur mit Ihnen alleine verreisen würde?
- Wenn sich Ihr fünfjähriges Kind in Ihrer Gegenwart und vor den Augen seiner Freunde das Knie aufschlägt, wie verhält es sich dann? Fängt es zu weinen an, wie das der Fall wäre, wenn es mit Ihnen allein ist, oder tut es das nicht, weil es weiß, dass es sonst von seinen Altersgenossen als wehleidig angesehen und von ihnen ausgelacht würde?
- Wenn sich Ihr kleines Kind weigert, zu Hause die eine oder andere Speise zu essen, was sollten Sie dann am besten tun? Setzen Sie es mit seinen Freunden, die diese Speisen essen, zusammen an einen Tisch. Sie werden sehen, die Essensverweigerung Ihres Kindes gegenüber den ungeliebten Speisen hört auf oder wird weniger!
- Wenn Sie Ihrem vorpubertären Kind erklären wollen, dass das Rauchen Krebs erregend ist, eine schlechte Haut verursacht, impotent macht und viel Geld kostet, so können Sie das natürlich tun. Es wird jedoch Ihr Kind in der Regel trotzdem nicht davon abhalten zu rauchen, wenn seine

Altersgenossen aus der Peergroup rauchen. Denn deren Verhalten – und weniger das Ihrige – dürfte letztlich den Ausschlag dafür geben, ob Ihr Kind raucht oder nicht.

Anhand der Beispiele können Sie überprüfen, inwieweit Ihre Erziehungsbemühungen oder der Gruppeneinfluss der Freunde Ihres Kindes ausschlaggebend dafür sind, wie es sich *tendenziell* verhalten wird. Sollten am Ende auch Sie zu der Überzeugung gelangen, dass das Verhalten Ihres Kindes in diesen wie in anderen Situationen nicht in erster Linie auf Ihre Erziehung zurückgeht, so nehmen Sie das möglichst gelassen hin, indem Sie sich nicht *alleine* dafür verantwortlich fühlen müssen, wenn sich Ihr Kind so oder so entwickelt hat.

Außerdem ist es nicht so, als wäre Ihre Erziehung nebensächlich oder sogar überflüssig gewesen. Sie war schon deshalb unverzichtbar, weil Sie mit der Erziehung von Geburt des Kindes an einen unersetzlichen Beitrag für sein Aufwachsen geleistet haben. Da weder Säuglinge noch Kleinkinder in der Lage sind, sich in Form von Liebe, Schutz, Fürsorge und Verlässlichkeit dauerhaften gegenseitigen Halt zu verleihen und vertrauensvolle Beziehungen einzugehen, benötigen sie dafür die Eltern beziehungsweise die Erwachsenen. Erst die Eltern ermöglichen es dem Kind, die Grundlagen des menschlichen Miteinanders zu erlernen und sie als seine vorläufigen Beschützer, Orientierungsgeber und Förderer zu erfahren. Daraus erwächst das kindliche Urvertrauen, das in der Folgezeit zum Lebensvertrauen wird. Es befähigt das Kind unter anderem, sich mit den immer wieder auftretenden Fehlern, Gefahren und Enttäuschungen des Lebens zu arrangieren und aus ihnen zu lernen.

Im Weiteren liegt die Aufgabe einer wohlverstandenen Erziehung darin, dem Kind neben den ihm zu gewährenden Freiheiten ebenso Grenzen und Regeln vorzugeben nach dem Motto »Bis hierher – und nicht weiter!«. Dafür benötigen die Eltern eine Reihe klarer Ge- und Verbote, die sie konsequent dem Kind gegenüber einhalten müssen. So haben sie sein Verhalten im einen Fall zu bejahen und zu unterstützen, im anderen Fall dagegen zu verbieten und zurückzuweisen. Das setzt das Bewusstsein voraus, dass im materiellen Leben alles von Gegensätzen – Polaritäten – beherrscht wird. In ihnen liegt der Grund, warum auch in der Erziehung der Konflikt eine Selbstverständlichkeit darstellt. Das bedeutet, jeder (Erziehungs-)Konflikt beruht auf dem Vorhandensein der Polarität, und jede Polarität trägt umgekehrt von Anfang an den Konflikt in sich. Schon deshalb wäre es vermessen, in der Erziehung einen Prozess zu erkennen, der fern aller Konflikte wie zum Beispiel von denen zwischen der Freude und dem Ärger, des Glückes und Leides, des Richtigen und Falschen oder des Guten und Bösen verläuft.

Wenn sich die Eltern und Erzieher dieser Gegebenheiten bewusst sind, gewinnen sie auch einen anderen Bezug gegenüber dem, was die Erziehung überhaupt leisten muss und kann und wovor sie sich zu distanzieren hat. Das zeigt sich auch darin, dass sie ein praktisches Verständnis von dem haben, was die Kinder selbst sich von der Erziehung ihrer Eltern wünschen und versprechen:

1. Kinder wünschen sich Eltern beziehungsweise elternähnliche Bezugspersonen, die ihnen Liebe, Geborgenheit, Empathie, Zeit und nicht billigende Akzeptanz und beziehungsloses Interesse entgegenbringen.
2. Kinder wünschen sich Eltern, die sich innerhalb einer intimen familiären Atmosphäre ihrer annehmen und ohne »pädagogisches Geschwätz« und Gefühlsduselei unmittelbar zu ihnen stehen.
3. Kinder wünschen sich so angenommen zu werden, wie sie ihrem inneren Wesenskern nach sind, und nicht, wie sie seitens der Eltern und der Umwelt ständig sein sollen. Sie

erwarten von den Eltern: »Macht uns nicht, sondern lasst uns werden!«

4. Kinder wünschen sich, viele Erfahrungen in Form von Freiheiten und Experimenten zu sammeln. In ihren Augen schließt das immer auch das Fehler-und-Niederlagen-machen-Müssen automatisch mit ein, ohne das sie nicht zur eigenen Reife und Identität gelangen.

5. Kinder wünschen sich gerade in dem Zusammenhang, dass ihre erlebten Freiheiten und Experimente ebenso mit klaren elterlichen Grenzen, Wertehaltungen und Orientierungen einhergehen, denen eine positive Elternautorität zugrunde liegt. Ohne sie können Kinder auf Dauer nicht sicher und sinnhaft leben.

6. Kinder wünschen sich, dass hierbei die Eltern die Liebe und Zuneigung ihnen gegenüber nicht mit der Verwöhnung oder dem »Tu-was-du-willst-Erziehungsstil« verwechseln. Kinder spüren und wissen sehr wohl, dass sie nicht alles bekommen und tun können. Das entspräche auch nicht ihrem Grundwesen. Durch das elterliche »Nein« und seine damit verbundenen Verzichtsleistungen erleben sie zugleich ihre eigenen Grenzen und die anderer Menschen.

7. Kinder wünschen sich, nicht nur als brave und willige Individuen, sondern ebenso als Konfliktwesen wahrgenommen zu werden. Deshalb fordern beziehungsweise provozieren sie die Eltern, um sie hinsichtlich ihrer »Neins« – ihrer Widerstandskraft – auf die Probe zu stellen. Sie wollen erfahren, ob die Eltern sich selbst wie auch sie wirklich ernst nehmen, wenn es um einmal gesetzte Grenzen, Werte und Verbote geht. Deshalb testen die Kinder ihre Eltern auf deren Konsequenz- und Konfliktbereitschaft hin aus. Obendrein tun sie das von Zeit zu Zeit auch deshalb, um sich zu vergewissern, ob die Eltern weiterhin noch das »Sagen im Haus« haben.

8. Kinder wünschen sich nicht zuletzt, dass ihre Eltern ein alles in allem geglücktes Zusammenleben führen, sofern ihre Ehe- oder Lebensgemeinschaft von gegenseitigem Vertrauen, Respekt und Zusammenhalt getragen ist. Damit sind sie auch ein gewisses Modell für die Beziehungen der Kinder, welche sie gegenüber ihren Freunden aufbauen und pflegen.

Grob umrissen spiegeln sich in diesen acht Punkten die grundlegenden Aufgaben und Chancen der Erziehung wider. Diese Tatsache hängt nicht nur mit den Wünschen der Kinder zusammen, sondern beruht auf den Grundregeln einer jeden menschlich orientierten Pädagogik. In der Erziehungspraxis geht sie einher mit den fünf »erzieherischen Tugenden« der Eltern. Sie zeigen sich

- im *Zutrauen,* dass das Kind bereits als »vorgeprägtes Blatt« zur Welt kommt. Auf ihm stehen eine Reihe angeborener Fähigkeiten und Eigentümlichkeiten in Form von Begabungen und Temperamenten. Sie geben den Eltern das Vertrauen, dass das Kind längst nicht nur durch die Erziehung zu seiner Persönlichkeitsreifung findet, sondern hierbei auch seine »inneren Schicksalsanteile« maßgeblich mitsprechen und parallel dazu die Sozialisationserfahrungen mit und in seinen Peergroups eine zentrale Rolle einnehmen.
- in den *Erwartungen* im Sinne einer realistischen Sichtweise vom Kind. Sie bestehen vor allem darin, das Kind im Hinblick auf sein Können und Wissen – sein »Sosein« – weder zu über- noch zu unterfordern. Falsche erzieherische Erwartungen hängen zumeist damit zusammen, dass die Eltern das Kind dafür (unbewusst) benutzen, um an ihm die eigenen nicht verwirklichten Lebensziele und -inhalte auszuleben.

- in der *Geduld* als Kraft des Abwartenkönnens. Ob es sich zum Beispiel um die Sauberkeits-, Sprach-, Intelligenz- oder Werteerziehung handelt, so ist das Geduldigsein eng mit dem Prinzip des Nicht-nur-Zeit-Gewinnens, sondern auch des Zeit-Verlierens verknüpft. Gerade heute scheint es nicht übertrieben zu sein, in der erzieherischen Geduld eine der größten und mutigsten Tugenden zu sehen.
- in der *Hoffnung*, dass trotz aller Unabwägbarkeiten und Zweifel das kreative optimistisch-realistische Denken, Fühlen und Handeln letztlich die Oberhand behalten wird. Die Kraft der Hoffnung liegt einem dementsprechenden Selbstbild der Eltern zugrunde. Es eröffnet dem Kind die Möglichkeit, in der Hoffnung eine Hauptlebensquelle zu entdecken. Sie hilft ihm, sich selbst und der Welt auch noch in dunklen Stunden und Tagen Sinn und Mut abzuringen.
- im *Humor*, der sich gerade gegenüber den »großen« und kaum veränderbaren Dingen des Lebens lächelnd und gelassen zeigt. Mit ihm erkennen die Eltern, dass sie oft nicht über die Macht und Beeinflussungskraft verfügen, die sie gerne hätten, um ihr Kind »richtig« zu erziehen. Im Humor zeigt sich das Instrument der Weisheit. Aus der Tiefgründigkeit und Ernsthaftigkeit heraus erkennt sie, dass es weder in der Erziehung noch sonst wo im Leben eine Vollkommenheit und Endgültigkeit geben kann.

Die Umsetzung der Erziehungsaufgaben samt ihrer »pädagogischen Tugenden« ist jedoch nur dann sinnhaft und Erfolg versprechend, wenn sie auch mit *Freude, Spaß* und *Spontanität* einhergeht. Diese Eigenschaften sind jedoch im Erziehungsalltag immer seltener anzutreffen. Wenn Eltern äußern, mit Freude, Spaß und Spontanität zu erziehen und dabei so gut wie keine Probleme mit ihren Kindern zu haben, wird das meistens mit Skepsis, Kopfschütteln und Unverständnis quittiert. Man konfrontiert sie mit der Frage: Wie kann das nur möglich sein, wo die Erziehung doch eine so problembeladene und ernsthafte Aufgabe ist, die einem oft die letzten Kräfte raubt! Wer hierbei Freude, Spontanität und sogar noch Spaß empfindet, der mache es sich zu einfach mit ihr; er nehme sich sowie das Kind zu wenig ernst und orientiere sich nicht an den vielen Erziehungsratschlägen, die offensichtlich reihenweise die Kompliziertheit der Erziehung betonen.

Dieses Beispiel veranschaulicht, unter welchem Vorbild die heutige Erziehung steht. Es bestärkt die Eltern darin, in ihr eine hoch differenzierte, voll von Problemen steckende Aufgabe zu erkennen. Diese ist von zwei Grundmeinungen geprägt:

Zum einen müsse man die Erziehung mit der nötigen Ernsthaftigkeit und den hierfür richtigen pädagogischen Mitteln betreiben – verbunden mit harter Arbeit und Anstrengung. Demzufolge hat sie im Alltag nur ganz am Rande etwas mit Freude, Spaß und Spontanität zu tun. Vielmehr gleiche die Erziehung einem Hightechmotor, der derart kompliziert funktioniere, dass es nur einem geschulten und ernsthaft bemühten Mechaniker gelinge, ihn zu verstehen und zum Laufen zu bringen.

Zum anderen führt die beklagte Erziehungsproblematik zur folgenden Konsequenz: Sie veranlasst zunehmend mehr Eltern zu der Behauptung, die Erziehung sei so kompliziert geworden, dass man als »pädagogischer Laie« nicht mehr in der Lage sei, das Kind »bedürfnisgerecht« zu erziehen. Bevor man etwas falsch mache, sollte das Kind besser erst gar nicht richtig erzogen werden. Denn schließlich gebe es genug pädagogisches Fachpersonal in den Kinderkrippen, Kindergärten, Schulen und Horten. Sie würden dem Kind schon die geeignete Erziehung vermitteln.

Die zwei unterschiedlichen Meinungen zeigen beispielhaft auf, warum es den Eltern merklich weniger gelingt, einen vernünftigen Beitrag zur Persönlichkeitsentwicklung des Kindes zu leisten. Damit scheitert jedoch die Erziehung mit ihrem Anspruch, für das gelungene Aufwachsen des Kindes verantwortlich zu sein, letztendlich an sich selbst. Vor allem mit ihren absolutheitsähnlichen sowie oft widersprüchlichen Aussagen und Methoden verunsichert sie die Eltern und Erzieher derart, dass viele von ihnen tatsächlich glauben, in ihr die schwierigste Aufgabe des Lebens zu sehen. Entweder verstricken sich die Erwachsenen in der Erziehung selbst so sehr, dass sie dem Nachwuchs keine kindgerechten Perspektiven vermitteln können; oder sie umgehen ihren Erziehungsauftrag von vornherein, indem sie ihn an die »pädagogischen Experten« zu delegieren versuchen.

Wem solche Einstellungen anhaften, der kann nicht annähernd mit Freude, Spontanität und Spaß Kindern gegenübertreten und sie sinnhaft erziehen. Eltern, die sich überwiegend Sorgen machen, unsicher sind und an sich selbst zweifeln, sind die denkbar ungeeignetsten Erziehungspartner für das Kind. Ihnen fehlt der freie und gelassene Blick auf das, was sich die Kinder in den oben genannten acht Punkten von ihnen wünschen. Ebenso haben diese Eltern Probleme damit, die »erzieherischen Tugenden« praktisch umzusetzen.

Deshalb müssen sich zuallererst die Eltern wieder an ihre Rolle als »Erziehungsvorstände« erinnern und sich darin sicher und stark fühlen. Dabei dürfen sie sich nicht als bloße Kumpels und Gesinnungsgenossen, als Marionetten der Kinder betrachten. Sie haben sie zum Beispiel nicht fortlaufend zu unterhalten, zu umsorgen, zu beobachten und sich ihnen gegenüber nur langmütig und verständnisvoll zu zeigen. Eltern sind Eltern – und Kinder sind Kinder! Jede auch nur annähernd wohlverstandene Erziehung will und kann daran

nichts ändern, auch wenn sie noch so partnerschaftlich ausgerichtet sein mag.

Jedoch hat die Pädagogik seit geraumer Zeit diese Tatsache aus den Augen verloren. Stattdessen redet sie den
Erziehern ein, bereits die Kleinstkinder am Erziehungs-
geschehen möglichst überall mitbestimmen zu lassen, weil
das eine angeblich unverzichtbare Voraussetzung für ihre
selbstständige Persönlichkeitsentwicklung sei. Auf diese
Weise werden bereits kleine Kinder für etwas vereinnahmt,
was sie im Grunde genommen überhaupt noch nicht wollen
und auch nicht können: von den Eltern fortlaufend danach
gefragt zu werden, ob und warum sie sich dieses und jenes
wünschen oder nicht wünschen.

Solche und ähnliche scheindemokratischen Maßnahmen
treffen nicht die eigentlichen Bedürfnisse kleiner Kinder, weil
sie mit ihnen in aller Regel überfordert sind und sie außerdem andere Vorstellungen von einem demokratisch-partner-
schaftlichen Umgang mit den Erwachsenen haben. Und so
verwundert es nicht, wenn diese Methoden zum Gegenteil
dessen führen, was sie bei den Kindern bezwecken wollen:
In den Verhaltensweisen, die sie den Eltern gegenüber an den
Tag legen, zeigen sich die Kinder unruhig, trotzig, herrsch-
süchtig, aggressiv, kurzum: partnerschaftsfeindlich. Denn
neben einer Reihe kindgemäßer Mitspracherechte erwarten
sie von den Erwachsenen ebenso einen »roten Führungs-
faden«, der ihnen die Orientierung vorgibt. Wenn er fehlt,
wird die Erziehungsaufgabe der Eltern über kurz oder lang
zur selbst verschuldeten Last und Plage, die dann auch auf
das Verhalten der Kinder übergreift.

Finden diese Tatsachen kein Gehör, läuft die Erziehung
weiterhin Gefahr, ihre Wirkung noch mehr zu verlieren, als
das heute schon der Fall ist. Und obendrein gilt: Wenn die
Erziehung nach wie vor glaubt, nur aufgrund ihrer Einwir-
kungen, und seien sie noch so wohl durchdacht wie umfang-

reich, erfolgreiche Persönlichkeiten hervorzubringen, dann täuscht sie sich gewaltig. Sie missachtet damit das für jedes gelungene Leben naturhaft nötige Wechselspiel zwischen diesem scheinbar Wohldurchdachten und Gesicherten und dem Nicht-Voraussagbaren. Denn selten können erzieherische Maßnahmen mehr sein »als Eingriffe ins Unbekannte mit unbekanntem Ausgang«. (Wolfgang Brezinka, zit. nach Dollase 1992, S. 177)

Diese Feststellung bewahrheitet sich insofern, als die erzieherischen Maßnahmen nur eine von *drei Säulen* sind, auf denen die Persönlichkeitsentwicklung beruht. Die anderen beiden Säulen betreffen die Gene des Kindes und die Sozialisationseinflüsse, die es vor allem durch seine Peergroup-Erfahrungen erwirbt. Wer deshalb den Eltern und Erziehern einzureden versucht, es hinge lediglich von der einen Säule »Erziehung« ab, ob sich das Kind *dauerhaft* zu einer mehr positiven oder mehr negativen Persönlichkeit hin entwickelt, der drängt sie in eine fortgesetzte Erwartungs- und Erfüllungsabhängigkeit.

In der erzieherischen Praxis zeigt sich das zum Beispiel dadurch, in Enttäuschung, Überreaktion, Passivität oder Niedergeschlagenheit zu geraten, wenn das Kind nicht die jeweiligen Verhaltenseigenschaften zeigt, auf die man es doch »richtig« hinerzogen zu haben glaubt. Somit ist es vonnöten, dass sich die Erwachsenen in ihrer verantwortungsvollen Erzieherrolle von den oft maßlosen Überschätzungen und manchmal auch Unterschätzungen befreien. Stattdessen haben sie sich bei der Persönlichkeitswerdung des Kindes daran zu orientieren, dass sich in ihr alle drei Säulen der menschlichen Entwicklung widerspiegeln.

Demnach prägt längst nicht nur die erzieherische familiäre Welt den Lebensweg des Kindes, sondern er wird mindestens ebenso stark durch die außerhäusliche Welt der (Gruppen-) Sozialisation bestimmt. *Beide* Welten spielen die ausschlaggebende Rolle dafür, wie und auf welchen Wegen das Kind die daraus erworbenen Erfahrungen auf ganz *persönliche* Art aufnimmt, interpretiert und sie dann umsetzt. Spätestens wenn diese Zusammenhänge das Bewusstsein der Eltern und Erzieher leiten, erkennen sie, dass

- ihnen kein Erziehungsmonopol mehr anzugehören braucht, da sie nicht allein zuständig für die Persönlichkeitsentwicklung der Kinder sind, und zugleich
- sich die Kinder bereits von klein auf fortschreitend zu Kindern hingezogen fühlen, ohne dabei die Eltern als positive Autoritäten oder »Erziehungsvorstände« aus den Augen verlieren zu wollen.

Gelingt es den Eltern und der Erziehungsöffentlichkeit, diesen beiden Punkten die nötige praktische Aufmerksamkeit zu schenken, dann bieten sie den Kindern die größten Chancen für eine gedeihliche Persönlichkeitsentwicklung. Sie ist der beste Hoffnungsträger dafür, um ihre individuellen wie gemeinschaftsbezogenen Bedürfnisse und Rechte im Kreise der Alten *und* Jungen zu entdecken und auszuformen.

Anhang

Fragebogen für Eltern, Alleinerziehende und Erzieherinnen

Die Ergebnisse des nachstehenden Fragebogens sind aufschlussreich darüber, welche Vorstellungen die befragten Personen gegenüber den Erziehungseinflüssen haben und welche Wirkungen sie bei den Kindern auslösen. Der Fragenkatalog wurde im Jahr 2001 130 Personen (Eltern, Alleinerziehenden sowie Kindergarten- und Horterzieherinnen) in München-Stadt und München-Land zur Beantwortung vorgelegt. Obwohl die Befragungsergebnisse nicht mit exakt ermittelten wissenschaftlichen Erkenntnissen zu verwechseln sind, zeigen sie dennoch konkrete Auffassungen und Trends. Aus dem Grunde wäre es verfehlt, ihnen keine tendenzielle Aussagekraft zuzugestehen.

	gering	durch-schnitt-lich	hoch	sehr hoch
Wie schätzen Sie die Erziehungseinflüsse bei der Persönlichkeitsentwicklung des Kindes *allgemein* ein?	0	3	121	6
Wie schätzen Sie Ihren *eigenen* Erziehungs-einfluss auf die Persönlichkeitsentwicklung Ihres Kindes ein?	0	12	107	11
Wie schätzen Sie die Erziehungseinflüsse auf die Persönlichkeitsentwicklung Ihres Kindes ein durch				
• seine Erzieherinnen in der Kinderkrippe?	14	61	45	10
• seine Erzieherinnen in Kindergarten/ Kindertagesstätte?	12	40	66	12
• seine Lehrer in der Schule?	7	38	71	14
• seine Erzieherinnen im Hort?	10	64	46	10
In welchem Maße stimmen Sie der Behauptung zu, dass es fast ausschließlich die Eltern/Allein-erziehenden sind, die für den Erziehungserfolg des Kindes Verantwortung haben?	14	84	20	12
In welcher Weise glauben Sie, durch aus-geprägtes Loben und Motivieren das Kind vertrauensvoller erziehen zu können?	4	13	61	52
Wie schätzen Sie die Behauptung ein, Scheidungskinder würden sich in Ihrer Persönlichkeit weniger gut entwickeln als Nicht-Scheidungskinder?	14	44	68	4
Wie schätzen Sie die Behauptung ein, die Persönlichkeitsentwicklung von Kindern, die *nur* mit Alleinerziehenden (Mutter oder Vater) aufwachsen, verlaufe in der Regel schwieriger als die Persönlichkeitsentwicklung von Kindern, welche mit *beiden* Elternteilen aufwachsen?	15	25	81	9

	gering	durch-schnitt-lich	hoch	sehr hoch
Wie schätzen Sie *allgemein* die Bedeutung der Gene des Kindes bei seiner Persönlichkeitsentwicklung ein?	43	75	8	4
Wie schätzen Sie den Einfluss der Gene bei der Intelligenzentwicklung des Kindes ein?	53	58	15	4
Wie schätzen Sie den Einfluss der Gene auf die Charakterentwicklung des Kindes ein?	78	41	9	2
Wie schätzen Sie die *inner*familiären Erziehungseinflüsse ein, denen das Kind bei der Persönlichkeitsentwicklung begegnet?	2	4	59	65
Wie schätzen Sie die *außer*familiären Erziehungseinflüsse (zum Beispiel die der Spiel- oder Klassenkameraden im Kindergarten und/ oder in der Schule) auf die Persönlichkeitsentwicklung des Kindes ein?	25	62	39	4
Wie schätzen Sie die Bedeutung des finanziellen Einkommens der Eltern/Alleinerziehenden bei der Persönlichkeitsentwicklung des Kindes ein?	38	78	14	0
Wie stimmen Sie der Behauptung zu, die Persönlichkeitsentwicklung des Kindes hängt weniger davon ab, wie oft es in der Kindheit Ortswechsel (Umzüge) erlebt, sondern vielmehr davon, ob das Kind sich *sozial verschlechtert*, das heißt im Vergleich zur bisherigen Wohngegend fortan in einer sozial *»schwächeren«* Umgebung leben muss?	42	58	24	6
Wie wichtig ist für Sie die Behauptung, je fürsorglicher, umsichtiger – also »alles verantwortlicher« – die Erwachsenen das Kind erziehen, desto bessere persönliche wie soziale Chancen ergeben sich daraus für sein weiteres Leben?	38	55	33	4

	Stimmen	
	ja	**nein**
In welchen Entwicklungsabschnitten wird das Kind am meisten durch die Eltern/Alleinerziehenden in seiner Persönlichkeitsentwicklung geprägt? (Einzel- oder Mehrfachnennungen möglich)		
• 0–3 Jahre	118	
• 3–6 Jahre	109	
• 6–9 Jahre	66	
• 9–12 Jahre	13	
• 12–15 Jahre	21	
• in allen genannten Altersstufen	34	
Sehen Sie in den Erziehungsstrafen ein grundsätzlich geeignetes Erziehungsmittel? *Falls ja:* bitte eine der nachfolgenden Antworten ankreuzen!	82	48
• Wenden Sie hierbei überwiegend nicht körperliche Strafen wie zum Beispiel Ermahnung, Liebesentzug, Taschengeldkürzung, Fernsehverbot oder Hausarrest an oder	69	
• wenden Sie hierbei überwiegend körperliche Strafen wie zum Beispiel Ohrfeigen oder Stockschläge an?	13	
Durch welche der folgenden Erziehungseinflüsse glauben Sie Ihr Kind nachhaltig zu unterstützen? (Einzel- oder Mehrfachnennungen möglich)		
• durch möglichst viel *quantitative* Liebe im Sinne von Zuwendung, Vertrauen, Verständnis und Zeithaben	53	
• durch möglichst viel *qualitative* Liebe im Sinne von Zuwendung, Vertrauen und Verständnis	78	
• durch einfühlsame, aber ebenso konsequente Vermittlung *vieler* kindgerechter Regeln und Grenzen, nach dem Motto »Wehret den Anfängen!«	44	
• durch einfühlsame Vermittlung möglichst *weniger* Regeln und Grenzen, nach dem Motto »Das Kind kann und muss sich selbst bestimmen!«	38	

	Stimmen	
	ja	nein
Sehen Sie einen *untrennbaren* Zusammenhang zwischen den Genen und der Erziehung des Kindes im Rahmen seiner Persönlichkeitsentwicklung? *Falls ja:* Wie groß ist dieser? (Bitte eine der nachfolgenden Antworten ankreuzen!)	48	82
• gering	10	
• durchschnittlich	28	
• hoch	8	
• sehr hoch	2	

Literatur

Ariès, Philippe: *Geschichte der Kindheit*, München, 3. Aufl. 1980

Arlt, Marianne: *Pubertät ist, wenn die Eltern schwierig werden. Tagebuch einer betroffenen Mutter*, Freiburg, 14. Aufl. 1999

Baacke, Dieter: *Die 0–5-Jährigen. Einführung in die Probleme der frühen Kindheit*, Weinheim, 2. Aufl. 1999 (= 1999a)

Baacke, Dieter: *Die 6–12-Jährigen. Einführung in die Probleme des Kindesalters*, Weinheim, 6. Aufl. 1999 (= 1999b)

Baacke, Dieter: *Die 13–18-Jährigen, Einführung in die Probleme des Jugendalters*, Weinheim 2000

Becker, Hellmut: »Erziehung zur Mündigkeit«, in: Adorno, Theodor W. (Hrsg.): *Erziehung zur Mündigkeit, Vorträge und Gespräche mit Hellmut Becker 1959–1969*, Frankfurt/Main 1973

Beller, E. Kuno: »Ergebnisse der internationalen Krippenforschung«, in: Fuchs, Dieter (Hrsg.): *Das Tor zur Welt. Krippenerziehung in der Diskussion*, Freiburg 1995

Beller, E. Kuno: »Untersuchungen zur familialen und familienergänzenden Erziehung von Kleinstkindern«, in: Zimmer, Jürgen (Hrsg.): *Erziehung in früher Kindheit*, Stuttgart 1985

Benard, Cheryl u. Schlaffer, Edit: *Einsame Cowboys. Jungen in der Pubertät*, München 2000

Bergmann, Wolfgang: *Computerkids. Die neue Generation verstehen lernen*, Zürich 1996

Bischof, Robert: *Das Rätsel des Ödipus*, München 1989

Braun, Walter: *Einführung in die Pädagogik*, Bad Heilbrunn, 3. Aufl. 1983

Braun, Walter: *Entscheidungen*, Frankfurt/Main 1981

Bundesministerium für Familie, Senioren, Frauen und Jugend: *Zehnter Kinder- und Jugendbericht*, Bonn 1998

Diecken, Christel van u. Rohrmann, Tim: »Junge sein ist besser: Kannste alles machen ...«, in: *Kindergarten heute*, Heft 10, 11/2001 (= Aktionsforschungsprojekt Konfliktlösungsverhalten von Jungen und Mädchen in Kindertageseinrichtungen. Senatsamt für die Gleichstellung Hamburg)

Dollase, Rainer: »Der Machbarkeitswahn der Erzieher«, in: *Geo*, Heft 4/1992

Dunn, Judy u. Plomin, Robert: *Warum Geschwister so verschieden sind*, Stuttgart 1996

Eibl-Eibesfeldt, Irenäus: »Bild und Rolle der Frau – Erkenntnisse der Humanethologie«, in: *Frauenrollen Frauenbilder*, München 1992

Eibl-Eibesfeldt, Irenäus: *Liebe und Haß. Zur Naturgeschichte elementarer Verhaltensweisen*, München, 15. Aufl.1991 (= 1991a)

Eibl-Eibesfeldt, Irenäus: *Der Mensch – das riskierte Wesen. Zur Naturgeschichte menschlicher Unvernunft*, München, 4. Aufl. 1991 (= 1991b)

Eibl-Eibesfeldt, Irenäus: *Der vorprogrammierte Mensch. Das Ererbte als bestimmender Faktor im menschlichen Verhalten*, Wien/München/Zürich 1973

Eicke, Ulrich: »Medienkompetenz für Kinder: DIE ZEHN TV-GEBOTE«, in: *Psychologie heute*, Heft 5/1998

Engel, Mathias: »Armut bei Kindern und Jugendlichen«, in: *EXZESS*, Heft 2/2001

Festenberg, Nikolaus von u.a.: »Narziss und Schmollmund«, in: *Der Spiegel*, Heft 22/2001

Fthenakis, Wassilios E.: *Väter*, 2 Bde., München 1985

Fthenakis, Wassilios E. u. Textor, Martin R. (Hrsg.): *Qualität von Kinderbetreuung: Konzepte, Forschungsergebnisse, internationaler Vergleich*, Weinheim 1998

Gaschke, Susanne: *Die Erziehungskatastrophe. Kinder brauchen starke Eltern*, München, 4. Aufl. 2001

Gehlen, Arnold: *Anthropologische Forschung*, Hamburg 1961

Gerster, Petra u. Nürnberger, Christian: *Der Erziehungsnotstand. Wie wir die Zukunft unserer Kinder retten*, Berlin, 2. Aufl. 2001

Giesecke, Hermann: *Das Ende der Erziehung. Neue Chancen für Familie und Schule*, Stuttgart, 6. Aufl. 1993

Gladwell, Malcolm: »Wie wichtig sind Eltern? Nicht so wichtig, wie alle bisher dachten. Viel prägender sind Freunde und die Umgebung, in der die Kinder aufwachsen«, in: *Süddeutsche Zeitung Magazin*, Heft 41 vom 9.10.1998

Göldenboog, Christian: »Gefühlvoll nach oben«, in: *Süddeutsche Zeitung*, Nr. 60 vom 13./14.3.1999

Goleman, Daniel: *EQ. Emotionale Intelligenz*, München 1997

Greenspan, Stanley I.: *Die bedrohte Intelligenz. Die Bedeutung der Emotionen für unsere geistige Entwicklung*, München 1999

Großmann, Karin: »Die Eltern-Kind-Bindung«, in: *Sozialpädagogisches Forum/Christ und Bildung*, Heft 3/2000

Großmann, Karin u. Klaus: »Ist Kindheit doch Schicksal?«, in: *Psychologie heute*, Heft 8/1991

Gründler, Elisabeth: »Wörter finden für das, was sie sind«, in: *Süddeutsche Zeitung*, Nr. 222 vom 26./27.9.1998

Gühlich, Dorette: »Alles geerbt!«, in: *Eltern*, Heft 10/2001

Hamer, Dean u. Copeland, Peter: *Das unausweichliche Erbe. Wie unser Verhalten von unseren Genen bestimmt ist*, Bern/München/Wien 1998

Harris, Judith Rich: *Ist Erziehung sinnlos? Die Ohnmacht der Eltern*, Reinbek 2000

Hemminger, Hansjörg: *Kindheit als Schicksal? Die Frage nach den Langzeitfolgen frühkindlicher seelischer Verletzungen*, Reinbek 1982

Hentig, Hartmut von: *Ach, die Werte. Über eine Erziehung für das 21. Jahrhundert*, München 1999

Hess, Eckhard: *Prägung*, München 1973

Hillman, James: *Vom Sinn des langen Lebens. Wir werden, was wir sind*, München 2000

Hirsch, Anna Maria: *Wenn Kinder flügge werden. Eltern und Kinder im Ablösungsprozeß*, München 1991

Hurrelmann, Klaus: »Mitdenken, mitfühlen, miterziehen«, in: *Die Zeit*, Nr. 13 vom 26.3.1993

Juul, Jesper: »Die Eltern-Kind-Beziehung kann nicht demokratisch sein«, in: *Psychologie heute*, Heft 10/1998

Juul, Jesper: *Grenzen, Nähe, Respekt. Wie Eltern und Kinder sich finden*, Reinbek 2000

Juul, Jesper: *Das kompetente Kind. Auf dem Weg zu einer neuen Wertgrundlage für die ganze Familie*, Reinbek 2001

Kagan, Jerome: *Die drei Grundirrtümer der Psychologie*, Weinheim 2000

Key, Ellen: *Das Jahrhundert des Kindes*, Berlin 1902

Körner, Gernot: »Gene, Freunde, Eltern. Was heißt Erziehung heute?«, in: *spielen und lernen*, Heft 9/2001

Krappmann, Lothar: »Nun spielt doch endlich etwas Schönes!«, in:

Deutsches Jugendinstitut (Hrsg.): *Was für Kinder. Aufwachsen in Deutschland. Ein Handbuch,* München 1993

Krappmann, Lothar: »Soziale Kinderwelt und kindliche Entwicklung«, in: *Fünftes DJI-Symposium,* München 1991 (= 1991a)

Krappmann, Lothar: »Sozialisation in der Gruppe Gleichaltriger«, in: Hurrelmann, Klaus u. Ulrich, Dieter: *Neues Handbuch der Sozialforschung,* Weinheim 1991 (= 1991b)

Kroemer, Kristina: »Wir sind doch nicht überflüssig!«, in: *Familie & Co.,* Heft 1/1999

Kucklick, Christoph u.a.: »Die hohe Kunst des Helfens«, in: *Geo,* Heft 4/2002

Kupffer, Heinrich: *Pädagogik der Postmoderne,* Weinheim/Basel 1990

Lache, Anette: »Hilfe, mein Kind braucht mich ...«, in: *Stern,* Heft 29/2001

Lindau, Susanne: »Vom Ende der Kindheit. Ist Kindheit eine bedrohte Lebensphase?«, in: *mobile,* Heft April 2001

Loerzer, Sven: »Sind die Eltern in Geldnot, leiden die Kinder«, in: *Süddeutsche Zeitung* vom 1.3.2001

Lorenz, Konrad: *Die acht Todsünden der zivilisierten Menschheit,* München 1983

Mahler, Tanja u. Schlicht, Hermann-Josef: »Coole Jungs«, in: *Welt des Kindes,* Heft 5/2001

Mantovani, Susanna: »Neue Angebote für Kleinkinder in Italien: Das Projekt ›Zeit für die Familie‹«, in: Tietze, Wolfgang (Hrsg.): *Trends, internationale Forschungsergebnisse, Praxisorientierungen,* Neuwied/Kriftel/Berlin 1996

Mause, Lloyd de: *Über die Geschichte der Kindheit,* Frankfurt/Main 1979

Meier-Seethaler, Carola: *Gefühl und Urteilskraft. Ein Plädoyer für die emotionale Vernunft,* München 1997

Metzner, Wolfgang: »Sind so kleine Seelen«, in: *Stern,* Heft 28/2001

Miller, Alice: *Am Anfang war Erziehung,* Frankfurt/Main 1981

Napp-Peters, Anneke: *Familien nach der Scheidung,* München 1995

Nimitz-Köster, Renate: »Klatschen, Trösten, Intrigieren. Wissenschaftler erforschen den Einfluß Gleichaltriger auf Kinder und Jugendliche«, in: *Der Spiegel,* Heft 47/1998

Oberndorfer, Rotraut: *Mehr Zeit für Kinder. Auch nach der Scheidung,* hrsg. von Wassilios E. Fthenakis, München o.J.

ÖKO-TEST-Ratgeber, Heft 1/2001

Piaget, Jean: *Sprechen und Denken des Kindes*, Düsseldorf 1972

Plessen, Marie-Louise u. Zahn, Peter von: *Zwei Jahrtausende Kindheit*, Köln 1979

Pöppel, Ernst u. Edingshaus, Anna-Lydia: *Geheimnisvoller Kosmos Gehirn*, München 1994

Postman, Neil: *Das Verschwinden der Kindheit*, Frankfurt/Main 1983

Rigos, Alexandra: »Eltern sind austauschbar«, in: *Der Spiegel*, Heft 47/1998

Rousseau, Jean-Jacques: *Emile oder über die Erziehung*, Paderborn, 2. Aufl. 1974

Rowe, David C.: *Genetik und Sozialisation. Die Grenzen der Erziehung*, Weinheim 1997

Rutschky, Katharina (Hrsg.): *Schwarze Pädagogik*, Berlin 1977

Sandmeyer, Peter: »Coole Sehnsucht nach Geborgenheit«, in: *Stern*, Heft 52/1999

Saum-Aldehoff, Thomas: »Der Mythos von der Macht der Eltern«, in: *Psychologie heute*, Heft 8/1998

Schüttler-Janikulla, Klaus (Hrsg.): *Handbuch für ErzieherInnen. In Krippe, Kindergarten, Vorschule und Hort*, München 1996

Schwarz, Paul: »Eltern sollen ruhig etwas strenger sein«, in: *Süddeutsche Zeitung* vom 13./14.10.2001

Struck, Peter: *Erziehung für das Leben. Kinder für die Zukunft stark machen*, München, 2. Aufl. 2001

Voigtel, Roland: »Tribunal gegen die Väter«, in: *Focus*, Heft 40/1993

Wallerstein, Judith S.: *Gewinner und Verlierer. Frauen, Männer, Kinder nach der Scheidung. Eine Langzeitstudie*, München 1989

Wißkirchen, Hubert: »Ihr Kinder, seid gehorsam euren Eltern ...! Brauchen wir eine neue Autorität?«, Grevenbroich 1999 (Vortrag; = 1999a)

Wißkirchen, Hubert: »Lasst uns nicht allein!«, in: *mobile*, Heft 6/1998

Wißkirchen, Hubert: »Schlagwort Pubertät! Warum kann in ihr die ›große Verweigerung‹ der Heranwachsenden gegenüber uns Erziehenden gesehen werden?«, Mainz 2000 (Vortrag)

Wißkirchen, Hubert: »Was brauchen Kinder, Jugendliche, Familien heute und morgen?«, in: *Sozialpädagogisches Forum/Christ und Bildung*, Heft 5/1998

Wißkirchen, Hubert: »Werteerziehung zur Bewältigung der Zukunft«, in: *Quo Vadis, Erziehung?*, Köln 1998

Wißkirchen, Hubert: *Die wiederentdeckte Erziehung. Kinder suchen Autorität und Erziehung*, München, 3. Aufl. 1999 (= 1999b)

Wißkirchen, Hubert: *Die Wiederentdeckung des schöpferischen Lernens. Wege zu einer Neuen Schule*, München 1986

Wunsch, Albert: *Die Verwöhnungsfalle. Für eine Erziehung zu mehr Eigenverantwortlichkeit*, München, 6. Aufl. 2002

Zimmer, Dieter E.: *Experimente des Lebens. Wissenschaftsreporte über wilde Kinder, Zwillinge, Kibbuzniks und andere aufschlußreiche Wesen*, Zürich 1989

Zimmer, Katharina: *Wer sind unsere Kinder? Jugendliche heute. Verwöhnt, verlassen, mißverstanden*, München 1994

Zulliger, Hans: *Kinderfehler im Frühalter*, Zürich 1999

Zulliger, Hans: *Schwierige Kinder. 12 Kapitel über Erziehung, Erziehungsberatung und Erziehungshilfe*, Göttingen 1977